Christian Schüle

VOM GLÜCK,
UNTERWEGS ZU SEIN

CHRISTIAN SCHÜLE

VOM GLÜCK, UNTERWEGS ZU SEIN

*Warum wir das Reisen
lieben und brauchen*

Siedler

Klimaneutral*
Druckprodukt
ClimatePartner.com/14044-1912-1001

MIX
Papier aus verantwor-
tungsvollen Quellen
FSC® C014496

Penguin Random House Verlagsgruppe FSC® N001967

1. Auflage
Copyright © 2022 by Siedler Verlag, München, in der Penguin Random
House Verlagsgruppe GmbH,
Neumarkter Str. 28, 81673 München
Umschlaggestaltung: FAVORITBUERO, München
Umschlagabbildung: © IMAGO / Addictive Stock
Satz: Uhl + Massopust, Aalen
Druck und Bindung: GGP Media GmbH, Pößneck
Printed in Germany
ISBN 978-3-8275-0157-8
www.siedler-verlag.de

»Werde, der du bist.«

Pindar, Pythische Oden

»Wie man wird, was man ist.«

Friedrich Nietzsche, Ecce homo

INHALT

PROLOG

Von der Kunst, sich einzulassen

So gut wie immer komme ich von einer Reise zurück und bin versöhnt. Versöhnt mit mir und der Welt, obwohl es zwischen uns gar keinen Streit gegeben hat. Mehr noch: Ich bin auf faszinierende Art verstört, weil ich jedes Mal aufs Neue das erfüllende Gefühl habe, bei einer Reise in mir unbekannte Länder und Regionen auf listige Weise geschult worden zu sein. Geschult? Ja, im Sinne einer Schulung nicht nur der sinnlichen Wahrnehmung dessen, was sich vorfinden lässt – all der herrlichen Nebensächlichkeiten, die einem widerfahren –, sondern einer Schulung in mehreren Disziplinen des Lebens zugleich: in Sittlichkeit, Geborgenheit und Gelassenheit, im Glauben an den guten Gang der Dinge und an ein Wissen, das sich vielleicht schon im Einzugsbereich einer künftigen Weisheit befinden mag, als solche aber noch nicht erkannt ist. Ich fühle mich geschult durch die Lehre von Moral und Menschlichkeit und die Erkenntnis von Liebe, Lüge und Tragik. Und was die Listigkeit betrifft: All das geschieht ohne meinen erklärten Willen. Es geschieht durch sich selbst. In Hinsicht auf Versöhnung und Schulung ist es völlig einerlei, ob man in die Dörfer des Alentejo, in die Weiten der kasachischen Steppe, in die Waldeinsamkeit Nordschwedens, zu den Geysiren Kamtschatkas, an den Fuß des ostanatolischen Bergs Ararat, an die mecklenburgische Seenplatte, ins Epizentrum der Megacity Lagos oder an die Gestade der Seychellen reist.

Obwohl ich meiner Erinnerung nach also nie im Hader oder Unfrieden mit der Welt aufgebrochen bin, komme ich versöhnt und verstört zugleich zurück, weil ich das Gefühl habe, mehr als je zuvor begriffen zu haben und nicht sagen zu können, worin genau der Mehrwert besteht. Ohne dass ich es merke, hat mich das Reisen zu der Überzeugung verführt, etwas Wesentliches verstanden zu haben, ohne zu verstehen, was dieses Wesentliche ist. Ich könnte keineswegs behaupten, dass sich dieses Verstehen willkürlich wiederholen ließe. Was sich hingegen immerzu wiederholt, ist die Erfahrung der lebensbejahenden Erhabenheit: Es ist, wie es ist, und es war gut so, wie es war.

Die Schule des Reisens pflegt eine subtile, aber einflussreiche Pädagogik, und die Versöhnung mit der unbekannten Welt, so finde ich bis heute, liefert das kostbare Wohlgefühl, mit sich selbst im Frieden zu sein, da das Leben bekanntlich keineswegs immer erfreulich und friedvoll ist. Schenkt einem das Reisen nicht die dafür wichtigsten Fähigkeiten in einer Art Vorleistung, die der Reisende dann mit guter Lebensführung begleicht?

Ich lobe an dieser Stelle die Wette aus, dass sich das Glück, unterwegs zu sein, letztlich als Liebe identifizieren wird: zum Leben an sich, zu den Details, Dezimalen und Differenzen, zum Unbedeutenden, Unspektakulären und Unbedarften, zu den Landschaften, Tieren und Menschen, die überall so großartig wie fehlbar sind, ja, als Liebe zur Wirklichkeit, wie sie ist: schamlos, brutal, gemein, rührend, ergreifend, erregend, verblüffend, poetisch, bisweilen hässlich und meist überwältigend schön. Deshalb ist das Reisen jedes Mal aufs Neue die stets wiederentfachte Bereitschaft zur Neugier auf das, was der Fall ist. Deshalb lieben und brauchen wir es. Wer reist, der sucht. Was? Das Andere. Das Fremde. Und sich selbst.

Wer die Welt nicht aufsucht, wird sich nicht finden.

Wer nicht anschaut, was der Fall ist, wird das Andere nicht erkennen.

Wer vom Anderen nichts weiß, weiß nichts von sich.

Wer vom Anderen und von sich nichts wissen will, ist vermutlich borniert.

Wer aber durch Wissen und Weisheit sich selbst auf die Schliche kommt, könnte zu höherer Erkenntnis befähigt sein.

Warum? Weil die Bereisung der Welt lehrt, dass jeder Mensch überall er selbst und zugleich ein Fremder ist.

Weil man versteht, dass leibhaftige Erfahrung in Zeiten digitaler Ablenkung ein vorzügliches Medium der Selbsterkenntnis ist.

Weil Reisen das Bewusstsein von der erlebten Welt gegen die vermeintliche Ahnung über die Welt in Szene setzt.

Und weil der Reisende nach der Rückkehr verstanden haben wird, dass er durch die Magie des Moments mit der Wirklichkeit versöhnt ist.

I. ZEIT UND ZUFALL

Schule der Irrealität durch spätes Erwachen

Einmal stand ich nachts um drei in Kairo und traute der Realität nicht mehr. Die Maschine der Bulgarian Airlines war
via Sofia in der ägyptischen Hauptstadt angekommen, schwit-
zend und übermüdet schleppten wir uns, mein Kumpel Peter
und ich, in ein herangewinktes Taxi und erwarteten eine
stille Fahrt durch unbeseelte Vororte Richtung Zentrum. Wie
immer spekulierten wir auf das unverschämte Glück, spon-
tane Gäste eines Hotels zu werden, von dessen Existenz wir
zu diesem Zeitpunkt noch gar nichts wussten. Sich nachts in
die Fremde einzuschleichen, erlaubt dem wachsamen Geist,
einer Verletzlichkeit nachzuspüren, die der umtoste Tag nicht
zulässt. In der Nacht gibt sich eine Stadt sich selbst hin. Sie
ist auf rührende Art wehrlos, und das wissen neben Reisenden natürlich auch Diebe, Terroristen und Menschenhänd-
ler, was zusammengenommen eine denkwürdige Sippe ergibt,
weshalb Hingabe an die Stadt in der Nacht aber keineswegs
falsch ist.

Was immer nachts um drei passiert oder nicht – maßgeblich für die ersten zart geknüpften Bande zwischen dem orts-
fremden Besucher und dem ihm fremden Ort ist die Tönung
der Dunkelheit. Immer wieder habe ich die heimliche, manchmal subversive Einflussnahme des Lichts auf meine Stimmung festgestellt. Pauschal gesprochen lautet die Erkenntnis:
Der Mensch hat ein anderes Ichgefühl, wenn Straßenlaternen
heliumgelb statt halogengrell sind. Es zeitigt Folgen für die
Grammatik der Geborgenheit, ob diese Laternen einander im
Abstand von drei oder von dreißig Metern folgen. Und es ist
keineswegs einerlei, ob sie akkurat aufgestellt und mit Sinn
und Verstand gereiht wurden oder einfach da stehen, wo sie

stehen, weil es genügt, dass sie dort stehen, wo sie stehen, da kein Grund ersichtlich ist, dass sie woanders stünden. Und wenn es nicht genügte, wäre es auch egal, wen kümmert's, wo Laternen stehen, wenn sie nur Licht geben!

Nein, so einfach ist es dann doch nicht, denn neben den manchmal sensationellen Gerüchen der Luft, der Beschaffenheit des Bodens und der Häuserwände ist die entscheidende Frage, wie viel Mondlicht eine Stadt jenseits ihrer Laternenbeleuchtung zulässt. Hat der Mond, steht er etwa über Kairo, einen anderen Effekt als über dem weitgehend lichtlosen Dorf Deadhorse bei minus 30 Grad in Alaska? Ist er eine mystischere Instanz, wenn er über dem nachts hypernervös illuminierten Tokio oder einer dauerdämmernden Siedlung ohne Namen in Sibirien aufgeht? Obwohl es immer derselbe Mond ist, scheint er in jeder Stadt, in jedem Dorf, in jeder Gegend der Welt anders. Die Wirkung künstlichen Lichts ist abhängig von Feuchte, Salzhaltigkeit und dem Grad an Luftverstaubung. Die Melancholiebefähigung des Mondes wiederum ist abhängig vom künstlichen Licht.

Unser Taxi nahm die Einfallstraße vom Kairoer Flughafen Richtung Zentrum und kam nach einer halben Stunde in ein dicht besiedeltes Viertel mit großspurig ineinander verschachtelten Gebäuden, die im Vergleich zu den anderen verschachtelten Gebäuden nebenan keine Unterschiede zuließen. Laternen standen kreuz und quer, die Leitungskabel hingen durch, das Licht war diffus. Der Fahrer bremste einmal scharf und rollte in Schrittgeschwindigkeit weiter. In den Gassen herrschte nokturner Trubel. Gefühlt Millionen Menschen. Die allgemeine Heiterkeit setzte Noradrenalin in meiner Nebenniere frei und lehrte mich für immer, was mit dem Wort »Schlaflosigkeit« gemeint ist. Wer nachts um drei in

Kairo ankommt, hat zwar jedes Recht auf Erschöpfung, sich ihr aber hinzugeben macht keinerlei Sinn. Müdigkeit ist nur so lange langweilig, bis die Übermüdung sich selbst übervorteilt, und das war es dann mit Schlaf und Ruhe.

Wir checkten in das nächste Ein-Stern-Hotel ein, warfen die Rucksäcke aufs Bett und traten auf die Straße hinaus. Wenige Minuten später, es war weit nach Mitternacht, saßen wir todmüde und hellwach zugleich auf Klappstühlen an einem Klapptisch und spielten, von umstehenden Männern freundlich studiert, in geradezu grotesker Vertrautheit Backgammon mit Menschen, deren Anwesenheit in der Welt eine Minute vor diesem Moment unvorstellbar war. Spiel folgte auf Spiel, als duellierte man sich seit Jahren, ehe uns – mehrere Niederlagen großmütig akzeptierend und quasi zur Belohnung unserer taktischer Finessen – der in etwa gleichaltrige Mustafa in den Parfümshop seines Onkels einlud. In einem auf den ersten Blick schäbigen Gebäude eröffnete sich ein beeindruckend geräumiger Verkaufsraum mit poliertem Marmorboden und zahlreichen Vitrinen, in denen Flakons und Fläschchen aufgereiht waren. Ein schmaler Gang schloss sich an, dahinter kam ein Lagerraum, es folgte ein Durchgang, dann noch einer, dann eine kleiderkammerkleine Küche, dahinter ging es auf eine unbeleuchtete Gasse, Gewimmel, Gewirr, Mensch, Tier und ein Teehaus zwischen Tür und Angel. Natürlich hätte es ein billiger Trick sein können, die von ihrer überdrehten Wachheit überwältigten Besucher zum Erwerb jener exquisiten Essenzen zu verleiten, die Mustafas Onkel – zweifelsohne ein wohlhabender Blumenfeldbesitzer – außerhalb der Stadt in großen Mengen herstellen ließ. Und insofern hätten das Backgammonspiel und die womöglich absichtlich herbeigeführten Niederlagen die kalkulierte Ouvertüre zur

Eroberung unerfahrener Touristen gewesen sein können, die in der Hingerissenheit der ersten Nacht in Kairo mehr Fläschchen Opium- oder Moschusessenzen kaufen würden, als man für das hundertjährige Leben einer verehrten Frau je bräuchte.

Stattdessen wurden wir brüderlich umarmt, bot man uns Hocker, Fladenbrot und Tee mit Milch an, und als gegen sieben Uhr früh der Tag in die Gänge kam, verschwanden die Menschen von der Straße, und wir pennten auf Mustafas Couch, bis der Muezzin zum Vorabendgebet rief.

Reisende wissen nicht immer, wie sie wohin gekommen sind, aber wenn sie zum Beispiel um 18 Uhr mitten in Kairo aufwachen, können sie zwischen Kunst- und Mondlicht, zwischen Realität und Fiktion nicht mehr unterscheiden. Im Zwischenreich des irreal Realen aber ist dem Glück der Selbsterkenntnis längst die Spur bereitet.

—–

Das heißt nun keinesfalls, dass Selbsterkenntnis nicht auch schon vorher glückt. Und ebenso wenig heißt es, dass sie ausschließlich nur auf Reisen nach Kairo gelingt. Es heißt aber sehr wohl, zumindest für mich, dass Selbsterkenntnis wesentlich mit Weltkenntnis verbunden ist. Ich zähle das Heureka!, diesen Jubelruf des Verstandes angesichts unwillkürlich einschießender Erkenntnis, zu den erhabenen Glücksmomenten des Lebens: sich mit scharf gestellter Linse an jene Momente erinnern zu können, da man etwas zu verstehen begann, da man begriffen zu haben glaubte, dass *Welt* mehr ist als nur materielle Erde, da man zum Reisenden in der Welt wurde, was keineswegs allein durch einen Urlaub im Ausland gelingt, wobei Urlaub etwas ganz Verzückendes ist. Urlaub ist immer schon Angekommen-Sein, Reisen immer Auf-dem-Weg-Sein. Wer reist, kommt gerade deswegen nicht an, *weil* er reist. Ein Reisender urlaubt so wenig wie ein Urlauber reist.

Jede Reise beginnt lange vor dem Aufbruch, wie jede wahre Reise bereits vor der Abreise anfängt. Einst saß ich zum Beispiel im Wohnzimmer meines Elternhauses, über dreißig Jahre ist es her, da erfasste mich, gerade noch Teenager, ein seltsamer, aber hinreißender Sog mit einem für mich neuen, aus dem Ungewissen strömenden und ins Unbestimmte drängenden Gefühl. Es war ein überfallartiges Bedürfnis nach Fremdheit, nach bisher ungehörten Tönen und Stimmen, nach nicht vorstellbaren Gerüchen, Düften und Aromen, von denen – man sollte es keinesfalls weniger pathetisch sagen – mindestens eine Verzauberung ausgehen würde. Wie kommt ein solch bedrängendes, verstörend reizvolles Bedürfnis nach einer ganz anderen Sinnlichkeit und Sittlichkeit zustande? Als hätte man sich Reiselust zugezogen wie eine seelische Infektion samt Körperkribbeln, eine leib-seelische Nervosität, die man zeitlebens nicht mehr los wird, kehrt die Erinnerung, ob man will oder nicht, immer wieder zurück: an Orte, Momente und Menschen, die sich überfallartig in den Ich-Entwurf eingeschleust haben, ohne dass die eigene Biografie dies je in Auftrag gegeben hätte. In meinem ganz persönlichen Fall könnte es damit zu tun haben, dass ich als Kind lieber Abenteuergeschichten als Comics gelesen habe, dass ich in einer Gegend Süddeutschlands aufgewachsen bin, in der man stundenlang über sanft gewellte Hügel fahren und sich der Tagträumerei hingeben konnte, man glitte über Wiesen und Seen geradezu direkt in fernste Bergwelten hinein, in eine Gegend voller Lieblichkeit, mit Bächen, Wäldern und Auen im Überfluss, vor der Nase immer ein von der Sonne gewärmter See als Tatbestand einer täglich erlebbaren Topografie des Schönen. Ein Panorama, um es kurz zu machen, das wie ein universelles Passepartout hinreichend viele Landschaftsmöglichkeiten der Welt in sich vereint.

Merkwürdig, dass die poetische Kraft der Region, in der sich die eigene Kindheit abspielt, dazu verführt, sie irgendwann für eine womöglich derbe Welt geradezu leichtsinnig verlassen zu wollen. Jeder, der die Kraft von Märchen kennt, diesen Restbestand magischen Denkens in der durchrationalisierten Lebenswelt, wird durch die Lektüre in alternativer Weltwahrnehmung geschult. Das noch weitgehend ungehinderte Einbildungsvermögen des Kindes ist in der Lage, im Wald hinter der eigenen Siedlung den König Artus in sich zu entdecken, den Trapper in sich zu finden, den legendäres Land erkundenden Eroberer, den Entdecker und Forschungsreisenden in sich aufzuspüren. Je vertrauter die Heimat, desto freier entfaltet sich die Sehnsucht nach dem Anderen in der Fremde, ohne dass eine klar konturierte Vorstellung davon zur Verfügung stünde, wo in der realen Welt dieses Andere genau zu finden wäre. Spielt man den Aufbruch nicht immer wieder einmal durch? Träumt man sich nicht immer mal fort in Steppen, auf Almen oder in Karste, von denen man gelesen, die man in Fernsehbeiträgen oder Kinofilmen gesehen hat? Und ist man nicht längst schon aufgebrochen, bevor man zum ersten Mal in ein fremdes Land einreist?

Ich saß also im Wohnzimmer und sah mich durch sumpfartiges Gelände stapfen, und durch die zur Seite gedrückten Schilfpflanzen an einem kleinen See erkannte ich ein Boot. Es mag sein, dass diese Bilder seit jeher unbewusst im Gedächtnispalast meines Gehirns lagerten und durch irgendeinen

Reiz oder Trigger unwillkürlich abgerufen wurden. Was auch immer es war: Jahre nach meinen Kinderträumen stand ich einmal am Ufer eines kleinen Sees im rumänischen Donau-delta, dessen Existenz für mich bis dahin undenkbar war. Er-oberer oder Expediteure der British Geographic Society hät-ten sich hier durchs Pflanzendickicht schlagen können, und ich tat es nun ebenso, leise, vorsichtig, geradezu behutsam, um zu sehen, was hintern Horizont aufscheinen würde, als plötzlich ein junger Pferdetreiber vor mir stand. Kann man sich mein Staunen vorstellen? In diesem Moment schien nicht nur alles möglich, sondern war alles auch ungewiss – immerhin war ich hinreichend perplex. Intuitiv rüstete sich mein Körper zur Kampfbereitschaft, denn nichts war geklärt oder vorbedacht, kein Fluchtweg, kein Ausweg, kein Rück-weg. Das Gelände war unübersichtlich, ein wenig grob und rau, weder gab es Häuser noch Laternen noch Geborgenheit, und aus dem Delta quoll eine gigantische anthrazitfarbene Rauchwolke empor und nahm mir den Atem. Hier war es, das Andere, und es war auf ganz andere Weise anders, als ich gedacht hatte.

Ein kurzes Schweigen später saß ich in einer Wellblech-hütte auf einem Schemel, und der junge Pferdetreiber, des-sen Namen ich bis heute nicht kenne, brühte auf einer mit zwei Drähten kurzgeschlossenen Eisenplatte tiefschwarzen Kaffee auf, dessen Pulver er in einer Dose aufbewahrte, in der ebenso ausgegrabene byzantinische Münzen oder Kieferkno-chen urweltlicher Echsen hätten verwahrt sein können. Keine Sprache, keine Grammatik, nicht ein einziges Wort war in der Lage, uns Verständigung zu ermöglichen, und doch blieb ich Stunden sitzen, und doch verstanden wir einander. Er zeigte mir gefundene Gegenstände, tätschelte den Kopf seines Pferdes, das durch die offene Tür in die Hütte lugte, und gab mir, als vertraute er dem Fremden das Wichtigste auf Erden an, den um den Hals des Tieres liegenden Strick in die Hand. Immer wieder brühte er neues Pulver auf. Schwenkte. Goss. Trank. Wir schlürften den Kaffee und sprachen im Schweigen, und als es dämmerte, führte er mich zum Fluss. Ein Fischerboot ohne Fischer trieb auf dem Wasser, während sich im Hintergrund das Feuer immer weiter durchs Schilf fraß. Die Luft war geräuchert und nur um den Preis von Hustenattacken in die Lungen zu holen. Hinter dem See lag eine steppenartige Fläche, und irgendwann blieben wir stehen und wussten, was kommen würde. Wortlos trennten wir uns und begegneten uns nie wieder. Ich aber sah, wie der Pferdetreiber ins Donaudelta ging, sein Pferd am Strick führend, und bis heute steht mir sein Gesicht vor Augen. Ich sehe die Traurigkeit, die sein Blick hatte, die melancholisch umflorte Sehnsucht nach dem Anderen oder Vergangenen oder Verlorenen, und wenn ich an ihn denke – und das tue ich öfter als vermutet –, überkommt mich die Ahnung, damals etwas Großes begriffen zu haben, ohne dass irgendetwas groß oder greifbar gewesen wäre.

All das war in kurzer Zeit geschehen, da ich über ein paar Stunden hinweg in der biblisch anmutenden Hütte im Hinterhalt eines brennenden Flusses ungeheuren Frieden erfuhr, und die Einsamkeit des Pferdetreibers, der mir wie ein alttestamentlicher Eremit vorkam, strahlte eine Seligkeit aus, als hätte dieser junge Mann das sagenhafte Glück gehabt, aus einer Zeit gefallen zu sein, von der er vielleicht nichts wusste.

Übrigens: Vor dreißig Jahren hatten wir, die damals heranwuchsen und zu ersten Reisen aufbrachen, zwei Privilegien.

Erstens hatten wir das historische Glück, dass die sich öffnende Welt noch nicht in ihre Erschöpfung hinein erobert war – obwohl immer schon und immer intensiver gereist wurde. Aber Nischen, Gassen und Winkel waren noch nicht vom kosmischen Glaskörper des virtuellen Big-Brother-Auges erfasst, das sich per Google Earth in die kleinste Ecke versenkt und jeden Millimeter Welt in jedes Wohnzimmer mit Internetanschluss auf irgendeinen Monitor zoomt. Zweifelsohne bringt technologischer Fortschritt Großartiges zustande: Er perfektioniert Bequemlichkeit, steigert Benutzerfreundlichkeit, beschleunigt Prozesse, besorgt Vereinfachung und verschönert das Design, ja, aber er kann auch zur hinterhältigen Illusion führen, die Welt mittels Scrollen und Klicken am heimischen Wohnzimmertisch bereits verstanden zu haben, noch ehe man einen Fuß auf unbekanntes Terrain setzt. Bildschirme haben bekanntlich exzellente Oberflächen, aber geringe Tiefe.

Und dann, zweites Privileg, stand die noch nicht eroberte Welt uns selbst offen, wie natürlich die Welt jedem jungen Menschen immer offen steht, wenn sie oder er sich aufmachen, Terra incognita, das unbekannte Gebiet hinter den Horizonten, reisend zu erfahren. Damals war der herrlich naive Glaube an eine Zukunft in Frieden womöglich unversehrter als davor oder danach. Mit dem Ende des Ost-West-Konflikts, der bereits begonnenen Globalisierung und den Schengener Abkommen bemühten sich ab 1990 alle Arten von stationären und inneren Grenzen, still und leise zu verschwinden. Der implodierte Osten öffnete sich vorsichtig, er wurde bereisbar, besichtigbar und dadurch gewiss auch verletzbar, eine Einladung in den Raum einer ganz anderen Mythologie, nebenan, in Gestalt von Greifswald, Krakau, Český Krumlov oder Bratislava. Im Zuge zunehmender Verwestlichung polierte der Osten seine Fassaden, und die Klagen über die damals begonnene Imitation des einstigen Klassenfeinds und die empfundene Preisgabe eigener Identität haben – je nach politischer Haltung – heute wahlweise größere oder kleinere Berechtigung.

Jedenfalls schien zu Ende der 1980er und Anfang der 1990er ein paar Jahre lang die Zuversicht für künftige Prosperität und Friedfertigkeit durch keinerlei Pessimismus manipulierbar zu sein. Die Hoffnung teilte dem, der ihre Stimme hören wollte, eine frohe Botschaft mit: Im Aufbruch liegt die Freiheit! Also jobbte ich im Supermarkt meiner Heimatstadt und schleppte Sprudelkästen, um mir das Ticket für jene erste Reise per Interrail nach Venedig, Florenz, Rom, Avignon und Barcelona selbstständig zu verdienen, zu der ich – Paletten stapelnd und Dosen einräumend – in meinen Tagträumen längst aufgebrochen war.

Eine Reise beginnt weder damit, den Fuß auf fremdes Territorium zu setzen noch die erste Böe feuchtheißer Luft zu verschlucken. Sie beginnt auch nicht damit, Rucksack, Seesack oder Koffer zu packen, zum Flughafen zu fahren, zum Check-in-Schalter zu marschieren und in Erwartung der Boardkarte mit dem eingekreisten Abfluggate das Bodenpersonal anzustrahlen. Eine Reise beginnt in dem Moment, da man sich entscheidet, sie zu machen. Sie beginnt mit wochen-, manchmal monatelanger Vorfreude und verstärkt sich in dem Maße, indem man über sie spricht: wenn man Freunden, Eltern und Geschwistern Pläne und Routen mitteilt, die Worte Swanetien, Kamtschatka oder Yucatán fallen lässt, opulente, schöne, teils berauschend fremde Namen, in denen das Versprechen auf eine Sensation mitschwingt. Ihr Klang ruft Bilder und

Ideen auf, hier- wie dorthin auf dem Dach eines Busses zu gelangen, im überfüllten Abteil eines Dampfzugs, mit dem gangschaltungslosen Fahrrad gegen ozeanische Böen, auf der Ladefläche eines Pick-ups, auf dem Rücken eines duldsamen Esels oder zu Fuß durch Wüsten und Wälder, irgendwie eben, aber genau dieses Irgend ist ja entscheidend, während das Wie völlig egal ist, der sonst so gezähmten Einbildungskraft aber gestattet, durchzudrehen, geradezu auszutillen, irgendwie und irgendwo, wenn alles denkbar, machbar, durchführbar und in Kürze erlebbar zu werden scheint. Und dann, in jenem Moment, da schließlich der Reisepass mit dem Visum im analogen oder digitalen Briefkasten liegt und alle Formalitäten geklärt sind, holt man nach, was sich im Geiste längst zu liebevollem Begehren gestaut hat.

Heißt das nun, dass jeder Reise eine Initiation vorausgeht, die wichtiger ist als die Destination? Und bedeutet es, dass der Ort als Ort einerlei ist, weil nicht er das Ziel ist, sondern im Gegenteil ja die Unabhängigkeit von ihm? Diesbezüglich denken die Menschen höchst unterschiedlich. Die einen werden im Aufbruch das Aufbrechen als solches feiern. Im Hinterkopf der anderen mag seit Langem ein bestimmter Ort überwintern, zu dem sie sommers einmal gereist waren, weshalb sie die Erstreise rituell wiederholen wollen, weil das Glück nur in der Wiederholung wahrhaftig wird. Dritte lassen sich von ihrer unerklärlichen Neigung zu einem Kulturkreis, einer Sprache oder spezifischen Landschaft leiten und brechen auf, um möglichst schnell exakt dort anzukommen. Jede und jeder wird auf ihre und seine Weise erfühlen oder begründen können, warum es unter Abertausenden Destinationen die thailändischen Ko-Phi-Phi-Inseln, die taiwanesische Taroko-Schlucht, Aruba, Bhutan, Fudschaira, der Ural,

Swasiland, Seattle, die Sächsische Schweiz oder Split sein muss.

Vermutlich hat die Lust zum Aufbruch mit der Freude an der Rückkehr zu tun. Zwischen meinem ersten Aufbruch in die Fremde und diverser Rückkehren aus ihr liegt die Erkenntnisarbeit eines halben Lebens, das gelernt hat, sich, abgesehen von der Neugier, einer weiteren Großmacht zu verschreiben: dem Zufall. Zufall hat wesentlich mit Glück zu tun und das Glück des Zufalls wesentlich mit Zeit. Und wie immer beginnt jede Vollstreckung des Zufalls in der Zeit mit der Frage aller Fragen: Wohin geht eigentlich der Mensch?

Schule der Wahrnehmung durch lange Weile

Einmal stand ich auf dem Dorfplatz von Comporta und nichts geschah. Und danach? Immer noch nichts. Und dann? Kein bisschen mehr als nichts. Und dann? Man saß. Man wartete. Und dann? Stand man auf. Und dann? Ging man hinüber. Und drüben? Saß man. Und dann? Stand man auf. Und ging weiter oder zurück oder all das auch nicht. Und dann?

Saß der Alte mit den Krücken vor dem Haus, das früher einmal das Restaurant O Hexágono war, und pulte in den Zähnen. Das Haus war eine Ruine. Drei Hühner trotteten über die Straße, im Hinterhof moserte ihr Hahn. In der Luft hing das Aroma von Pinienharz und Knoblauch, es war 9 Uhr und hätte auch 19 Uhr sein können. Minuten, Stunden, Tage vergingen, als seien sie längst vergangen, im Verlauf einer Zeit, die nichts weiter als eine Behauptung zu sein schien in Comporta, Portugal, 1276 Einwohner, dreihundert Sonnentage im Jahr, fünf Minuten vom Atlantik entfernt,

Nester auf Dächern, Nester auf Kaminöffnungen, Nester auf Leitungsmasten. Plötzlich fiel ein Schatten auf den Asphalt, ausladend und prächtig, ein auf- und abschwingender, höchst lebendiger, nahezu bedrohlicher, der bald kleiner wurde und verschwand. Oben raschelte es, unten schlugen Zweige auf, und im Nest auf dem Dach des O Hexágono, vor dessen Tür der Alte nun stand und mit dem Finger an seinen Zähnen rieb, landete ein gigantischer Storch. Sekunden später war es still. Nichts raschelte, kein Flügel drückte die Luft zu Boden. Man saß und wartete und vergaß erst die Störche und dann sich. Nichts weiter geschah. Die Sonne regelte, was sonst die Uhr übernimmt. Heute würde morgen gestern sein, na und? Was tut Zeit zur Sache? Was überhaupt ist Zeit, während die Sache doch klar ist: Nichts passiert und alles geschieht?

Licht und Schatten, tagaus, tagein. Ältere und Alte waren Kronzeugen der Ereignislosigkeit. Sie saßen auf Mauern und Bänken und beobachteten still und keinesfalls heimlich und taten den gesamten Tag nichts anderes als sitzen und beobachten, still, aber nicht heimlich. Welche Sache geschah zwischen Nichts und Nichtstun, während ein Spaltbreit Sonne in die Gassen fiel? Viel mehr als keine. Eine Hundedame nämlich hinkte über die Straße und wurde vorstellig. Der Aufwand, den sie trieb, kam einem Spektakel gleich. Sie sah nach, was geht, ihre Zitzen waren lang. Ging was? Nein, hier ging nichts. Ging drüben was? Genauso nichts. Da drehte das Tier ab, die Gasse lag bereits im Schattenschlummer. So war und ist das in Comporta und wird es immer sein: Hinkt der eine Hund, bleibt der andere ungerührt liegen. Und dann wurde es dunkel.

Inzwischen saß der Alte auf einer Bank gegenüber der Ruine.

Und wie es sich gehört, querte irgendwann eine schwarze Katze die Rua das Amoreiras. Das konnte Gründe haben, musste aber nicht. Und in diesem Moment geschah alles, obwohl nichts ging.

––

Spätestens seit meiner zufälligen Erfahrung des herrlichen Verlusts von Zeit in Comporta (womöglich aber schon viel länger) hat mich das Verhältnis von Zeit und Zufall und der Einfluss von beidem auf die Erkenntnis meiner selbst beeinflusst. Und seit Comporta (womöglich aber schon länger) wage ich zu sagen, dass Zeit im Eigentlichen unerheblich ist. Ihre Macht besteht allein in der Übereinkunft der Menschen, sich ihr zu unterwerfen. In erster Linie bedeutet Zeit ja Mangel. Zeit verweist auf das ständige Defizit, keine zu haben. Zeit ist Ausdruck der Erkenntnis, grundsätzlich zu wenig oder zu wenig qualitative Zeit zu haben, während die Lebenszeit dahinrast und abläuft und im Tod nichts anderes als nur noch absolute Zeitlosigkeit sein wird. Erfreulich ist das nicht, bis auf weiteres aber unvermeidbar.

Zeit zur Taktgeberin des Lebens zu machen, heißt ja auch, das Leben immerzu nach vorne, in den Verlauf der kommenden Zeit hinein zu entwerfen. Maßgeblich ist dann nur noch, was als nächstes kommt: die kommende Zeit, die man »Zukunft« nennt, worüber die Gegenwart gern vergessen wird – der kostbare Moment Gegenwärtigkeit, der manchmal nur einen Wimpernschlag dauert, ehe ihn sich die Vergangenheit einverleibt und zur Erinnerung freigibt. Geschult durch den immensen Verlust von Zeit auf vielen Reisen behaupte ich: Je mehr Rücksicht der Mensch auf Zeit nimmt, desto weniger

Rücksicht nimmt die Zeit auf den Menschen. Zeit ist eine kaltherzige Regentin. Ihr Gegenspieler ist der Zufall. Ist man bei klarem Verstand, hebelt er die Zeit aus und übernimmt die Macht. Zufall ist der souveränste Akteur des Widerstands gegen die Zeit.

Nichts bringt ja größere Verblüffung hervor als die eigene Ratlosigkeit angesichts der Frage: Warum kommt, was kommen soll, gerade jetzt nicht? Man müsste die Verwunderung mit einer Gegenfrage herausfordern: Was brächte es denn, den Grund dafür zu wissen, dass etwas, selbst wenn es angekündigt war, nicht kommt, da das, was kommen soll, mit oder ohne Grund ohnehin nicht kommt? Womöglich gibt es keine Gründe. Vielleicht sind Gründe die Erfindung eines welthistorisch einflussreichen Geistes, der die Neigung der Realität zur Grundlosigkeit nicht aushalten konnte. Eingebrockt hat der aufgeklärten Menschheit das Verhältnis von Grund, Zeit und Verstand zuletzt der einflussreiche Universalgelehrte Gottfried Wilhelm Leibniz, der im Jahre 1714 die antike Weisheit zum Prinzip aller Vernunft erkor: »Nihil est sine ratione« – zu deutsch: Nichts geschieht ohne zureichenden Grund. Bekanntlich hat der auf die Kausalität von Grund und Folge geeichte europäische Verstand manchmal Schwierigkeiten mit Märchen, Mythen und Mystik, will sagen: mit dem nicht Erklärbaren, dem Verrätselten und Verzauberten. Begründung, Rechenschaft und Kontrolle sind die Vektoren eines Lebensmodells, das sich – mit zureichendem Grund übrigens – als logisch und weltschöpfend versteht. Es huldigt der Effizienz und hat zweifelsohne zu genialer Technologie und unerhörtem Wohlstand geführt.

Reisen hingegen folgt einer ganz anderen Art Gesetzmäßigkeit.

Auf Reisen hat nichts einen Grund, aber alles einen Anlass. Die Reise ist der Grund ihrer selbst. Die Leibniz'sche Sentenz vom zureichenden Grund bringt einem in Zentralguatemala zum Beispiel rein gar nichts. In den von Wäldern eingefassten Dörfern kann den Verstand des durchgeplanten und durchplanenden Individualisten die Unfähigkeit, scheinbar sinnlose Duldsamkeit aufbringen zu müssen, in den Irrsinn treiben. Vornehmlich angesichts eines angekündigten Busses, der nicht fährt. Nein, falsch, der gar nicht erst kommt. Der nicht kommt, obwohl der durchaus höfliche Ticketverkäufer in seinem Häuschen klar und deutlich gesagt hat, der Bus in die nächstgrößere Stadt komme in einer Stunde. Der Mann lügt ja nicht, er vertraut auf etwas Höheres als den Fahrplan. Aber Fakt ist: Der Bus kommt nach einer Stunde nicht. Da verspricht der Ticketverkäufer die Abfahrt des Busses in zwei Stunden, weil ihm das gerade irgendjemand zugeflüstert hat. Nach drei Stunden sagt der Ticketverkäufer, der Bus komme in weitere vier. Nach fünf Stunden meint er sicher sagen zu können, der Bus komme heute gar nicht mehr. Er schließt sein Tickethäuschen und geht nach Hause.

Schule der Gelassenheit durch Zeitverlust

Einmal stand ich im Regenwald von Guatemala und kam nicht mehr vom Fleck. Für den Moment ließ sich feststellen, dass ich mein Herz nicht mehr schlagen spürte, weil es bereits trommelte. Es tat weit mehr, als es meiner Ansicht nach gemusst hätte, denn ich selbst tat nichts außer Warten. Der Muskel in der Brust kontrahierte nicht im Rhythmus, der sich gehörte, und offenbar war mein Herz außer sich, obwohl ich in mir ruhte. Wild hämmernd reagierte es auf Reize, die ich nicht wahrnahm. Blut floss nicht, es wurde stoßweise durch die Adern geschickt, ich konnte es geradezu hören. Und als ich nichts mehr sah, weil ich von einer Armada Stämme mir unbekannter Bäume umgeben war, fiel mir auf, dass Schweißtropfen weder fließen noch Schweiß läuft. Er rinnt. Die Beschäftigung mit dem Wort »rinnen« im Takt eines sinnlos trommelnden Herzens in der Schwüle des guatemaltekischen Vulkanwaldes gehört zu jenen mysteriösen Begebenheiten, die rational weder sinnvoll noch restlos zu erklären sind. Vor der finalen Spekulation, warum Schweiß rinne und nicht fließe, gab es übrigens ein weiteres Problem zu erörtern: Wo in der Haut wäre die passende Rinne, sollte Schweiß tatsächlich rinnen? Müsste es nicht eine physische Mulde geben, ein natürlich begradigtes Flussbett, damit Schweißtropfen rinnen können? Oder hätte man mit der fehlenden Rinnwanne in der Haut mitten im guatemaltekischen Regenwald am Atitlán-See ein sprachphilosophisches Problem gestellt, demzufolge mit Rinnen allenfalls gemächliche Fortbewegung gemeint ist, dafür aber keinerlei Rinne brauchte, weshalb die Fortbewegung eines Schweißtropfens nicht als »rinnen« bezeichnet werden dürfte? Oder war es anders und es existiert in der Haut eine bisher nicht erkannte und völlig unvermutete Rinne, die in früheren Zeiten hochtrabender Universalgelehrtheit ein – sagen wir – sächsischer Zoologe Anfang des 17. Jahrhunderts mit einem binären Code belegt hat, welcher aber in den Wirren des Dreißigjährigen Kriegs keinerlei mediale Geltung erhielt und in Vergessenheit geraten ist? Oder war all das nur Bullshit eines temporär benebelten Geistes?

Ich schwöre unter Eid, dass keine Drogen im Spiel waren, sondern nur die schiere Einbildungskraft. Manchmal gerät der Verstand in ein Delirium, man kennt das, wenn sich eine Belanglosigkeit hartnäckig im Geflecht der Synapsen verhakt, dass über Stunden hinweg nichts anderes zu denken möglich wird als die scheinbare Petitesse der Fortbewegungseigenschaft eines Schweißtropfens. Womöglich war es eine Art Reflexionswurm, analog zum Ohrwurm wider Willen, wenn sich am hellen Tage der Refrain des Schlagers »Atemlos durch die Nacht« permanent zwischen Hammer, Amboss und Steigbügel aufhält und keine Anstalten macht, das Hirn durch einen Notausgang zu verlassen.

Ausgerechnet in einem Dorf im guatemaltekischen Regenwald also nahm ich mir freimütig das Recht auf Muße heraus, über die existentielle Frage einer hautinternen Schweißrinne Reflexionen anzustellen, die zu nichts außer zu sich selbst führten, mir aber versicherten, dass die menschliche Natur entweder unerklärlich ist oder dass auf sie kein Verlass sein kann.

Dies geschah nun bei ausbleichendem Tageslicht am Fuß eines Vulkans, als um sechs Uhr abends in unfassbarer Plötzlichkeit eine Menge Dunkelheit vom Himmel fiel. Bevor der Verstand halb umnachtet ins Traumreich glitt, blitzte noch einmal die Bewunderung für die Finessen der Schöpfung auf, da etwas in mir zur Überzeugung gelangte, der Designer (oder die Designerin) allen Lebens müsse sich irgendwann einmal entschieden haben, den Code für Hautporen und -rinnen als sinnvolle Aminosäurenkombination auf einem eigens konzipierten Gen zu hinterlegen. Dann wurde es Zeit, die Augen zu schließen. Eine weitere Nacht stand an, ohne zu wissen, ob eine Nacht bereits Nacht ist, wenn es nur dunkel ist, was am Atitlán-See um halb sieben, zur selben Zeit ein paar Tausend Kilometer nordwärts erst um 22 Uhr und noch weiter nördlich gar nicht der Fall war. Welchen Einfluss hat eigentlich die Erdkrümmung auf unser Verständnis von Nacht? Gewiss kann man es mit nächtlicher Tiefgründelei auch übertreiben.

Ich lag also im Bett eines Pensionszimmerchens, offenbar im Wohnbereich einer Großfamilie Kakerlaken, deren Flügel dicht neben meinem Ohr schabten, sobald es dunkel wurde und deswegen Nacht war. Überraschte man die nachtaktiven Gefährtinnen mit Licht, versuchten sie über die Matratze, das Kopfkissen, aus den Rucksäcken und Schuhen in die Sicherheit irgendeiner nie vermuteten Ritze zu fliehen. Eine Ritze finden sie immer, und wer es über sich bringt, sich in das Dasein einer ordinären Kakerlake einzufühlen, kommt womöglich zu dem Ergebnis, dass ein Schlitz oder eine Ritze im Habitat einer Kakerlake etwas Ähnliches ist wie für den Menschen der Eingang in den Großstadthinterhof eines Wohnhauskomplexes. Darüber nachzudenken, lohnt durchaus, wenn Schlaf sich trotz ermattender Müdigkeit nicht herbeizitieren lässt, weil das Herz grundlos hämmert. Ich setzte mich auf, da man im Sitzen besser ermüden kann. Rückenschweiß rann über die Wirbelsäule in die Steißbeinspalte hinab, ob es nun eine Wanne dafür gab oder nicht. Das auf all meinen Reisen mitgeführte weiße Leintuch war längst durchnässt und hatte den Geruch jahrtausendealter Matratzen angenommen. Wem im Wahnsinn schabender Insektenflügel schließlich im Sitzen zu schlafen gelingt, muss entweder vom Aufstieg zum Krater eines Vulkans hinlänglich erschöpft oder mit einer sagenhaften Fähigkeit zur Gleichgültigkeit gesegnet sein, die nach Lage der menschlichen Dinge ein eher seltenes Talent ist.

Obwohl ich mich von zahllosen Kleintieren ausgespäht, beobachtet, gar gemustert und bloßgestellt fühlte, schien mir die Frage angebracht, was mich eigentlich zu glauben berechtige, alles geschehe nach Plan, und zwar nach meinem? War das Unplanbare – also die Einladung, nichts ausrichten zu können, nichts zu entscheiden zu haben, den Umständen ausgeliefert zu sein –, war gerade diese Einbuße an Kontrolle nicht ein Geschenk? Ein Geschenk, das mir im Kakerlakenzimmer am Atitlán-See vom Schicksal höflich überreicht wurde? Ich fand es erfreulich, dass die Belohnung der Ereignislosigkeit zu einem neuen Verständnis dessen führte, was man *wahrhaftig* nennt, und der Himmel überm See lehrte mich zugleich die Dehnung der Zeit und die Tiefe zugefallener Ereignisse.

Die erzwungene Begegnung mit einer Division Schabenflügler mag keine weitere Dringlichkeit für ein gelingendes Leben haben, das ist wahr, aber sie gerät zu einem fulminanten Aha-Effekt, wenn man sich vergegenwärtigt, dass im Fall einer Kakerlake besser nicht von Ungeziefer, sondern von einem Lebewesen zu sprechen ist, das, ebenso wie man selbst, nichts anderes als Nahrungssuche, Fortpflanzungsdrang und, wer weiß, Lebensfreude im Sinn hat. Wenn der Wille, sofort aufzubrechen, vom Schicksal gehemmt wird, offenbart sich die Kraft einer manchmal unerklärlichen Souveränität. Sie gibt einem auf, das Unbestimmte mit Fassung ertragen zu lernen. Sie erzwingt Gelassenheit.

––

Das Leben ist ja auch deshalb so verblüffend, weil ohne Ankündigung einer dringenden Notwendigkeit die auf den ersten Blick müßige, genau genommen aber höchst existentielle Frage auftaucht: Warum bricht der Mensch überhaupt auf, wenn er es doch gar nicht müsste?

Spätestens seit die Jäger und Sammler im Neolithikum

sesshaft wurden und Böden bewirtschafteten, ist menschliches Leben durch Aufbruch und Rückkehr gekennzeichnet. Mit Sesshaftigkeit setzte zugleich Mobilität ein und mit ihr kamen die beiden ewigen Fragen in die Welt: Wo gehst du hin? Wann kommst du zurück?

Wer sesshaft geworden ist, indem er einen Zaun um sein Grundstück zog und es Eigentum nannte, will ortstreu bleiben und muss doch hinaus, weil nichts von selbst zu ihm kommt. Dem Sesshaften bleibt also entweder die Erkenntnis vom Wechselspiel zwischen Aufbruch und Rückkehr oder die Anbetung einer hoffentlich geneigten Gottheit, sie möge sein besetztes Land mit Regen und Fruchtbarkeit beehren. Der Auszug des Sesshaften in die Welt, darf man vermuten, basiert auf der Notwendigkeit der Nahrungssuche und nicht auf Neugier. Reisen ist das noch lange nicht.

Im Jahr 1669 hingegen legt ein gewisser Deutscher namens Simplicissimus ein ganz anderes Zeugnis ab (zumindest ein literaturhistorisches). Die Geschichte des Simplex Simplicius von Hans Jakob Christoffel von Grimmelshausen ist eines der ersten Bücher in deutscher Sprache, das die Literaturwissenschaft als Roman durchgehen lässt. Falls die Geschichte des Hirten nicht geläufig sein sollte: Nachdem er den Wahn der schändlichen Wirklichkeit gesehen, gelernt, erfahren und ausgestanden hat (wir dürfen den Dreißigjährigen Krieg annehmen), quittiert Simplex höchst freiwillig das Leben in der Gesellschaft seiner Zeit und zieht in eine Einsiedelei. Nach Irrungen und Wirrungen, um die es hier nicht gehen kann, segelt er gen Macao, Ägypten, Konstantinopel und Rom. Auf seiner letzten Fahrt erleidet er Schiffbruch, rettet sich auf eine paradiesgleiche Insel und führt dort ein Leben in köstlicher Einsamkeit.

Die hochbarocke Erzählung des Simplicissimus etablierte das Leitmotiv der Einsamkeit im utopischen Idyll und wurde über die Jahrhunderte hinweg zu einem fantastischen Sehnsuchtsmythos, dessen Kraft zu Fernweh und Weltlust bei manchen bis in die Gegenwart reicht.

Das Interesse des Reisenden am Aufbruch in die Fremde personifizierte sich vorbildlich in Robinson Crusoe, dem Helden im gleichnamigen Roman von Daniel Defoe aus dem Jahr 1719, und wurde durch Jean-Jacques Rousseaus epochemachende Forderung nach einer Rückkehr zur Natur im Sinne der Kritik an einem aus seiner Sicht falschen, weil rein technischen Fortschritt Mitte des 18. Jahrhunderts frühromantisch verstärkt. Bekanntlich hatte der Genfer Philosoph die Instinktverdorbenheit des Bürgers durch Vernunft und Zivilisation attackiert und dazu aufgerufen, die Ketten, in die das frei geborene Subjekt seiner Ansicht nach durch jede Art Gesellschaft gelegt werde, zu sprengen.

Natürlich ist es nie ein Fehler, sich neben Defoe und Rousseau auch die Schriften Robert Louis Stevensons vorzunehmen. Wiedergelesen, nähren sie zuerst den Verdacht, es sei womöglich mehr gewesen als pure Lust, die den Autor in seinem Segelboot Casco ans Ende der damals noch unvermessenen Welt getrieben hatte. Im Samtmantel war der Schotte am 7. Dezember 1889 auf der südpazifischen Insel Samoa mit dem Ziel an Land gegangen, um nur kurz zu bleiben, was fünf Jahre in Anspruch nahm. Schwer an Tuberkulose erkrankt, starb Stevenson in seinem selbst gebauten Haus im Dorf Vailima, auf einem Hügel über der samoischen Hauptstadt Apia, schließlich im Dezember 1894 – von den christlich-evangelikalen Einheimischen geliebt und zärtlich »Tusitala«, Geschichtenerzähler, genannt.

Ich frage mich: Ist die Sehnsucht nach Aufbruch und Unterwegssein womöglich eine Sucht, die der eine hat und der andere nicht? Kann es sein, dass ein Mensch von der Nähe des Fremden sogar abhängig wird, während der andere sich eben davor fürchtet? Fern davon, mutiger Aussteiger im 18. Jahrhundert zu sein, und ebenso fern, bloßes, leeres Fernweh zu zelebrieren, war über die Zeit hinweg eine denkwürdige Korrespondenz meines Verstands mit meinem Unterbewussten gewachsen. Ich erkannte in mir ein seltsames Begehren, das in dem Maße, in dem ich es zu verdrängen versuchte, gleichermaßen drängender wurde. Kann es sein, fragte ich mich, dass du dich ernsthaft zu einer sozialen Wirklichkeit hingezogen fühlst, die nichts oder nur wenig dessen aufzuweisen hat, das du als Segen fortschrittlicher Häuslichkeit im Laufe des Lebens schätzen gelernt hast: die Sauberkeit und Reibungslosigkeit, die Funktionstüchtigkeit, Berechenbarkeit und jene von Ordnungsämtern überwachte Einhaltung umständlich formulierter Vorschriften für millimetergenau markierte Parkbuchten? Kann es sein, dass die Sehnsucht nach unbeleuchteten Gassen, nach überfüllten Bazaren, nach Wüstenweiten und der Schönheit endloser Teeplantagen, nach der Geste einer aufs Herz gelegten Hand eine Sehnsucht nach immer neuer Überwältigung war? Und das, obwohl alles, was ich wusste oder zu wissen glaubte, passives Wissen war – im Unterbewusstsein seufzende Erleuchtungen, die in den Dunkelkammern meines Großhirns gegen den Verfall konserviert werden, bis sie durch die Scharmützel der Erinnerungsvernichtung eines Tages womöglich in friedvollem Vergessen verblassen werden?

Ich würde mich vorm Schwurgericht ewiger Wahrheiten zwar nicht auf meine Erinnerung vereiden lassen, bin mir aber sicher, dass das Geist-Gehirn-Organ in der Kopfschale die sensationelle Fähigkeit besitzt, Bilder so abzuspeichern, dass ihre Halbwertszeit länger als das ganze Leben dauert...

Nach Jahrzehnten noch steht mir der erwartungsvolle Blick einer in den Sitz eines schnaubenden Busses gefläzten indigenen Sitznachbarin in folkloristischem Kostüm vor Augen, die auf einer gefühlt endlosen Fahrt durch mexikanisches Niemandsland Richtung Cristóbal de las Casas für einen Moment aus dem Tiefschlaf aufmerkt, den Kopf zu mir herüberdreht, mich zwei Sekunden lang anstiert, höflich schweigt, kein bisschen lächelt, sich dann großzügig auf meine von den Shorts nicht bedeckten Oberschenkel erbricht und, nachdem sie mit dem Handrücken über ihren Mund gewischt hat, sofort wieder einschläft. In Cristóbal angekommen, steht sie auf und verlässt den Bus, ohne mich eines Blickes zu würdigen oder sich zu verabschieden, mit einer aufreizenden Schludrigkeit, die mir bis heute ein Rätsel ist.

In meinem Fall geschahen Aufbrüche wohin auch immer übrigens nicht in der Absicht, mit dem bisherigen Leben zu brechen, wie es etwa der Engländer Bruce Chatwin von einem Tag auf den anderen getan hatte, als er seinen Job als Kunstauktionator bei Sotheby's in London aufgab und diesen Akt später wie folgt beschrieb: »Ich beschloss, dass ich nicht nur nicht den Rest meines Lebens, sondern keine weitere Woche mit diesen Menschen verbringen wollte, und reichte meine Kündigung ein. Einfach so.« Chatwin hasste seine, wie er fand, »kriecherische Existenz« und beendete drei Jahre später auch seine Mitarbeit beim Sunday Times Magazine mit folgendem Wortlaut per Telegramm: »Für sechs Monate nach Patagonien aufgebrochen.« Von da an war er lebenslang auf Reisen, fuhr nach Afghanistan, Sibirien, an die Elfenbeinküste, machte sich die »Traumpfade« Australiens zu eigen, schrieb in zehn

Jahren vier berühmt gewordene Bücher und starb im Januar 1989 mit achtundvierzig Jahren in Nizza an Aids.

Ein ebenso aus England Fliehender war auch Patrick Leigh Fermor, was offenbar mit England zu tun haben muss (nur mit Mühe lässt sich das Wortspiel »enges Land« nicht auch mental verstehen). »Ich brauchte Tapetenwechsel«, notierte Fermor, »ich musste fort aus London, fort aus England; wie ein Landstreicher würde ich über den europäischen Kontinent ziehen. Ich würde auf Wanderschaft gehen. Ein neues Leben! Freiheit!«

Freiheit! Aufbruch! Ein neues Leben? Weder als edler Wilder noch als geliebter Tusitala und nicht aus England, sondern aus dem Süden Deutschlands, ganz sicher ohne Samtmantel, aber in Turnschuhen und luftigen T-Shirts brach ich jedes Mal aufs Neue auf, nicht wissend, ob ich unter Grimmelshausener Einfalt, Chatwin'schem Heimatekel, Fermors Freiheitsdrang oder Stevenson'scher Rastlosigkeit litt. Vielleicht litt ich unter ganz anderem oder auch an gar nichts, wer weiß, Reisen jedenfalls war und ist – zumindest für mich – die beste Art und Weise, sich in der Welt selbst aufzuspüren. Mir kam meine Existenz zwar nicht im Chatwin'schen Sinne »kriecherisch«, die eigene Lebenswelt aber doch reichlich vermessen vor, weswegen jede Reise abermals die Chance bot, Erfahrungen völliger Ereignislosigkeit zu machen. Dysfunktionalität kann einem Profiteur deutscher Verordnungskorrektheit wie eine Verheißung auf Rebellion erscheinen. Meines Erachtens darf man übrigens die Erfahrung der Ereignislosigkeit nicht unterschätzen: die ewige Wiederkehr der Wellen und ihr Silberkürass im Sonnenlicht, die aberwitzige Anwesenheit einer irre lachenden Möwe, der ernstgemeinte Kampf einer ausgemergelten, im Dünengebüsch mit trägen Käfern spielenden

Katze sind Variationen dessen, was das Leben ebenso auszeichnet wie ein gut geschnürtes Jahreseinkommen.

Es ist nicht nur künstlerisch verfeinerten Menschen vorbehalten, dem Furor des unaufhaltsamen Dahinschwindens von Zeit und Leben durch Aufbruch und Reisen ein Schnäppchen zu schlagen. Die Vermutung liegt nahe, dass alle Reisenden Bilder und Emotionen zur Ausstaffierung ihrer Erinnerungspaläste suchen, in denen Weltschmerz und Fernweh öfter als gedacht auf geheimnisvolle Genesung angewiesen sind.

Schule der Bildung durch das Unvorhersehbare

Einmal stand ich vorm Hilltop Truckstop nördlich von Fairbanks und schwitzte bei null Grad Hitze. Niemand konnte fassen, dass es der Winter in Alaska gerade mal auf Null Grad gebracht hatte, während die *Unteren 49* – wie man hier oben, im nördlichsten Bundesstaat, den weichlichen Rest der USA nennt – in Schnee und Chaos versanken. Die Hitze von null Grad war eine Kränkung für jenes Land, dessen Lebensart und Ökonomie sich winters seit jeher auf umgerechnet bis zu minus 40 Celsius eingerichtet haben.

Hügelaufwärts fiel Regen und gefror sofort, wodurch sich der Dalton-Highway, dessen 1330 Kilometer durch das Herzland Alaskas zum arktischen Ozean hinauf und zurück ich unbedingt bezwingen wollte, selbst sperrte. Jedes Abenteuer ist ein Sturz ins Unvorhersehbare, und an diesem Morgen unterlag das Unvorhersehbare auch noch einer unbestechlichen physikalischen Gesetzmäßigkeit.

Der Asphalt war kalt, die Luft darüber warm, weswegen die rasch entstehende Eisschicht gefährlich glatt geworden war.

Entnervt traf einer nach dem anderen im Hilltop ein, auf dem Parkplatz wummerten Motoren, unter dick wattierten Jacken staute sich Körperwärme, und im Trucker's-Café waren Country-Klassiker von Hank Williams senior zu hören, Songs aus einer scheinbar vergangenen Ära, die dennoch wirkten, als seien sie passgenau für die Gegenwart geschrieben worden.

Dann platzte eine stille Bombe. Aufruhr im Hilltop, Betriebsamkeit, Stimmengewirr – was war geschehen, so früh am Morgen? Dies: Ein paar Meilen nordwärts war ein 50-Tonner gerutscht und blockierte nun seitwärts liegend den Highway. Nicht einmal der Abschleppdienst traute sich auf die Straße, so glatt war sie. Als der Frust nie zu enden schien und die Bluegrass-Lieder von Hank Williams senior sich nach meinem Dafürhalten zu wiederholen begannen, hoffte ich auf einen Fingerzeig Zuversicht. Einer dieser Männer, die aufgebracht von der alaskafeindlichen Erhitzung auf zärtliche Plusgrade in den Truckstop stiefelten, würde mich mit auf die nördlichste, vielleicht gefährlichste, vielleicht einsamste Straße der Welt hinauf nach Deadhorse nehmen, in die letzte Stadt vorm ewigen Meer, obwohl alle Transportunternehmen das Bei- und Mitfahren aus versicherungsrechtlichen Gründen abgelehnt hatten. Trucker Ross hatte sofort abgesagt, Mike, den ich von Ross kannte, hatte erst gar nicht mehr zurückgerufen, und Mitch hatte den Kopf erst gesenkt und dann geschüttelt, und Sherman war auf lippenschürzende Art untröstlich, und so weiter. Mehrere Tage lang hatte ich in meinem Ausgangsort Fairbanks nichts erreicht. Wer nach Deadhorse hinauf wollte, wo während der Eroberung des unbekannten Landes einst zahllose Pferde starben, musste auf den Dalton Highway. Eine andere Straße gab es nicht, und weil in Alaska zur Wintersaison keine Mietwagen verliehen werden, kam für den Ritt ans Polarmeer nur ein Truck infrage, dessen Fahrer wissentlich gegen das Versicherungsrecht verstoßen würde.

Und dann sah ich Dave. Dave Bartlett, der bezüglich des Alters mein Vater hätte sein können.

Dave und ich tranken Kaffee und teilten das Unverständnis über die momentane Erhitzung Alaskas. Eine halbe Stunde später rief er seinen Boss Rob an. Rob war meinem Anliegen nicht abgeneigt und schlich kurze Zeit später mit dem Four-Wheel-Drive aus Fairbanks zum Hilltop hoch, um Dave bis auf weiteres nach Hause zu holen. Rob und ich gaben uns im landesüblichen Überschwang die Hand.

»Hey!«

»Hi!«

»How?«

»Good, good.«

Ich wollte Rob und Dave zu Würstchen und Rührei einladen, aber Bestellung wie Bezahlung für uns drei hatte längst Rob übernommen. Als die Sonne aufging (ein Hauch Magenta), gab er sein Okay. Wir hatten ein Geheimnis und vereinbarten Stillschweigen. Dave klopfte auf meine Schulter, und zusammen schlitterten wir mit Robs gigantischem Pick-up-Ford eine Dreiviertelstunde nach Fairbanks zurück. Daves Truck war auf dem Hilltop-Parkplatz geblieben, und wir hatten den großen Ritt für übermorgen, Freitagfrüh, verabredet. Am Donnerstagabend wurde für Freitag Eisregen vorhergesagt. Dave rief an und sagte die Fahrt ab. Ein gläubiger Siebenter-Tags-Adventist wie er heiligt den Samstag, weshalb wir gleich auf Sonntag verschoben. Weil mir die Wetterlage generell zu unsicher war und ich nicht abschätzen konnte, ob auf Rob und Dave Verlass war, buchte ich für Samstagabend sicherheitshalber einen Piper-Flug zum Coldfoot-Camp, das alte Goldgräberdorado aus dem 19. Jahrhundert, das auf der Hälfte des Highways nach Deadhorse lag. Ich bat Dave telefonisch, er möge mich, sollte er am Sonntag tatsächlich fahren, mit seinem Truck in Coldfoot, wo alle Trucker Zwischenstation machten, aufsammeln.

Nach einer Stunde Flugzeit landete die zweimotorige Maschine auf einer Decke aus Eisschnee. Um Coldfoot herum werden regelmäßig bis zu minus 30 Grad Celsius gemessen, jetzt waren es läppische minus 15. Bereits dreißig Kilometer außerhalb von Fairbanks existierte kein Handynetz und quasi keine Zivilisation mehr, und Coldfoot lag nochmals vierhundert Kilometer weiter nördlich. Im Camp gab es weder WLAN noch Glasfaserkabel, aber das Slate Creek Inn mit 52 barackenartigen Zimmern, daneben das nördlichste Postamt der USA, zwei Benzinsäulen und ein Truckercafé mit drei analogen Satellitentelefonen. Coldfoot Camp war der einzige Stopp für Nachschub, Benzin, Nahrung und menschliche Begegnungen auf der gesamten Strecke zur Prudhoe Bay am Polarmeer. Frisch graduierte Studenten fanden hier auf der Suche nach dem Sinn des Seins erhebende Einsamkeit, kochten für Fahrer, Sterngucker und Romantiker, wuschen Wäsche und Geschirr und boten geführte Touren zu den Creeks jener Gegend an, in denen vor hundert Jahren gierige Einwanderer Goldklumpen auszuwaschen hofften.

»Südwärts oder nordwärts?« Jedes Mal war das die erste oder zweite Frage, um die es ging. Alle Trucker hatten ihre Geschichten aus dem Eis, und sie alle hatten eigene Anekdoten. Jeder hörte jedem zu, bis er fertig erzählt hatte, die Stimmung war feierlich und verschworen, und es ging nie um Football oder Frauen oder Politik, sondern immer um die Straße, den

Highway, den Belag und den Stolz, nicht umgekippt zu sein und den Trip aufs Neue bestanden zu haben, und fast immer ging es um heroische Ausweichmanöver und Begegnungen mit Moschusochsen, Rentieren oder Elchbullen wie jenem, der kürzlich an Mikes Kenworth – wie sich der Fall für ihn darstellte – Selbstmord verübt hatte. Trucken ist keine Arbeit, es ist Liebe. So sagten es auf ihre Art alle, und für manchen Moment waren alle Trucker der konkurrierenden Companies klassenlose Freunde.

Sechs Stunden bevor die Frage abschließend geklärt werden würde, ob Dave tatsächlich in Fairbanks aufgebrochen war und in Coldfoot einträfe und wir dann gemeinsam weiter nach Deadhorse fahren würden, ereignete sich etwas Unvorstellbares. Samstagabend gegen zwölf kaufte ich eine at&t-prepaid-Karte, rief Dave vom Apparat des Camps an und erreichte nur seine Mailbox. Weitere fünf Mal sprach ich auf Band, fügte mich dann dem Schicksal, ließ einen Zettel für ihn an den Nachrichtenbaum pinnen, verließ das Trucker's Café und wollte über den Parkplatz zu meiner Unterkunft gehen, als sich über mir etwas offenbarte, worauf alle, die nach Alaska kommen, sehnsüchtig warten. Richtung Nordpol, unterhalb des Sternbilds Großer Wagen, spannte sich – über einen gestochen scharfen, mit hellen Sternen geschmückten Horizont – ein Bogen tanzendes Licht. Als sei der sprichwörtliche Geist aus der Flasche des Universums gefleucht, als entwichen einer gigantischen Nebelkanone Millionen Kubikmeter künstlich gefärbter Dunst, der in Form von Säulen und Kuben geisterhaft über den Horizont sprüht, ballettierte im klaren, kalten Himmel über dem Camp die Aurora borealis! Etwas derart Schönes wie dieses zauberzarte Polarlicht kann nur weiblich sein, dachte ich, und die eigenwillige Dame tanzte in Gestalt eines schlängelnden, wellenartig sich fortbewegenden, quicklebendigen Bandes aus gelbgrünem Licht die halbe Samstagnacht hindurch.

Der Laienphysiker in mir ahnte, dass rund hundert Kilometer über der Erdoberfläche die Elektronen und Protonen ausgestoßener Solarwinde in der Magnetosphäre mit ungeheurer Kraft auf Ionen der Erdatmosphäre trafen, wodurch ständig neue Konfigurationen entstanden und gelb und grün (manchmal sogar rot) fluoreszierendes Licht hervorriefen. Weniger astrophysikalisch als spirituell gesprochen, mochten sich in diesem Moment die Geister der Verstorbenen erheben und zu den Einheimischen sprechen. Womöglich wäre in diesem Augenblick auch ein kosmischer Same zur Befruchtung bereit, denn jedes Kind, das unterm Licht der Aurora gezeugt wird, lautete ein fernöstlicher Mythos, werde glücklich, reich und berühmt. Nach allem, was ich in Erfahrung bringen konnte, war der Mythos so hartnäckig wie falsch überliefert, aber Japaner und Koreaner kamen trotzdem zuhauf nach Alaska, weil die Aurora der asiatischen Weltsicht von Zufall und Bestimmung angeblich auf das Idealste entsprach. Manche von ihnen warten wochen-, Unglücklichere ihr Leben lang vergebens auf das tanzende Nordlicht. Ich persönlich zeugte in dieser Nacht kein Kind, konnte aber kaum glauben, welche Geburt mir zuteil wurde: Größeres Glück als den Zufall dieses unzeitgemäßen Wärmeeinbruchs hätte ich nicht haben können.

Mitten in dieser wundersamen Nacht, es war fünf Uhr, klopfte es dreimal an die Tür meiner Baracke. Schlaftrunken ignorierte ich das Klopfen, aber der Fingerknochen draußen schlug ein viertes und fünftes Mal an, also stand ich halb nackt auf und drehte, von Traum und Tanz verwirrt, den Türknauf.

»Good morning, Christian«, sagte Dave und lächelte mich an, »let's go to Deadhorse!«

Um sechs Uhr aßen wir Haferschleim mit Cranberrys und bogen um sieben auf den Dalton-Highway ein. Um halb zehn ging die Sonne auf, der Himmel brannte, die Gebirge glühten. Bei Milepost 162 (2250 Meter über Null) musste ich mich erleichtern, während Dave die Ketten nachzog, als plötzlich, rechter Hand im Schneefeld etwa hundert Meter entfernt, ein Wolf rüberglotzte. Ich rief »Hey wulf!« und weiß bis heute nicht, warum ich dachte, alaskische Wölfe verstünden Englisch. So oder so: Es war ein wunderschönes Tier, und ich begriff relativ rasch, dass der Fall hier genau andersherum lag und die Anmut des Wolfs geniale Mimikry für einen letztlich gnadenlosen Jagdinstinkt war. Ehe ich mich beglückwünschen konnte, dass der Wolf zwischen meiner Person und einem Rentier zu unterscheiden wusste, hatte er das Interesse an mir verloren. Er hatte mir in die Augen geschaut, wir hatten uns zwei lange Sekunden angesehen, das kann ich bis heute beschwören, dann war das Tier gelangweilt in die Berge getrottet.

Würmern und Raupen gleich krochen die Trucks hügelauf und hügelab, und was wie ein irre flirrender Metallball auf uns zuzurollen schien, war die von Sonnenlicht geflutete Schnauze eines noch fernen Kenworth, der nicht voranzukommen schien und doch allzu plötzlich da war. Die Bergkette Brooks Range, 68 Grad Nord/149 West, war fulminantes Nichts im Nirgendwo – prachtvoll pyramidal aufragende Berge mit fein rasiert wirkender Haut, auf deren Rümpfen sich der Schattenwurf der Nachbarkappen wie ein Tattoo abzeichnete. Dieses Land brauchte niemanden, und mir schien, als brauchte es nicht einmal sich selbst. Es verschwendete sich

geradezu und war auf solch souveräne Art von sich selbst un-
abhängig, dass es genauso gut hundert oder tausend Qua-
dratkilometer kleiner oder größer hätte sein können. Die
Monotonie seiner Einsamkeit förderte – je nach Gemütsver-
fassung – Müdigkeit oder Meditation zutage, mir persönlich
stellte sie massenhaft Zeit für die Selbstversenkung zur Verfügung. Abenteuer gelingen ja am besten dort, wo man sich
in doppelter Hinsicht verlieren kann: wo der kleine Mensch
im großen Raum verloren gehen und sich diesem Raum im
Geiste dennoch zugleich entheben kann.

Um halb vier sank hinterm Ice Cut Hill die Sonne, der
Schnee schimmerte zartrosa, und das Eis der Flussdecken war
roséfarben, ein Poem in Pastell am Ende der Welt. Als hätte
Nebel sie mit gefrierendem Dunst besprüht, glichen Abertausende Schwarzfichten bizarr geformten Spülbürsten. Spee-
ren gleich steckten die Stämme schräg im Boden, die Kronen
waren so schwer, dass sie jeden Moment zu brechen drohten.
Irgendwo in den Birkenwäldern lag dann Olnes City, eine in
den Boden gesteckte prominente Tafel am Straßenrand gab
Auskunft über die aktuelle Einwohnerzahl: 1. Mister Olnes
lebte in einem Holzhaus.

Erst war Stille, dann kam Ruhe. Stille und Ruhe sind nicht
dasselbe. Ruhe kehrt ein, wenn Stille sich vollendet. Dave
hielt erneut, kettete wieder an, ein Rabe flog heran, und eine
Rentierherde zog über den Horizont. Um halb sechs war es
stockdunkel. Dave bemerkte mein verschämtes Gähnen und
bot mir seine Matratze in der Fahrerkabine an. Über den späten Nachmittag hinweg hatten wir kaum geredet, am Atigun
Pass waren mehrere vom eisgefrorenen Highway in Schnee-
täler hinabgestürzte Fünfzigtonner zu sehen, als wären sie die
Skulpturen eines kulturpessimistischen Künstlers. Wenig spä-

ter, zwischen Holden Creek und Galbraith Lake, fing Dave zu erzählen an. Er habe einen Sohn gehabt, meines Alters. Pause. Ich schwieg. Vor zwanzig Jahren, sagte er und stockte. Ich sah zu ihm herüber. Zu reden fiel ihm schwer, und das zu sagen, was er schon die ganze Zeit sagen wollte, umso mehr. Vor zwanzig Jahren war sein Sohn während eines Ausflugs auf dem Yukon von der Schraube seines eigenen Boots zerfleddert worden. Teile seines jungen Körpers wurden nach einigen Meilen flussabwärts ans Ufer geschwemmt. Dave hatte sich aufgemacht, die Körperteile seines Sohns wieder einzusammeln, und von diesem Moment an, sei er, Dave, der sein Naturell als liebestoll bezeichnete, nicht nur seiner Frau eisern treu geblieben, sondern habe sich dem Herrn verschrieben. Dave Bartlett verkaufte seine Waffen, hörte zu jagen auf und begann, an die Wiederkehr Jesu zu glauben. Hätte er jetzt keinen Gast in der Kabine seines Trucks, würde er, wie auf jeder Fahrt sonst, eine CD einlegen, ein Hörbuch des Buchs der Bücher, über die Heilige Schrift, die ihn seit dem Tod seines Sohnes, der im selben Jahr geboren war wie ich, am Leben hielt. Matthäus, Lukas, Markus, die Psalmen, das Paradies, der Ort, an dem Safran wuchs, Zimt und die Heilpflanze Kalmus, wo sich Auerochsen, Wildschweine und Gazellenherden einträchtig tummelten und der Löwe nicht tötete und die Raben nicht krächzten und die Flüsse reich an Wels, Karpfen, Aal und Barben waren.

Dann weinte er, ich sah es, und wir schwiegen. Irgendwann kam Deadhorse, das die kafkaeske Beklommenheit einer Strafkolonie besaß, eidottergelbe Laternenlichter in der arktischen Nacht, in der aus Röhren und Schächten entweichender Dampf keine kosmisch-grüne Aurora, sondern technisch-weißen Nebel bildete. Die Ölmultis unterhielten hier Bürobaracken, Wohnbaracken, Hotelbaracken, Plattformen,

Speicher und Tanks. Die paar Schritte zum Rand des Nord-
polarmeers durfte ohne Lizenz niemand gehen, und Lizenzen
zu erhalten war fast aussichtslos, Hochsicherheitsgebiet eben,
aber ginge man vor zum Saum des arktischen Meers, bekäme
man ohnehin nur eine beschneite Eisdecke zu Gesicht. Nach
einer Stunde Abpumpen, Auftanken, Aufwärmen und einem
Prime-Rib-Dinner in der Colville-Kantine, wo Daves Kollegen wortlos aßen, kehrten wir den 2009er Kenworth um und
rauschten um mehrere Tonnen Öl schwerer den Highway wieder südwärts Richtung Coldfoot nach Fairbanks. Die Straße
lag da wie eine Versuchung und trug die Kraft der Sucht in
sich. Solange die Brille seine Augen noch jung hält, wird Dave
sich mit der Straße, die er als Partnerin begreift und als Geg-
nerin respektiert, messen, als wäre der Dalton Highway jemand, den man lieben und fürchten musste, aus Hingabe an
eine Prüfung, die jedes Mal aufs Neue bewältigt zu haben für
ihn der Beweis für Gottes Liebe war.

Über den Quiet Mountains sahen wir die magerste Mond-
sichel der Welt, die sich zu sinken bereit erklärte, da glotzte uns
plötzlich mitten auf der Straße ein gigantischer Moose an. Dave
zog nach links, das Tier blieb stehen. Ich schloss die Augen. Angesichts eines unerwartet auf dem Highway stehenden Elchbullen, der sich von Tempo, Lärm und Gewalt eines Trucks nicht
im Entferntesten einschüchtern lässt, musste in relativ kurzer
Zeit die keineswegs unbedeutende Antwort auf die Frage gefunden werden, ob man das Tier als ebenso schützenswerte
Kreatur der Schöpfung begreifen wollte wie sich selbst oder ob
ein Rangunterschied zwischen Mensch und Tier die Frage nach
Notwehr zu Lasten des Letzteren entscheiden würde. Die Antwort hätte durchaus existentielle Konsequenzen, denn ein Elch
weicht nicht aus. Er bleibt stehen und blickt, je nach Deutung,

49

stur oder todesmutig in den Scheinwerfer eines Trucks. Sollte man also töten oder auf eisgefrorener und leicht abschüssiger Fahrbahn abrupt vierzig Tonnen Stahl bremsen, ohne vorher den Bremsweg berechnet haben zu können?

Es war mehr als eine Fügung, dass auf der Gegenfahrbahn der nächste Truck erst eine Minute später kam. Schicksalsergeben zog Dave rüber, der Elch trabte und stakte in den Schnee, ich sah Dave kein Kreuz auf die Brust schlagen, wusste aber, dass er Zwiesprache mit dem Herrn hielt. Zwei Stunden später erreichten wir im magentafarbenen Licht der Dämmerung den Saum der Zivilisation, und eine Säule Qualm schraubte sich in den Himmel über Fairbanks. Als es vollbracht war, streckte Dave mir die Hand entgegen. »Buddy«, sagte er leise, als wäre ich beides, Gefährte und Sohn, und schenkte mir seine Basecap mit dem Aufdruck seiner Truckfirma Colville. Im Büro erledigte er Papierkram, meldete sich bei Rob zurück, und in der Stockdunkelheit fuhren wir zu ihm nach Hause.

Seine Frau und er dankten Gott, dass Dave wiedergekehrt war, nachts würde er ruhig schlafen und am nächsten Morgen um sieben aufstehen und beten und Porridge essen und den Dalton Highway nach Deadhorse hinauf- und am selben Tag wieder hinunterfahren, wenn er, wie alle, nicht von null Grad Hitze um das Glück ihrer Mission betrogen würden.

Für den letzten Moment des Tages aber saßen wir zu dritt im akkurat arrangierten Wohnzimmer der Bartletts und aßen Trauben und Nüsse, und in einer mir bis heute unerklärlichen Gewissheit fühlte ich mich adoptiert.

--

In Alaska hatte ich mindestens zweierlei begriffen. Erstens: Zeit zu verlieren, indem Raum gewonnen wurde. Und zweitens: In der Unwirtlichkeit der Natur war eine heilende Kraft zu spüren, die mich fast zwangsläufig an die Grenzen meines Atheismus brachte. Auf dem Weg von Fairbanks über Coldfoot nach Deadhorse und zurück konvertierte ich kurzerhand zu einem neuen Glauben: dem gottlosen Vertrauen in den guten Gang der Dinge. Ich kehrte zurück zum Kind in mir und erinnerte mich daran, dass mit dem Staunen alles begann: Selbstwerdung, Seinsbildung und Welterfahrung. Jede und jeder wird das Staunen über das, was der Fall ist, auf je eigene Art erfahren, und wie gefühlsintensiv diese Erfahrung auch immer sein mag: Ist es nicht ein Privileg, die Fähigkeit des Staunens überhaupt noch zu haben? Mehr noch: Ist es nicht Glück, sie behaupten zu können gegen all das Ausgebuchte, Vermessene und Verstellte, gegen die Wallungen der Tageshektik und die unaufhörliche Erregung eines Lebens, von dem sich viele (und womöglich immer mehr) überlastet, überfordert und übergangen fühlen?

Der rast- und ruhelose Mensch der rasenden Spätmoderne lebt doch in einem denkwürdigen Paradox zwischen Nervosität und Sedierung. Genötigt zu ständiger Bewegung, hat er permanent mit dem Gefühl des Defizits zu tun, der allgemeinen Beschleunigung mit dem eigenen Tempo nicht genügen zu können. Das Neue ist bereits da, wenn das Alte noch nicht einmal so weit entschwunden ist, um im herkömmlichen Sinne als »alt« gelten zu können. Wenn alles, was kommt, sogleich wieder schwindet, gilt nichts auf Dauer. Gibt es keine Dauer, ist Beziehung nicht möglich. Und dann? Wissen wir dann noch, wer wir sind und was wir am Anderen haben?

In der großen Unsicherheit des zeitgenössischen Menschen, wer bei all den multiplen Identitätsangeboten und Inszenierungsoptionen denn eigentlich SIE oder ER oder ES sei, hetzt sie, er oder es durch das Leben und kommt nur noch an, ohne je aufgebrochen zu sein. Als Zeitgenosse in der Transformation ist man im ständigen Transit. Vollzieht man Mobilität. Liefert sich Prozessen und ihrer Optimierung aus. Wird man zu Effizienz gedrängt. Die zeitgenössische Biografie ist ein streng getaktetes Programm kurzfristiger Arrangements, die ständig neu oder aufs Neue koordiniert werden müssen. Peu à peu wird der Digitalkonsument seiner Leibhaftigkeit enthoben; der Weltbezug wird zunehmend elektronisch, der Mensch ist dauer-online und dauererregbar. Ohne Smartphone ist er nicht. Je beschwörender das Versprechen auf vernetzende Verbindung, desto mehr entfremdet sich der Homo connecticus in der netzfreien Unverbindlichkeit sich selbst. Die zweifelsohne oft grandiose Digitaltechnologie virtualisiert zunehmend die Lebenswelt des Individuums, und die durch brillante Technik erzwungene Reduktion des Menschen auf einen Teilnehmer im elektronisch organisierten Weltverkehr führt zu einer fast grotesken Selbstenthobenheit.

Im Spiegel meiner Reisen stelle ich nun fest, dass sich das Spektakuläre meist im Banalen zeigt. Und fast immer tut es dies mit der subversiven Kraft des Zufalls – dem Staunen über das, was ist, ohne dass man wüsste, warum es ist, wie es ist, ja vielleicht auch ohne wissen zu müssen, warum alles geworden ist, wie es geworden ist, wenn es doch die Möglichkeit bietet, mehr darüber zu erfahren, was kurz davor noch undenkbar war. Die Auslieferung an die Unmittelbarkeit dessen, was den Menschen in einem nicht organisierbaren Augenblick umgibt – das ist der Moment, da sich ihm, um es pathetisch zu sagen, eine Offenbarung schenkt. Sie widerfährt einem nur,

wenn man sie nicht herbeizwingt. Das Glück einer Offenbarung kann weder erarbeitet noch bestellt oder herbeithera-
piert werden. Es geschieht um seiner selbst willen.

Das Staunen über die Welt ist immer auch ein Staunen
über die Art, sich auf seine Weise in ihr zurechtzufinden. Insofern ist jede Reise in sich unwiderlegbar: Auf ihr gemachte
Erfahrungen sind in sich wahr und gültig und haben, so das
Gehirn es zulässt, lebenslang Bedeutung. Weil Reisen, ohne
sensationell sein zu müssen, Sensationen am laufenden Band
produzieren, wird so gut wie alles, was während des Reisens
geschieht, abgespeichert. Es dürfte durch die Hirnforschung
hinlänglich geklärt sein, dass das erlebte Leben in jedem seiner Momente auf der neurologischen Festplatte gesichert
wird, ohne dass man selbst es wüsste. Hinter dem Rücken des
Bewusstseins gespeichert, lagern sie in den Dunkelkammern
des biografischen Archivs, und die große Kunst des Menschen
besteht letztlich darin, dieses von der Flut alltäglicher Verrich-
tungen verschattete Archiv gezielt auszuleuchten. Kommt ein
sinnlicher Trigger – ein Geruch, ein Geräusch, eine Stimme –,
steigen erlebte Erfahrungen ungefragt ins Gedächtnis der
bewusst werdenden Erinnerung auf und verblüffen fortan
durch ihre in diesem Moment scheinbar sinnlose Anwesenheit. Dann liegt einem am westlichen Ende der Welt der Name
eines Ortes an deren östlichen Ende auf der Zunge, oder man
riecht den geräucherten Qualm im rumänischen Flussdelta,
obwohl man gerade in Galicien ist. Und irgendwann steht
einem wieder die Spontanerschöpfung auf einem Alpenquer-
pass vor Augen, die im ungünstigen Moment eines heranja-
genden Gewitters einmal zum abrupten Tiefschlaf führte und
nicht durch zarte Glockenschläge einer Kirche, sondern das
Glockengebimmel blöd schmatzender Ziegen noch vor Son-

nenuntergang beendet wurde, weshalb man sein Leben lang kein Ziegenfleisch mehr anrührt. Ist man von Pech begünstigt, folgt der anschließenden Bergregentraufe eine Rhinitis, die Ziege aber wird zum heiligen Tier erkoren.

Kurzum: Der Kontext, in dem eine entsprechende Erfahrung erlebt wurde, wird immerzu miterinnert. Hirnforscher sehen hier das »episodische Gedächtnis« am Werk, und aus der laienhaften Perspektive des Reisenden gesprochen, haben sie Recht: Der Gereiste verfügt über ein besonders aktives episodisches Gedächtnis, weil das Feuerwerk sinnlicher Impulse auf Reisen ungewöhnlich intensiv ist. Je emotionaler ein Erlebnis, desto eher wird es gespeichert und desto sicherer verwahrt. Die gesamtsinnliche Erregung des Reisenden entsteht allein durch das Reisen selbst. Warum? Weil ohne Unterlass die Wahrscheinlichkeit des Zufalls gegeben ist, ohne dass es zuvor eingefordert wurde.

Selbsterkenntnis verdankt sich ja unter anderem banalen Bildern, die in der Rückbetrachtung zu Preziosen werden. Eine ganz andere Art der Bildung also. Ich würde es von hinten aufzäumen und für meine Person behaupten: Ich kam mir auf die Schliche, indem ich mich anschickte, die Verheißung unbeleuchteter Sackgassen zu entschlüsseln, ohne es zu merken. Eine dunkle Gasse kann von gnadenloser Trostlosigkeit sein, und doch zeugt sie von Leben, das sich in ihr regt oder einmal geregt hat. Und wie faszinierend ist die Erkenntnis, dass die Trostlosigkeit des scheinbaren Nichts etwas unerhört Tröstendes hat.

Schule der Geborgenheit durch das Unendliche

Einmal stand ich mir selbst im Weg und wollte mein Ich erpilgern. Weder hatte ich eine Krise noch suchte ich Gott, weder litt ich unter Kummer noch war ich ausgebrannt. Ich war nach Norwegen aufgebrochen, um mich von der Nähe des Unendlichen ergreifen zu lassen, und machte mich auf den Weg, den der bei den Nordmännern bis heute verehrte katholische König Olav mehrfach auf und ab gegangen sein soll. Man muss anfügen, dass Olav das Land der einst ungehobelten Heiden um das Jahr 1000 herum mit Gewalt oder Geschick christianisiert hatte, vielleicht auch mit beidem, jedenfalls scheint er eine Persönlichkeit, die sowohl Angst als auch Begeisterung, jedenfalls Gefühle im Nahbereich mystischer Gnadengabe ausgelöst haben könne. Vielleicht würde sich auf den Pfaden und Wegen durch norwegische Gebirgszüge auch für mich eine nahezu religiöse Überwältigung ergeben, vielleicht die Erkenntnis, dass sich auf einem von allen Geistern verlassenen Bergplateau gar nichts erkennen ließe. Vielleicht würde sich auch nur eine wunde Ferse ergeben und womöglich nicht einmal das.

Der Olavsweg verlief von Hof zu Hof und an Höfen vorbei und war so breit, dass ein Pferd ihn betraben und ein Mann ihn mit quergelegtem Speer begehen konnte. Die speerbreite Schmalheit des Königs-, Post- und Volkswegs wurde 1247 von König Magnus Lagabøt festgelegt, um die Pilger auf sicherem Pfad zu leiten. Sie kamen in Massen aus ganz Europa und zogen nach Trondheim, unter ihnen Könige, Erzbischöfe, Mönche und Priester. Olav war 1030 in der Schlacht von Stiklestad gefallen, und man hatte ihn, so heißt es, dort begraben, wo heute der Dom steht. Und obwohl Trondheim am Ende des Weges ist, war es nicht das Ziel. Das Ziel war man selbst.

Mein Weg begann in Skåden Gård. Warum gerade dort? Warum nicht? Für andere beginnt der Weg in Hamar oder in Dombas. Auch gut. Es ist recht nebensächlich, wo der Weg beginnt, und einerlei, von wo aus man aufbricht. Wichtig ist allein, *dass* man aufbricht. Dort nun, wo einmal eine Kirche eingefriedet sein musste, standen drei Scheunen aus rotem Holz, ein Stein und eine Birke. Ein Mensch war nicht zu sehen. Sogleich kam ein Schauer, und das Gras wurde stumpfgrau. Wer Regen nicht schätzt, hat die Welt nicht verstanden, und wer Regen nicht erträgt, fällt in Norwegen vom Glauben an das Gute ab. Tropfen sind dargereichte Geschenke der Natur, die mehr vom Leben weiß als der Mensch, weshalb ich bei plötzlich herabstürzendem Regen neben dem Ohnmachts- auch ein Glücksgefühl verspüre, ehe ich mich über durchnässte Klamotten mindestens ärgere. Wann, wenn nicht jetzt, würde man erkennen, dass ohne Wasser alles nichts wäre?

Es kam ein schmaler Fluss. Er kam aus den Bergen und durchfloss das Gudbrandstal und hieß Lågen. Als die Sonne auf den Lågen fiel, wurde seine Haut smaragd, und als Sekunden darauf ein Wolkenband das Licht verdeckte, schimmerte das Wasser petrolfarben. Ich fragte mich kurz, ob sich die Gesetze der Farbmischung von Minz über Smaragd zu Petrol auf unbeschwertere Weise lernen ließen als an diesem völlig unbedeutenden Fluss mitten in Norwegen? Meine Antwort an mich selbst: könnte sein oder nicht.

Der Weg am Lågen verlief ohne Aufsehen. Es war tröstlich zu bemerken, dass immerzu irgendwo ein Weg irgendwohin verläuft. Verliefe keiner, wäre das Ende der Welt nah. Die Welt braucht keine Götter, sie braucht Wege. Die Welt geht erst unter, wenn es keine Wege mehr gibt. Die Hinterlist des Weltuntergangs besteht bis heute darin, dass die Welt trotz aller Vorhersagen noch nie untergegangen ist, weil es, vermutlich, immer einen Weg gibt. Jeder Weg führt irgendwohin, sonst wäre es keiner. Selbst der Weg in eine Sackgasse führt ja wieder zurück, und das heißt doch: Hinter jedem Weg steckt eine Idee, zumindest eine Absicht, auch wenn sie nicht sofort erkannt wird. Entlang des Lågen haben die Wege gewöhnlich keine Namen, weil Namen unerheblich sind. Wege sind Wege und brauchen keine Identität.

Manchmal ging ich beim Gehen verloren, weil die Beschilderung allzu unaufdringlich war. Sodann nahm ich Umwege, ohne es zu wissen. Auch am nächsten und am dritten und am fünften Tag auf namenlosen Wegen kam mir niemand entgegen. Anzutreffen waren Kühe und die merkwürdige Stille einer Natur im Einklang mit sich. Ich hörte meinen Atem. Er gab mir den Rhythmus vor, und im pilgernden Dahinfließen meiner selbst erkannte ich, dass der, der langsam atmet, nicht unbedingt langsam geht. Er geht zügig, atmet aber tiefer.

Je stiller es wurde, desto lauter surrte im inneren Gehör das eigene Blut. Ich setzte Fuß um Fuß, ohne es anzuordnen, und bis dahin war ich weit gekommen, weil ich nicht mehr merkte, dass ich weiter kam. Ich ging weiter, bis es mich ging. Ich ging in die Menschenleere hinein, und Schritt für Schritt ging ich mich selbst leer. Und dann kam eine unerwartete Herberge. Dort gab es kein Licht und kein Wasser, und es war unmöglich, im Zimmer aufrecht zu stehen. Die Schlafkästen der Betten waren aus Kiefernholz gezimmert und eng und die Mücken fingernagelgroß, eine eingestochene Hautstelle juckte tagelang. Pilger brauchen keinen Luxus, sie brauchen Blasenpflaster, Autan akut mit Aloevera und vielleicht die Lakonie des Wechsels von Wind, Wolke, Wald und Weg, ganz sicher aber die Zuversicht, dass der Weg, wo immer er hinführt, eine Ankündigung seiner Fortsetzung ist.

In den Tagen darauf wollte es partout regnen. Matsch schmatzte, für einen Moment drang Sonne durch, und das Gras wurde türkis, und dann regnete und schmatzte und nieselte und goss es. Erst kamen Schafsköttel, dann Schafe, dann kam nichts, und danach führte der Weg hügelan und hügelab und hügelan, seine Ränder waren bewuchert mit hüfthohen Brennnesseln und wildem Klee. Irgendwo rauschte oder grummelte oder zischte oder sprühte es immer, und irgendwo quirlte immer Wasser irgendeines Bergbachs. Es roch nach benässtem Schieferstein, auf den Blättern der Farnsträucher lag Feuchte. Wolken zogen vorüber, und plötzlich fielen aufs Neue Sonnenstrahlen auf den Fels, weshalb die Flechten ginstergelb strahlten. So ging es stunden- und tagelang. Raus aus dem Wald, und das Tal öffnete sich für Auen, Wiesen und Straßen, Traktorgrollen war zu hören und das Brummen feister Hummeln, und dann rein in einen neuen Wald, auf dessen Boden gut behütete Pilze von bisher unerkannter Schönheit standen, dass ich mich zu fragen vergaß, was einen Wald eigentlich zu einem Wald macht.

Wer pilgert, gräbt Schicht um Schicht die eigene Geschichte aus. Vielleicht ist Pilgern ein psychotherapeutischer Akt und vielleicht das unablässige Fort-Gehen eine Hin-Gabe an die Vergangenheit. Vielleicht ist auch alles ganz anders, und man geht fort und verlässt sich und überwindet sich und weiß nie, wo und bei wem man ankommt, und während man so denkt und darüber das Denken verliert, kommt wieder das Nichts, ein grotesker Pilz oder zum Beispiel der Dovrefjell, dieses mächtige Gebirge. Auf einen moosbezogenen Felsen war das blutrote Olavskreuz gesprüht. Ein Falke kreiste, ein Rabe gurrte. Dann fiel Regen.

Ich traf Tor Gunnerod, ein Hüne von Mensch. Wir gingen rasch voran, Schritt für Schritt. Nicht über Stock, sondern über Steine. Ab 1100 Metern gab es keine Bäume mehr, aber da ist der Mensch schon längst unbedeutend. Die Natur ist gnadenlos und ignorant. Sie ist unmoralisch und kann ohne schlechtes Gewissen töten und durch die Unermesslichkeit ihrer Stille für unerträgliche Enge sorgen. Es ist absurd.

Ich stand auf dem Dovrefjell und hatte Platzangst in der Weite. Die Weite war grenzenlos und unbegrenzt, und mir war, als senkte sich der Himmel herab und drückte meinen Leib nach unten und presste meinen kümmerlichen Körper zusammen, auf dass es gleich die Lunge stauchen würde. Mein Puls pochte und raste und wütete, und in der Kühle des ständigen Regens drückte sich Schweiß aus den Poren, und vor lauter reiner Luft konnte ich nicht mehr atmen. Heißt das, den Menschen befalle angesichts totaler Freiheit bei all der Totalität wiederum der Schwindel ihres Verlusts? Glücklicherweise arbeitete sich kurz vor dem Kollaps durch Weite der Hall eines irgendwo fahrenden Autos empor, obwohl über Kilometer hinweg in angrenzenden Tälern keine Straße zu sehen war. Eine Rückmeldung der Zivilisation ist immer beruhigend, auch wenn man ihr zu entkommen aufbricht. Man bräuchte zur Versicherung der eigenen Lebendigkeit nicht unbedingt das Motorengeräusch eines Autos, es genügte der Ruf eines Ziegenhüters, aber irgendeinen Laut braucht es schon, um sicherzugehen, dass irgendwo einer oder eine ist und man nie allein ist auf der Welt, die in der Einsamkeit des Alleinseins noch ein Stück autoritärer wirkt. In solchen Momenten, die es hier oben öfter gab, fühlte ich mich von der Welt nicht mehr angenommen. Ich fühlte mich ausgestoßen, als überließe sie, die Welt, mich mir selbst und wäre weise genug zu wissen, dass ich mit mir nicht klarkäme. Nennst du mich Hiob?, dachte ich, aber irgendwann – die Frage war nur, wie lange es bis dahin dauerte – würde ein sprachmächtiges Wesen anzutreffen sein, und wo jemand spricht, wird ein Mindestmaß an Verstand geteilt, sonst könnte man – einerlei in welcher Sprache – nicht sprechen. In solchen Momenten mag selbst der Skeptiker beginnen, an die Gnade der Vernunft, von der er nichts wissen kann, zu glauben.

Ich schwitzte, ich fror, ich fluchte. Ich zitterte, stolperte und querte Bäche. Nebel zog herauf, Flechten leuchteten. Kurz unter der Kuppe des Hardbakken, am höchstgelegenen Punkt des Pilgerwegs über den Dovrefjell, tönten Hunderte Glöckchen, und Schafe wurden zu Gefährten, und mehr als einmal fragte ich mich, ob das, was Schafe von sich geben, als Sprache bezeichnet werden könnte und ob es möglich wäre, diese Sprache zu lernen, damit ein Schaf auf den Menschen und der Mensch auf ein Schaf reagieren könnte. Solcherlei dachte ich und versuchte zugleich, nicht zu denken, und ging, ohne mein Gehen wahrzunehmen. Ich suchte den Weg, näher kam ich mir selbst. Ich verlor mich und fand eine Adlerfeder und eine Maus ohne Kopf. Da kam hinterrücks ein Anfall Regen, und wenig später war Abend. Wie konnte jetzt plötzlich der helle Nachthimmel erröten?

Schließlich erreichte ich den Hof von Fokstugu und aß gekochte Rentierschulter. Mörder waren den Olavsweg gegangen und hatten hier übernachtet, begleitet von Hunden, Wärtern und der Hoffnung auf Sühne. Drei norwegische Gefängnisse hatten über Jahre hinweg eine neue Therapie der Buße und Verbüßung mittels Pilgern erprobt. Die Mörder mussten sich schriftlich bewerben, manche trugen Steine im Rucksack und legten sie – und mit ihnen ihre Taten und Lasten – am Rande des Pilgerwegs oder in der Unendlichkeit ab. Schuld verlangt Sühne, und wer reist, der sühnt. Pardon, aber ist das keine gute Nachricht?

––

Die Unverwüstlichkeit der Stille auf dem Dovrefjell schenkte mir eine wichtige Lektion in Ungeborgenheit. Kreiste ich zuhause auf der Suche nach der Verlässlichkeit des Gewohnten auf gewohnten Bahnen um mich selbst, so suchte ich auf Reisen die Selbstverlassenheit im Ungewohnten. War ich zuhause durch Gemütlichkeit besänftigt, begegnete mir im Zufall der Ferne die Fremdheit meiner selbst. Auf Reisen war ich gezwungen, mich mit mir zu konfrontieren. Ich war mir ausgesetzt, und wahrlich: Es gab wünschenswertere Erfahrungen. Ich war mir eine Zumutung, weil ich mir zumutete, auf mich selbst zurückgeworfen zu sein. Ich klärte mich über mich auf. Oder nein: Ich ließ mich über mich aufklären. Von wem? Von dem, was ich vorfand. In jedem Moment einer Reise hat man sich zum Unvorhersehbaren zu verhalten und nach Erfahrungen jenseits erprobter Sicherheiten zu suchen. Das Verhältnis von Ver- und Geborgenheit ist nicht zu unterschätzen. Es könnte schließlich sein, dass man über sich hinaus strebt und die Erfahrung existentieller Einsamkeit in seinen Erfahrungsschatz einspeisen möchte, weil jedem denkenden Mensch eines Tags schwant, dass er zeitlebens auf sich selbst gestellt ist. Übrigens rede ich hier so ausführlich von mir, weil ich denke, dass es jedem so geht.

Das Ringen mit sich hat bekanntlich eine beinahe religiöse

Dimension, auch wenn die Verlorenheit in der Ferne schon deshalb reizvoll ist, weil der, der sich dort verliert, sich zuvor vielleicht noch nie verloren gefühlt hat. Niemand weiß je genau, wie und wohin der Weg ihn führen wird, lässt man den Weg auch tatsächlich führen. Zwischen Weg, Zeitpunkt und Befindlichkeit sind unzählige Kombinationen denkbar. Geht man denselben Weg eine Stunde später, mischen sich Gefühle, Eindrücke und Erinnerungen völlig anders ab. Womöglich tritt man um 14.36 Uhr in eine Waldlichtung anders hinein als um 15.51 Uhr, und womöglich sähe man in der scheinbaren Nebensächlichkeit eines gigantischen Pilzes im Mischwaldboden etwas sehr Hauptsächliches, gäbe man ihm nur zehn oder dreißig oder vierhundertacht Minuten mehr zur Entfaltung. Zeit spielt keine Rolle. Man pilgert ja gerade, um Zeit zu verlieren – und insofern zu gewinnen. Ich pilgerte nicht um der Nähe zu Heiligen und Seligen willen, sondern um die Intimität des Unendlichen zu erfahren.

Deshalb ist Reisen in meinen Augen auch eine Überwältigungstechnik. Auf der Reise will ich vom Zufall mitgerissen und in gewisser Weise von der Wirklichkeit verzückt werden. Natürlich mag sein, dass Sein und Denken einander bedingen, weil sich die Myriaden der Splitter und Partikel dessen, was alltäglich an »Welt« aufzusammeln ist, im Geist des sammelnden Ichs zu dem synthetisieren, was »Realität« genannt wird. Aber Welt ist ja nicht Erde. Welt ist mehr. Ein neugeborener Mensch wird zu Recht als Erden- und nicht als Weltbürger bezeichnet. Der Erdenbürger ist physisch vorhanden, der Weltbürger eine idealistische Idee. Wenn er Geld wie Glück zu reisen hat, wird aus dem Erden- eines Tages womöglich ein Weltbürger (was übrigens weit schwieriger ist als angenommen). Oder sagen wir es andersherum: Ohne Weltkenntnis ist Selbsterkenntnis zwar möglich, aber schwerer zu erreichen als durch das Gefühl der Verlorenheit auf end- wie namenlosen Wegen durch das Nichts einer ziellosen Ferne. Endlosigkeit kann – ebenso wie Einsamkeit – Geschenk oder Plage sein, es kommt darauf an, wie man sich dazu verhält. Und wann weiß man, in welchem Verhältnis man zu dem steht, was einem begegnet? Das hat mit einigen glücklichen Umständen zu tun, und wer das Glück hat, im Umstand der Endlosigkeit einen neuen Anfang sehen zu können, weiß schon sehr viel.

Abgesehen davon: Müsste, auf das Verhältnis von Zeit und Zufall bezogen, die große Maxime der Erkenntnis nicht vielmehr lauten: Ich reise, also bin ich *nicht?* Bin ich *noch* nicht? Müsste es nicht heißen: Ich bin noch nicht ICH, weil ich durch das Reisen erst werde? Insofern müsste der variierte Grundsatz der allgemeinen Sittenreife heißen: *Ich werde, indem ich reise.* Auf Nietzsches Einladung zu fortschreitender Weisheit, wie man wird, was man ist, antworte ich für mich: Durch Reisen bin ich der geworden, der ich zuvor nicht war.

Bis heute könnte ich übrigens beschwören, dass das Reisen die Individualität vor der Masse rettet und die Welt vor dem Furor des Verschwindens. Ausgestattet mit ein paar Unzen Feinsinn, führt man auf Reisen jedes Mal eine teilnehmende Feldstudie durch: Selbstkenntnis durch Weltkenntnis. Auch und vor allem dann, wenn kein anderer Mensch zu sehen ist und der, der einen beobachtet, nur denjenigen beobachtet, der scheinbar verloren auf einem Felsen sitzt und erfolglos versucht, nichts zu beobachten. Gerne sprüht dann Gischt.

Schule der Demut durch die Macht des Meeres

Einmal stand ich am Strand von Maragas und war bereit fürs delphische Orakel. *Erkenne dich selbst,* lautet bekanntlich dessen Aufforderung, also ging ich auf einen ins Meer vorgelagerten Fels, fand eine natürliche Mulde, setzte mich mit Blick auf die Unendlichkeit des Horizonts auf den von ewiger Sonne erhitzten Stein und versuchte, mich ein bisschen selbst zu erkennen.

Gewiss, es gibt aufregendere Gegenden als den Plaka Beach im Südwesten der griechischen Kykladeninsel Naxos. Die Welt hat überwältigendere Landschaften im Angebot, beeindruckendere Ruinen, erstaunlichere Architekturdenkmäler. Es gibt in Maragas nicht einmal eine Asphaltstraße, dafür Tamarisken entlang des Dünenkamms, behäbige Käfer im Sand, die ihre Beine höchst umständlich gebrauchen und doch nicht umfallen, und es gibt die Möglichkeit eines elegischen Blicks auf Nachbarinseln, deren mit S beginnende Namen ich mir bis heute nicht merken kann.

Maragas ist das Gegenteil einer Einladung zur Extremerfahrung, das Gegenteil von Resortluxus, das Gegenteil aber auch eines vorgefertigten und ausstaffierten Reviers zur Erholung des gestressten Arbeitnehmers. Die rasante Veränderung der Welt als Experimentierlabor unentwegten Wachstums macht um Maragas einen Bogen, das ist selten genug und für sich bereits außergewöhnlich. Beides, Selbstgenügsamkeit wie Zurückgebliebenheit, übt einen unwiderstehlichen Reiz aus: diese manchmal kitschige Ambitionslosigkeit des Ortes, der nichts von einem will, vor dem sich niemand rechtfertigen muss, der mit einem sturköpfigen Stolz von sich behauptet: Ich ruhe in mir, während alles andere außer sich gerät. Der Eigensinn seiner Genügsamkeit könnte die Liebe zu einem Ort erklären, tut es aber nicht ganz. Es muss weitere Gründe geben.

Nach Tagen in Maragas hatte ich begriffen, dass auf das Meer immer Verlass ist, obwohl es sich ständig verändert. Es rauscht, tost und schäumt, aber es ist immer da. Das Meer verliert man nicht, weil es sich selbst nicht verliert. Es geht nicht fort, und wenn es sich zurückzieht, kommt es wieder. Das Meer ermöglicht Vertrauen, schenkt Zuversicht, Halt und Ordnung. Und es besitzt Bindekräfte, die den Verstand überschreiten, als schriebe man sich selbst in die ewige Geschichte ihrer unendlichen Wiederholungen ein.

Umso schamloser scheint es, dass dieses Meer (in Maragas also das ägäische Mittelmeer) über eine enorme List zur Täuschung verfügt. Alles wirkt immerzu gleich, nahezu gewöhnlich und berechenbar, und ist doch zu jeder Sekunde völlig verschieden und chaotisch, obwohl das Meer einem vorspielt, es sei unverändert und unveränderbar es selbst, als bestünde seine höhere Weisheit seit Jahrtausenden darin, den Menschen auf angenehmste Art und Weise hinters Licht der Erkenntnis zu führen und zu betrügen, ohne ihn zu verraten. Kein einziges Arrangement des Meers lässt sich je wiederholen. Seine Fähigkeit zur Täuschung entspringt keiner Arglist, sondern dem Desinteresse der Naturgesetze. Das Meer will nichts. Es will nicht überzeugen. Es will nicht auftrumpfen. Es will nicht einmal geliebt werden. Es teilt dem Menschen mit: Du bist mir egal. Und der Mensch kann einem Meer nichts vormachen. Es gibt – neben der Gelassenheit des Gebirges – nichts Unbeeindruckbareres als ein Meer.

Ich saß jeden Tag eine Weile auf diesem dem Strand von Maragas vorgelagerten Felsen und hielt mich aus. Je dauerhafter ich mich dem Meer aussetzte, desto mehr fiel ich auf mich zurück. Je weniger zu geschehen schien, desto mehr verlor ich mich in mir. Das Meer lehrte mich, meine Ungeduld zu erkennen. Es zwang mich, seine Gleichgültigkeit zu ertragen. Und obwohl es dem Meer völlig einerlei war, ob ich da war oder nicht, entstand meinerseits etwas völlig Unerwartetes: Vertrauen. Das Meer vor Maragas wurde mir vertraut. Es hatte sich mir vertraut gemacht, ohne dass ich es merkte. Und ich vertraute ihm täglich aufs Neue.

Wie so viele andere war ich damals (und bin es noch heute) Täter und Opfer der eigenen Rastlosigkeit, dieser ständig erhitzten Dramatisierung eines Lebenskonzepts, das in stets beschleunigter Steigerung besteht. Der Einzelne ist Dauerkunde einer gigantischen Sehnsuchtserfüllungsindustrie, die das Leben als solches zum Spekulationsobjekt gemacht hat. Wir bewerten permanent, weil wir permanent bewertet werden. Wir berechnen alles, weil wir dauernd berechnet werden. Dauerhafte Überhitzung kann irgendwann überfordern.

Das Meer wertet und berechnet nicht. Es handelt nicht mit Zeit, sondern mit Gezeiten. Es ist poetisch und grausam. Es ist das außermoralischste Medium, das sich denken lässt. Es tötet andauernd, und andauernd wird in ihm getötet. Dem Überlebenstrieb nahrungssuchender Tiere wohnt ebenso wenig Vorsatz inne wie dem Meer als solchem. Wir durch und durch verrechtlichten, ständig die Moral anrufenden Menschen aber verherrlichen das tötende Meer, ohne mit der weltanschaulichen Wimper zu zucken (vom gewissen Neid auf das Freisein von jeglicher Verantwortung will ich gar nicht sprechen).

Die Sinnlosigkeit eines abendroten Wolkenbands am Horizont der Nachbarinsel wertschätzen oder die Roséfärbung des Wassers im morgendlichen Sechs-Uhr-Zwielicht in den Nuancen ihrer Zartheit wahrnehmen zu lernen – das ist die große Herausforderung. Wieder und wieder zu erfahren, dass der größte Luxus unserer in atemlose Beschleunigung getriebenen Tage darin besteht, Zeit zu verschwenden, die man nicht gehabt zu haben glaubt.

So war das, damals, auf dem Felsen am Strand vor Maragas, und so ist es vermutlich immer. Gefangen in der Reglosigkeit einer Meditation und beschenkt mit dem souveränen Aufbegehren gegen Effizienz und Kalkül, hielt ich mich für einen glücklichen Rebellen.

— —

In der Schule des Reisens ist nicht nur zu lernen, dass Zeit eine relativ relative Angelegenheit ist, sondern dass alles einen zureichenden Grund und nichts eine Notwendigkeit hat. Hat man als Mensch nicht vielleicht doch die Möglichkeit, dem Schicksal ein Schnippchen zu schlagen? Der innere Aufstand gegen die Formatierung der Lebenswelt ist ja das Wesen von Rebellion. Glücklich also der, der erkennt, dass es in jeder Situation Hunderte Alternativen einer Reaktion auf Hunderte mögliche Reize gibt, ohne dass ein gültiges Schema, eine konforme Schablone oder eine richtige Strategie zur Verfügung stünde. Alles ist genauso richtig, wie es ebenso falsch ist.

Die Reise selbst ist die Investition, ihre Rendite die lebenslange Erinnerung an sie. Wenn man den Zufall als Taktgeber nicht nur zu akzeptieren, sondern wertzuschätzen lernte – lernte man dann nicht auch Grundvertrauen in den guten Gang der Dinge, selbst wenn die Dinge gar nicht so gut sind? Die Möglichkeit, dass alles so und dennoch genau anders sein kann, lehrt (zumindest mich), dass das meiste im Leben – außer dem Tod und einer Amputation – relativ und reversibel ist. Nichts ist für die Ewigkeit, weil Ewigkeit ein fatales Gerücht ist. Dem delphischen Orakel »Erkenne dich selbst« geht ja im Verborgenen eine andere Aufforderung voraus. Sie lautet: »Begreife dich selbst!« Und vor dem Begreifen steht immer das Ergreifen. »Ergreife dich selbst!« hieße also der Auftrag an das zur Selbsterkenntnis bereite Individuum, sich selbst begreifbar zu machen. Ohne Serendipität könnte das schwierig werden. Oder anders: Mit dem glücklichen Zufall fällt die Selbstergreifung leichter.

Serendipität, dieses so gelehrt klingende, antikisch schön anmutende Wort, meint das Glück des Unverhofften. Es sagt aus, dass etwas aufgefunden wird, obwohl es gar nicht gesucht wurde. Es bezeichnet die Bedeutsamkeit des Zufälligen, das in einem einzigen Moment alles zugleich ermöglicht: Zustimmung oder Abwehr, Hinwendung oder Abkehr. Die Ausflucht in die Ignoranz ist jedenfalls auf ein Mindestmaß reduziert, weil man sich in jeder Situation zu ebendieser Situation verhalten muss.

Serendipität ist das eine, Fantasie das Nächste. Man muss kein Anthroposoph sein, um sagen zu können, dass das Weltverständnis mit der Befähigung zur Vorstellung anderer Wirklichkeiten beginnt. In westlichen Wohlstandsländern leben die Bürger bekanntlich in ausdifferenzierten Gesellschaftsordnungen, die letztlich der Fantasie misstrauen: Dem Märchen wird der Realismus vorgezogen, der Fantasie die Rationalität, der Muße der Pragmatismus. Wer als Schule des guten Lebens aber die Anerkennung von Alternativen will, muss sich im Entwurf derselben schulen. Eine Reise erfüllt diesen Anspruch auf das Beste, weil der glückliche Zufall ein nahezu idealer Reiseleiter ist. Lässt man sich treiben, ermöglicht er Sensationen, die, unberechenbar und unvorhergesehen, einen Zustand erschaffen, auf den reagiert werden muss: das hingeworfene Wort, die beiläufige Geste, das merkwürdige Geräusch einer Unachtsamkeit, ein doppeldeutiger Blick, den man zu entschlüsseln beginnt, ohne die Symbolik, die möglicherweise darin liegt, sofort verstanden zu haben. Es sind Offenbarungen, die man nie für möglich gehalten hätte, weil in den gelernten Weltberechnungen nur berechenbare Ereignisse erwartet werden. Serendipität lässt alles zugleich denkbar werden: Ekel, Liebe, Trauer, Freude, Enttäuschung, Erhabenheit, das ganze Kaleidoskop menschlicher Regungen.

Wer nach dem Weg fragt, kann in ein Gespräch oder in eine Interaktion mit vorher völlig Unbekannten geraten, wenn etwa die Unterhaltung über die richtige Abzweigung dieser oder jener Straße mit einer Einladung zum Essen endet, zu dem dann Onkel und Tanten, Cousinen und Cousins, entfernte Bekannte und nahe Freunde kommen und man selbst in kurzer Zeit allein deshalb zum umschwärmten Mittelpunkt der wachsenden Gemeinschaft wird, weil man der Fremde ist. Und dann ist es so, als wäre man schon Jahre dabei, als sei man Teil der Verwandtschaft und als sei genau dies das Normalste auf der Welt.

Es gab Tage, da endete eine zufällige Begegnung mit einem verschwisternden Handschlag, es gab andere Tage, da scheiterte eine geplante Begegnung an sich selbst und wurde bereits vor ihrem Zustandekommen durch Desinteresse oder Ignoranz aufgekündigt. Und es gab Tage, da folgte einem Streit über die geografischen Koordinaten des Taufbeckens Jesu Christi am Ufer des Jordans eine ausgelassene Feier mit Lamm, Hummus, gemeinsamem Gebet und drei weiteren Tagen in einem Dorf, das Israel von Jordanien trennt.

Das Glück des Zufalls beschert einem immer die Möglichkeit zum Zufall des Gegenteils, das dann genauso richtig ist. Die Möglichkeit verlangt im Grunde nur eines: sich einzulassen auf das, was nicht berechenbar ist. Sich vorbehaltlos hinzugeben an das, was sich ohne Vorbehalt ergibt. Sich dem Zufall auszuliefern und Zeit zu vergessen, weil das, was durch das Unberechenbare entsteht, weit bedeutsamer ist als penibel getaktete Berechenbarkeit. Das heißt gewiss nicht, jederzeit und allerorts die Morgenröte einer idealen Welt erwarten oder in jedem Menschen die wohlwollende Schwester oder den geneigten Bruder sehen zu sollen. Es heißt auch keineswegs zu glauben, dass es das Böse, Schlechte, Widerliche, Verschmitzte, Hinterlistige, Gemeingefährliche und Brutale nur im Fernsehen gäbe. Nichts auf Erden garantiert umfassende Freundlichkeit, und natürlich kann auch alles fehlschlagen. Vor Jahren etwa stellte sich das Gespräch mit einer bukolischen Usbekin ohne Übersetzer als Nullsumme an Verständigung heraus – aber wir sprachen und versuchten und lachten. Es kam in der Unterhaltung mit einem Bauern in Belize auch nach Stunden größter Mühsal nichts Brauchbares zustande – aber er legte mir hinterher den Arm um die Schulter. Es ließ sich in den Ruinen armenischer Kirchen an der Senke zur türkischen Grenze über Stunden hinweg keine Menschenseele zur Interaktion überreden, und die Anstrengung, in der sibirischen Steppe mehr als nur ein gleichgültiges Kopfschütteln zu erreichen, blieb über Tage hinweg ohne jedes Ergebnis. Gut so! Selbstverständlich wird man hier auf Um- und dort auf Abwege geführt. Freilich ist die Einladung zum Essen hier eine Verheißung und dort eine Prüfung, weil auf der Haut einer als Suppe bezeichneten Flüssigkeit dümpelnde Fettaugen schwer zu unterdrückende Würgereflexe zur Folge haben können. Gewiss könnte alles, was gut ausgeht, auch schlecht ausgehen und die Skepsis ihr Recht auf Rechthaberei völlig zu Recht einklagen. Wer einem Fremden auf dessen Weg durch Dörfer oder Städte folgt oder sich – mit dem Vertrauensvorschuss der Lust zur Naivität beschenkt – an die Ferse eines Unbekannten heftet, könnte ausgeraubt, belogen und betrogen werden. Er könnte sich verirren, verlieren, verkalkulieren. Er könnte vereinsamen, verzweifeln, versagen. Er könnte sich selbst und der Postleitzahlen-Welt abhanden kommen. Und natürlich beinhaltet die Orts- und Wissensermittlung durch Serendipität das Risiko einer Zurückweisung oder die Gefahr eines Übergriffs und die Möglichkeit einer Spuckattacke. Jedes Mal aber lässt sie für einen Augenblick den Raum Abertausender Alternativen entstehen und reißt nach gelungener Grenzüberschreitung einen neuen Horizont auf, was nur in jenem Nu, nur in diesem Hier und Jetzt, möglich ist.

Gibt es nicht Momente im Leben, da man rückhaltlos Vertrauen investieren muss, um alles und somit vielleicht auch gar nichts zu gewinnen? Und wird man nicht, je weniger von diesen Momenten zur Verfügung stehen, umso misstrauischer, weil man sich selbst das Vertrauen nicht mehr lehrt? Ich schwöre: Wer mit eingeübtem Misstrauen durch fremdes Terrain tapert, wird so gut wie nie in den Sog einer Fügung geraten.

Schule der Mehrdeutigkeit in der Hitze der Nacht

Einmal stand ich mitten in Tokio und wusste nicht mehr, wer ich war. War ICH es, der hier stand? War ich noch der Mann, für den ich mich hielt? War meine Identität eindeutig und meine Geschlechtszuschreibung glaubhaft? Und wo war Motherfucker Shozo?

Kurz nachdem mich nachts um halb eins ein mindestens fünfundsiebzigjähriger Taxifahrer mit weißen Stoffhandschuhen in vollendeter Reglosigkeit an einer Kreuzung des Stadtteils Nishi-Azabu aus dem Wagen gelassen hatte, begann ich den möglichen Zusammenhang zwischen Überhitzung und Metrosexualität zu ahnen. Die Straßen Tokios wirkten aseptisch auf mich. Die damals größte Metropole der Welt roch nicht, nirgendwo stank es, nichts gärte, als gäbe es keinen Abfall und keine Ausscheidungen und keine Verwesung. Und kein Auto hupte. Keiner drängelte. Niemand rempelte.

Ich sah, dass eine aufgehängte Digitalanzeige 31 Grad verkündete, während eine magersüchtige Lady mit einem schwarzen Sonnenschirm und figurbetonter Lederhose – das Louis-Vuitton-Täschchen am rechten Unterarm hängend – über die Kreuzung von sechs Straßen spazierte, das Gesicht mit vornehmer Blässe maskiert. In der Linken hielt sie ein handgroßes Frotteetuch, mit dem sie sich in regelmäßigen Abständen den Schweiß von der Oberlippe tupfte; nicht zu sehen war hingegen, wie viel echte Lippe sich unterm üppigen Bordeauxrot verbarg. Sie, die Vorübergehende, war nur eine unter vielen undefinierbaren Formeln einer thermodynamischen Grundkonstante, die sich um diese Uhrzeit in Nishi-Azabu der Prüfung aussetzte. Tokio, die Megacity, war in dieser Nacht ein geschlossenes System, das sich in jedem Moment selbst aufs Neue hervorbrachte. Von sinnvollen Zusammenhängen der Realität konnte keine Rede mehr sein. Stunden später traf ich die Lady mit Täschchen wieder und lernte, dass sie keine Frau war. Erst einmal aber saß ich vor dem Ice-Cream-Shop Hobson unter der Stadtautobahnschleife, kühlte meinen Magen und sorgte damit für zusätzlichen Schweiß und sah der Belle de nuit nach, bevor ich eine Seitenstraße ostwärts die Treppe hinabstieg.

In der Amra-Bar (wo es keinen Martini, aber ungeschüttelten Jazz aus der Konserve gab) traf ich zufällig Maurio, Shitsu, Mina und den in gewisser Weise verrückten Klatschkolumnisten Shozo, Kronprinz der Tokioter Nachtszene, der ausnahmslos jeden mit »Motherfucker« ansprach. Seiner Ansprache ließ er dann ein entsetzliches Lachen folgen, das wiederum zu sofortiger Versöhnung einlud. Die Möbel des Amra waren von ambitioniertem Design, die Wände dunkelbraun gestrichen. Ich legte das weiße Sakko ab. Einer der Kellner brachte lauwarmen Chardonnay. Seine Wimpern waren schwarz gefärbt, Barthaare hatte er nicht. Die anderen Kellner wirkten blass, ihre Augenbrauen waren gezupft. Einer hatte getuschte Lider und auftoupiertes Haar und war nur deshalb als Mann zu erkennen, weil er den Cocktailbecher ein bisschen zu mackerhaft schüttelte. Wir brachen rasch wieder auf, irgendeine Anzeige verkündete 32 Grad, es war halb drei. Die Erhitzung der Nacht steigerte sich im Rahmen ihrer Entropie: Energie blieb konstant, verteilte sich aber neu. Auf dem Weg in Chios Bar in einem ganz anderen Viertel begegneten uns Frauen mit blond gefärbten Langhaaren, kurze Zeit später stellten auch sie sich als Männer heraus. »Geh nach Ginza, Motherfucker, geh nach Roppongi«, schrie Shozo mich an, »in unseren Kaufhäusern sind die Kosmetikabteilungen für Männer genauso groß wie für Frauen!«

Mina und Shiatsu waren mittlerweile in ein bürgerliches Quartier abgebogen, Maurio, Shozo und ich stiegen einen schmalen Gang den Keller hinab, wo die Bar von Chio war, einer Lesbe, deren beide Töchter ohne Unterlass Bierflaschen öffneten. Zwei DJs scratchten japanischen Pop, und eine bis oben hin abgefüllte Thailänderin mit Strohhut und aparter Zahnlücke tanzte sich einsam und selbstvergessen in Trance. Wir tranken koreanischen Rotwein, was Mut erforderte, denn kein Rotwein aus Korea wurde je dekoriert. Der Raum war nicht größer als ein durchschnittliches Wohnzimmer, die Decke hing niedrig, so war das fast immer in den Bars und Clubs hier. Durch die Ausdünstungen erwärmten sich die Räume, und durchs geöffnete Fenster arbeitete sich die Hitze der Nacht schneller hinein als erwünscht.

Eine Modedesignerin, Mitte zwanzig, mit Nasenring, gepiercten Brauen, in engen Hüftjeans und wallendem Chiffonkleid, stellte ihre Brüste aus und versprach mir, Japans Jugend werde die Tradition des Respekts in den globalen Lifestyle integrieren. Wenig später erfuhr ich von Shozo, dass die Designerin tatsächlich Toshimo war, ein stadtbekannter Motherfucker. In einem Shop, der niemals schloss, kauften wir drei abgepackte Lachs-Algen-Taschen to go. Irgendwo sah ich auf einer Anzeige die Zahl 33. Aus allen Poren drang Schweiß.

Am zurückliegenden Nachmittag hatte der japanische Ministerpräsident angeordnet, die Männer sollten bei der Arbeit ihre Sakkos ablegen, da die Klimaanlagen zu kollabieren drohten, und dennoch trugen sie alle, die ich im Licht des Tages gesehen hatte, auch in der Nacht Anzug und Krawatte. Wir zogen weiter, die Straßen waren clean, keine Katzen, keine Hunde, keine Bettler, keine Kippen auf dem Boden. Auf der Treppe in einem Hinterhof saß eine langbeinige Blondine und rauchte Spitze. In einem seltsam frei stehenden, verfallenen Haus hatten sich drei Clubs eingenistet: In der obersten Etage gab es Trash metal, mittig japanischen Rap, unten Acid-House. Auf allen Etagen kannten sie den Motherfucker Shozo, deswegen zahlten wir nirgends Eintritt. Unterm Dach, dritter Stock, trafen wir die Kostümdesignerin Kei in türkisfarbenem Minirock, schwarzen Schaftstiefeln und rosa Top. »Es ist ein sittliches Vergehen, die Harmonie zu zerstören«, sagte sie unvermittelt, »ein gut erzogener Japaner sagt niemals ›nein‹, er sagt ›vielleicht‹, verbeugt sich und geht fort.« Nachdem ich gemutmaßt hatte, die Androgynisierung der japanischen Kultur lasse nicht nur in Geschlechterfragen keine verlässliche Wahrnehmung mehr zu, zeigte sie sich als gut erzogene Japanerin. Tief war ihre Verbeugung, tief die meine.

In welche Szenerie auch immer ich in einer der schlaflosen Nächte von Tokio zufällig hineingespült wurde – überall offenbarte sich die Stadt als Arena für erlauchte Verwirrungen: Ich sah Mädchen, die auf Frauen machten, und Frauen, die auf Mädchen machten; ich sah Männer, die auf Girlie machten, Gören, die auf Lesbe und Twens, die auf Schulmädchen machten; dazu Punks, Grufties, Gothics, Rapper, Hippies, Skater, Slacker, Säufer, alle zwischen zwanzig und dreißig. Die meisten jungen Männer hatten lange, dreifach gestufte, des Öfteren rotblond gefärbte Haare, manche hatten schwarz lackierte Fingernägel, einige trugen keltische Kreuze, Rasierklingen und Schlüssel an einer auf die haarlose Brust reichenden Halskette, ehe der erste Knopf das Sakko schloss. An den Füßen steckten spitz zulaufende Schlangenlederschuhe und auf den Nasen Gucci-Sonnenbrillen mit überdimensionalen Gläsern. Jeder Einzelne war ein Ereignis und der zunehmenden Amerikanisierung Japans zum Trotz äußerst dünn.

Im Morgengrauen verkündete jemand, draußen seien es 35 Grad, und genau jetzt war die Zeit gekommen, Shozo mit dem ersten thermodynamischen Satz meiner in dieser Nacht entworfenen Psychophysik zu konfrontieren, der zufolge der Grad an Metrosexualität pro Grad Celsius ums Doppelte steige. Und irgendwann zur Überhitzung führe, wie ich anschloss.

»Jetzt ist es vier Uhr«, sagte er, »und du quatschst von so einem Motherfucker-Scheiß!«

Die Straßen dampften. Die Wolkenkratzer an Tokios Bucht blockierten den Meereswind. Böen kamen nicht herein, Luft konnte nicht zirkulieren, und ich war kurz davor, in einen anderen Aggregatzustand zu wechseln. Die Moleküle meines Seins wollten gerade sieden, da machten wir uns nach Shinjuku auf. Die Massagesalons in diesem Stadtviertel hießen Aroma, Romance und Angel Kiss. Im berühmten Club Kokucho no Mizuumi begrüßte uns Anna, eine hinreißend laszive Mittzwanzigerin, geschätzt 1,75 Meter groß, volle Lippen, schwarzes, langes Haar, der Archetyp männlicher Erosprojektion. Die Zuschauer aßen Fleischbällchen und Früchte, wenig später startete die Show. Zwölf Tänzerinnen fegten in unerhörtem Tempo zu japanischem Heavy, Pop, Rap, Soul, Rock über die Bühne, eine rasante Nummernrevue, die Akteure in immer neuen Verkleidungen. Immer stärker leuchtete mir ein, was Shozo noch im Zustand relativer Nüchternheit gesagt hatte: »Im Untergrund entlädt sich was, Motherfucker, da spielen wir verrückt.«

Um halb sechs Uhr morgens war die Auflösung der Grenzen vollkommen, und ich erfuhr von Anna, dass alle Tänzerinnen des »Schwarzen Schwanensee« im Kokucho no Mizuumi Männer waren. »Männer sind die bewussteren Frauen«, sagte sie und warf mir einen Handkuss zu. Wir stiegen hinauf, passierten den »Lady's Club«, wo Mannfrauen nur für Frauen tanzten, gingen zum Takashimaya Times Square, von den Wandpostern der Massagesalons winkten Schulmädchen. Dann nahmen wir ein Taxi und fuhren zum weltgrößten Fischmarkt, wo in diesem Moment, wie jeden Morgen außer mittwochs, die Versteigerung von dreitausend Thunfischen begann und keine einzige Frau zu sehen war. Motherfucker, es waren 38 Grad, und in der Schwüle des neuen Tages wusste ich nicht mehr, ob sich diese Nacht tatsächlich ereignet hatte.

--

An einem verregneten Nachmittag zwischen Tokio und Kyoto ahnte ich, dass der Mensch vom Verhältnis zwischen Zeit und Zufall nichts verstanden hätte, würde das Verschwinden der Zeit nicht zum wachsenden Vertrauen in den Zufall führen. Diesbezüglich kann die heilende Wirkung einer thermodynamischen Nacht nicht hoch genug geschätzt werden – Tokio-Lessons, ewiggültig. In einem Dorf weitab der Megacity ließ ich mich auf dem Bordstein nieder und kam zu der Überzeugung, dass während des Wartens auf ein Ereignis, das nicht geschieht, keineswegs nichts geschieht. Warten ist Verschwendung von Zeit nur dann, wenn das Warten mit Erwartungen beladen ist. Je drängender man erwartet (ich meine nicht »etwas« oder »jemanden«, sondern das Erwarten an und für sich), desto weniger tritt ein. Erwarten ist immer eine riskante Investition ins Geschäft der Erlösung. Warten hingegen – nicht mit dem Ziel einer Bedürfniserfüllung, sondern um seiner selbst willen – ist Selbsterziehungsarbeit für fortgesetzten Feinsinn.

Reisen, so scheint es mir nach einigen Jahrzehnten, lehrt den Ungeduldigen, dass Zeit im Eigentlichen ihr Gegenteil zu sein scheint: Nichtzeit nämlich, die man weder messen noch verabreden kann, der man aber die Fähigkeit zusprechen muss, zur Erfahrung von Ohnmacht und Leere zu nötigen. Diese Nichtzeit lehrt Sinnlosigkeit zu ertragen, die deswegen sinnlos ist, weil der Mensch dazu neigt, in allem, selbst im Schicksal, einen Sinn – meist einen höheren – erkennen zu wollen. Wo, wenn nicht auf Reisen, gewinnt man die Einsicht, dass Sinn nur dann Sinn macht, wenn man den Zufall leugnet? Und wann, wenn nicht auf Reisen, gewinnt man Zeit durch den Verlust ihrer unermesslichen Fülle?

Ein Dasein ohne Ablenkungsverführung hat etwas wunderbar Langweiliges. Ebendieses lange Weilende, dieses unerhört Dauernde, jenes in die Länge Gedehnte ist eine unkäufliche Kostbarkeit. Lange Weile ist keineswegs Langeweile und Langeweile keineswegs die große Kränkung des Individuums. In Momenten langer Weilen wächst nichts Sinnvolleres als das Gefühl einer fabelhaften Uneigentlichkeit. Zeitgewinn durch Zufallsvermeidung kann man vielleicht messen, die ideale Zeit aber, die sich jeder Messbarkeit entzieht, besteht in der Wiederholung ihrer selbst. Sie schenkt einem den Luxus, sich in ihr zu verlieren. Ereignislosigkeit aushalten zu müssen, ist eine der schwierigsten Herausforderungen streng getakteter Zeitgenossen, die jederzeit vom Gefühl getrieben sind, von vornherein schon zu wenig Zeit zu haben, weshalb sie immer stärker beschleunigen – mit dem Ergebnis, dass sie nicht mehr verfügbare Zeit, sondern mehr Verdichtung im selben Leben haben. Also weniger Zeit bei gestiegenem Stress.

Ich habe mich oft gefragt, ob ein Mitglied westlicher Funktionsgesellschaften das Nichtstun überhaupt noch wertschätzen kann, weil es erst einmal als völlig nutzlos erscheint. Das Nichtereignis des Nichtstuns hat weder Funktion noch Gegenwert; das Nichts im Nichtstun wird nicht sofort honoriert, das Nichtgeschehen durch nichts entlohnt, was also bringt es?

Falsche Frage, denn gerade dann, wenn scheinbar nichts geschieht, geschieht das Wesentliche. Ist glücksbegabt nicht der, der beispielsweise zufrieden ist, dass überhaupt ein Bus kommt, auch wenn das zwei Tage später als angekündigt der Fall ist? Und ist der dann real eintreffende Bus, auch wenn er zwei Tage später (und also zu spät) kommt, nicht die weitaus sensationellere Erfüllung eines Bedürfnisses, als käme gar kein Bus?

Um die Lehre von Zeit und Zufall für einen Moment aus der Perspektive von Schuld und Sühne zu betrachten: Nicht der hat Schuld, der zu spät kommt, sondern der, der die Erwartung in sich trägt, alles hätte auf den Punkt zu kommen. Natürlich fragt er zu Recht: Würde denn überhaupt etwas funktionieren, wenn nichts auf den Punkt kommt? Muss der Mensch sich nicht verlassen können? Die Frage wäre allerdings: Worauf? Denn kommt der Bus, dessen Kommen angekündigt war, entweder gar nicht oder zwei Tage zu spät, gewinnt man zwei weitere Tage zugefallene Zeit, einen womöglich just an diesem Abend einzigartigen Sonnenuntergang auf dem Kraterrand eines Vulkanrückens zu erleben – von nichts bedrängt, von Schönheit geadelt. Und der Jubel über den zwei Tage später um die Ecke biegenden Bus ist umso größer.

Einmal beispielsweise ermöglichte mir das vier Stunden während Warten auf das Ende eines apokalyptischen Dauerregenanfalls in den Dolomiten, in die Pfütze einer Mulde zu starren und mir die Ausgangsfrage eines physikalischen

Grundgesetzes vorzunehmen: ob denn die Anzahl der Ringe in einer wachsenden Wasserlache durch fallende Tropfen größer oder kleiner wird. In diesem vom Glück des Zufalls geschenkten Moment war die lange Weile keineswegs Langeweile. Oft gelingt das nicht, aber an jenem Tag starrte ich eine ganze Zeit lang erfüllt und begeistert in eine ordinäre Pfütze vor einer Bergbuche. Würde man das zuhause tun? Wo gäbe es eine wachsende Wasserlache? Und wäre genau dort noch ein Baum, aus dem es hinabtropfte? Und wenn all dem so wäre: Würde man nicht mit Recht an der eigenen Zurechnungsfähigkeit zweifeln, harrte man mehrere Stunden in relativer Nähe zur eigenen Wohnung im Starkregen vor dem Nachbarhaus aus, um Ringe auf der Oberfläche einer Pfütze zu zählen?

Zuhause mag die lange Weile als Langeweile bedrückend sein, auf Reisen besteht die kunstvolle Bewältigung der Zumutung von Zeit und Zufall in der klugen Bewältigung einer *anderen* Zeit. Die andere Zeit ist nicht die Verabredung einer Zahleneinheit auf der Uhr, nicht der Lauf eines Zeigers, der die vergehenden Sekunden sichtbar macht, die dem Leben abgezogen werden, bis es sich eines Tages von selbst auslöscht. Die lange Weile des Wartens war die Chance, eine in die Länge gezogene Weile leibhaftig zu spüren. Für mich selbst wurde die lange Weile des Ab-, Nach- und Durchhängens spätestens zu jenem Zeitpunkt zum höchsten Erkenntnismedium, als sie angesichts des minutenlang beobachteten Fliegenflugs in einer ägyptischen Wüstenoase in die grundlos exerzierte Langsamkeit verschleppter Zeit hineinführte. Von der Nachmittagshitze sediert, verbrachte ich Stunden, um in einem lieblosen Hinterhof die in diesem Moment wichtigste Frage der Welt in einen grammatikalisch einwandfreien Zustand zu bringen: Folgt eine Fliege einem Plan? Oder war alles anders,

und es verbarg sich hinter der vordergründigen Beschränkt-
heit einer durchgedrehten Oasenfliege in Wahrheit eine zoo-
logisch imposante Intelligenz, die der zweifüßige Mensch niemals verstehen würde, weshalb er in gottloser Anmaßung das
Insekt als wertlose Kreatur einstuft und mit einem gezielten
Schlag zu Brei klatscht?

Zur Wahrheit gehört, dass ich vor der Jagd auf fingernagel-
große Flugobjekte im Dorf besagter Wüstenoase, in dem man
zu jedem Moment die Wiederkehr Jesu hätte erwarten kön-
nen, aus einer abgesägten Plastikflasche, die in einem zur
Hälfte mit Wasser gefüllten Eimer heruntergedrückt war,
den milchig-grauen Rauch einer in den Deckel gesteckten
Zigarette mit irgendeinem gottverdammten Kraut in meine
Lungen gesogen hatte. Der erfolglose Versuch, eine ordinäre
Oasenfliege zu stellen, nahm – zum Erstaunen der höflichen
Gastgeber – mehrere psychedelisch anmutende Minuten in
Anspruch. Vielleicht belief er sich auch auf Stunden. Danach
erbrach ich in b-Moll.

Nach Tagen der Malaise, die ich apathisch im Schatten
einer Hütte kauernd zugebracht hatte, kam mir die Idee, ich
hätte mich vom Zwang der Zeit kuriert, indem ich deren
Macht über mich nicht mehr anerkannte. Ich zog ja den Zufall
vor, dessen Vorzug darin besteht, Zeit nicht zu brauchen. Ich
glaubte, es geschafft zu haben, dem Zufall als Taktgeber nicht
nur vertrauen, sondern ihn sogar wertschätzen zu können.
Wann immer es also möglich war, vertraute ich dem Zufall,
um die Zeit zu verlieren. Und während der Suche nach Erfahrungen jenseits erprobter Gewissheiten geriet ich in die Fänge
einer revolutionären Weisheit: Der wahre Luxus des Lebens
liegt nicht in der Anhäufung von Geld, sondern in der Verschwendung von Zeit.

II. WISSEN UND WEISHEIT

Jeder Quadratzentimeter Landmasse ist entdeckt, jeder Winkel Welt identifiziert, fast jede Nische Raum erkundet. Der Globus ist bis in seine letzte Dezimale ausgeleuchtet, die Ränder sind interpretiert, die Flächen genutzt, die Strukturen erforscht. Jede Idylle ist kartografiert, jede Ruine vermarktet, jeder Berg bestiegen. Jede Achse ist vermessen, jede Grotte entdeckt, jede Wüste durchquert. Von jeder Bucht gibt es ein Foto, jedes Hochplateau ist bestiegen, in jeden Vorort schwebt Google Earth per Mausklick ein. Wenig Welt ist noch unberührt. Eventagenturen beschwören immer grenzsprengendere Extremerlebnisse, vorgebuchte Komfortpakete für organisierte Abenteuer führen bequem in die entlegensten Erdwinkel; Reiseführer liefern auf vierhundert Seiten Tipps, Routen und Highlights nun auch für Äquatorialguinea, Kamtschatka und Kiribati, und das allgemeine Bedürfnis nach der ultimativ coolsten Megadestination hat zum Geschäftsmodell von Influencern geführt, die von anderen Influencern erspähte Orte hip machen, indem sie sie für hip erklären. Je polierter eine Story gepostet wird, desto schöngefärbter wird der entsprechende Ort als Einladung zur Inszenierung.

Bevor die coronaische Pandemie die Welt ins künstliche Koma versetzte, hatten Reiseveranstalter stets verlockendere Wechsel auf portionierte Exotik ausgestellt, hatten sich immer mehr Länder und Inseln den Verheißungen des organisierten Massentourismus unterworfen und im kurz hereinspringenden Besucher die einzig verbliebene volkswirtschaftliche Existenzgrundlage entdeckt. Vor lauter Massen wurde der Massentourismus zum Overtourism, die Berichte über einheimische Bürgerwehren gegen Besucherfluten häuften sich. Und wie immer auf dem unzähmbaren Markt einer Sehnsuchtserfüllungsindustrie förderte die Ausleuchtung der letztverbliebenen Räume mit dem Ziel ihrer Kommerzialisierbarkeit seit Jahren genau das Gegenteil zutage: das Bedürfnis nach dem Authentischen und Abgeschiedenen.

Zuhause, sagen wir in Deutschland, ist jeder Quadratmeter Lebenswelt durch Vorschriften, Vorgaben und Verordnungen vorbestimmt. Jeder Bedarf scheint identifiziert, jedem Bedürfnis wird eine Dienstleistung angepasst. Die Wohlstandssubjekte arbeitsteiliger Funktionsgesellschaften wachsen in zunehmend vorgefertigten Wirklichkeiten auf – in auserzählten, von Ordnungsämtern überwachten Habitaten und regulierten Koordinatensystemen durchkalkulierter Lebenswelten, deren standardisierte Abläufe ein von vornherein bereits zu Ende definiertes Dasein nahelegen. Oder etwa nicht? Auf der Reise aber erobert der Reisende sich Wissen, ohne es zu wissen. Im Müßiggang erarbeitet er sich Weltwissen, indem es ihm widerfährt. Müßiggang ist eine andere Art Arbeit: die Wiedereroberung der Wahrnehmung, die es zulässt, die vernachlässigte Beiläufigkeit zu adeln. »Bück dich nach Nebensächlichkeiten«, riet Peter Handke, der kluge Repetitor geschulter Empfindung, in aller Öffentlichkeit wem auch immer. Bei der Eroberung einer Nebensächlichkeit muss es sich ja nicht gleich, wie bei Goethe auf seiner *Italienischen Reise*, um die Wiedereroberung der eigenen Identität als Künstler handeln. Und doch ist jede Reise ein Vehikel zur wachsenden Weisheit. Unter der Hand reift eine Art Wissen heran, das sich nicht durch Anwendbarkeit bewähren und auszahlen muss. Erkenntnisse sind ja nur selten rein wissenschaftliche Angelegenheiten, sondern meist nachgereichte Bewusstseinsschübe als Ergebnis einer wirkmächtigen Erinnerung. Auf Reisen räumt der Reisende dem Original den Vorzug vor der Simulation ein. So ergibt sich unbewusst und ungewusst ein anderes Wissen – ein Wissen, das, hat es die Vorläufigkeit seines eigenen Entstehens aufgespürt, zur Weisheit werden kann, wenn der Druck der Zeit keine Rolle mehr spielt.

In meinem Fall geschah das zufällig vor einiger Zeit in Norditalien.

Erkenntnis von der Macht der Nostalgie

Einmal stand ich vor dem Hotel Villa Angst und übte mich in Verklärung. Ich stellte mir vor, wie der Engländer Frederick Fitzroy Hamilton vor mehr als hundert Jahren in Bordighera an der italienischen Riviera ankam, den eleganten Flug einer Silbermöwe verfolgte und in diesem komfortvollen Grandhotel in Bordighera eine Suite bezog. Man lebte damals dort inmitten herrlich wilder Terrassen mit 50 000 Olivenbäumen, wie berichtet wird, genoss den Duft des nachtaktiven Jasmins, der afrikanischen Tamarisken und der die Luft parfümierenden Orchideen, und am Ende des Dorfs war ein kleiner Fischerhafen, zu dem ein schmaler Weg hinabführte.

Hamilton war aus London angereist. Wie so viele andere zu seiner Zeit hatte auch er *Il dottor Antonio* gelesen, den Roman des Chevalier Giovanni Ruffini aus dem Jahr 1855, der ihn und seine Landsleute derart erregt haben muss, dass sie, das Buch im Reisegepäck, sehnsuchtsvoll in Richtung Süden aufgebrochen waren, einem Pionierstück reiseliterarischer Romantik auf der Spur, dessen Geschichte sich wie folgt zusammenfassen lässt: Im Frühling des Jahres 1840 fährt eine von vier Pferden gezogene Kutsche die Grande Corniche entlang. In der Kabine sitzen zwei englische Touristen, Sir John Davenne und seine Tochter Lucy. Doch, ach, die Achse der Kutsche bricht in Bordighera, Miss Lucy ist verletzt, und zur Hilfe eilt: der schöne Doktor Antonio. Liebe kommt ins Spiel.

1857 in London publiziert, wurde das übersetzte Buch schnell zum Bestseller und die Blumenriviera zum Symbol des liebeslyrischen Elysiums, in dem Dattelpalmen nicht der Früchte, sondern der Schönheit ihrer Blätter wegen angebaut wurden. Zu Tausenden machten fernwehgeschmerzte Briten fortan auf der neu eröffneten Eisenbahnlinie dort Halt, wo das *bel paese* von der Natur verschwenderisch verwöhnt wird: in Bordighera, Provinz Imperia, Repubblica Italiana, im Angesicht des Apennin und schneebedeckter Kappen der französischen Seealpen. Bekanntlich war die Fernreise damals eine Angelegenheit der oft bildungsbürgerlich behauchten Upperclass, die das nötige Kleingeld und, zumindest im Falle der Engländer, genügend leidvolle Erfahrung mit klammer Kälte hatte, um ein vitales Interesse an milden Wintern auszubilden. Es war der Beginn einer emsigen Reiserei. Die Inselbriten wurden zu Meistern der Welterkundung, die, in Form einer pfiffigen Geschäftsidee des Baptistenpredigers Thomas Cook, schließlich den Massentourismus hervorbrachte. Seit Reverend Cook vor 150 Jahren das Reisen vom hohen Ross der Exklusivität befreit, dem Adel das Privileg der Paradieseroberung streitig gemacht und per Hotelvoucher der Unterschicht die Pauschalreise ermöglicht hatte, zeitigt die touristische Vereinnahmung der Welt zunehmend schlimmere Folgen: soziale, ökologische, kulturelle und neuerdings auch politische. Das Verhältnis zwischen Neugier und Ressourcenschädigung ist so prekär wie bekannt und empirisch gut dokumentiert. Das Dilemma des Massentourismus scheint kaum lösbar: Je mehr Exotik er für immer mehr Menschen erfahrbar macht, desto schneller zerstört er sie. Die Zerstörung der Welt durch ihre organisierte Besichtigung wird schon seit Mitte des 19. Jahrhunderts kritisiert, und die Ausschweifungen des kommerzialisierten Massentourismus werfen die berechtigten Fragen auf: Wo sind die Grenzen? Und wer legt sie mit welchem Recht fest?

In Bordighera, Via Romana, Hanglage, in der seit Jahrzehnten verfallenden Villa Angst, könnte Fitzroy Hamilton einst abgestiegen sein, verliebt in den Leichtsinn des Südens, in die Quirligkeit junger Eidechsen und das Karminrot der Gladiolen, deren Pracht mir nahezu verschwenderisch vorkam. Ich sah hinauf, wo Bordigheras Grandhotels noch immer posierten, als erwarteten sie in Kürze die alte Aristokratie in angesteifter Noblesse, und je weiter hangaufwärts ich blickte, desto freskenprächtiger und stuckfassadenreicher inszenierten sich die von herrschaftlichen Parks umgebenen Jugendstilvillen aus der Glanzzeit des Ortes – Häuser einer großen Vergangenheit, in denen dieser Tage kleine Apartments untergebracht waren.

Die grandios verfallende Villa Angst mit ihrem ramponierten Stolz dagegen, mit verrosteten Eisengittern, Plastikmüll im Vorgarten und unbeschnittenen Palmen, stand leer und, von den Weltläuften vergessen, nahezu vereinsamt. Vernarbt die Fassade, verwahrlost die Seele. Am rostbesetzten Eisengitter der Villa kuschte eine den Niedergang beweinende Katze, wie mir schien, bevor sie sich vom Straßenkehrer verscheuchen ließ. Die Belle Époque war definitiv zu Tod gekommen.

Auf dem Balkon meines Piccolo-Lido-Hotels sitzend, den Blick aufs Wasser und die himmelwärts strebenden Antennen der motorisierten Jachten, sah ich später die blau-weiß gestreiften Sonnenschirmmützen, die wie glückliche Pilze zwischen heißen Steinchen steckten, und ich hörte die Fontänen sprühenden Wassermotorräder und das anbrandende, schmatzende, in den Grobkiesel des Strandes krabbelnde Meer. Ich sah, dass der Lungomare Argentina, diese einst grandiose Seepromenade, heute den Bladern, Skatern, Gauklern und Joggern gehörte. Der Strand war liegestuhlverwaltet, sauber und ordentlich. Es knatterten Piaggios, und in den Hollywoodschaukeln wippten gebräunte Signori in wohlgemerkt glänzenden Trainingsanzügen. Wieder schloss ich die Augen und stellte mir vor, wie Frederick Fitzroy Hamilton als einer von dreitausend Untertanen Seiner Majestät Eduard VII. in Bordighera über das dunkle, mit Intarsien versehene Parkett des Grandhotels stolziert, sich in die roten Plüschpolster der dreiteiligen Couch setzt, dahinter schwere Gardinen mit buschigen Troddeln. Und wie er dann, vorbei am Ginster, an den Geranien, den Pfirsich- und Eukalyptusbäumen, in den Vorgarten mit den Heckenrosen hinabgeht, um auf der Viale Regina Elena – dem heutigen Corso Italia – ein wenig zu spazieren, danach eine Tasse Tee zu trinken und am späten Nachmittag, gewiss im Badeanzug, genau hier, neben meinem kleinen Hotel, am Capo Sant'Ampelio ins Mittelmeer zu steigen.

Zu Hamiltons Zeit war Bordighera ein Außenposten Englands. Alles im Ort war auf die Engländer ausgerichtet. Sogar die Nudeln, die, wie sich ein damaliger Beobachter mokierte, »kalt« serviert wurden, kamen von der britischen Insel. Es gab englische Ärzte, englische Makler und Schafwollprodukte aus Yorkshire. Es entstanden die ersten Tennisclubs auf Rasen, alles gedieh zum Besten, und das Dorf an der Riviera war auf bestem Weg, zu einer Perle des nicht mehr nur englischen, sondern auch internationalen Tourismus zu werden, da schränkte, warum auch immer, die damalige italienische

Regierung die Glücksspielkonzessionen ein und limitierte den Einsatz auch im sieben Kilometer entfernten Casino von San Remo – was einer Einladung zur Auswanderung aus Bordighera gleichkam. Davon profitierten ein paar zu jener Zeit kaum bedeutende Orte an der benachbarten Côte d'Azur. Nizza und Monte Carlo hießen jene Dörfer, in denen so viel Geld eingesetzt und verloren werden durfte wie nur möglich. So fand das britische Pfund – und mit ihm Libertinage und Champagnerlust – seinen Weg von der italienischen Riviera an die französisch-monegassische Côte. Mit Grace Kelly kam schließlich Hollywood, mit Hollywood der Jetset und mit dem Jetset eine gewisse Dekadenz, und Bordighera wurde – ohne müde zu sein – zum Dornröschen.

Ich blickte noch einmal auf die Villa Angst. Alles erschien mir hinreichend unenglisch. Die Fischerdorfromantik hatte sowohl die Kulturverschiebung als auch den vermeintlichen Fortschritt überstanden, und nachts, unterm halben Mond, trawlten in Küstennähe die Fischkutter, deren Gambas, Oktopusse, Miesmuscheln und Seewölfe am nächsten Tag in den Altstadt-Ristoranti aufgetischt wurden. Aus den Bars am Lungomare Argentina schmalzte Italopop von Tiziano Ferro, *non me lo so spiegare*, der Boulevard war eine inneritalienische Angelegenheit geworden, und wie Bordighera selbst, so war auch sein Flaniermeilchen geradezu unspektakulär, zur Ruhe zwingend, in seiner Gelassenheit sogar ein bisschen gefällig. Hier und da haftete der Promenade etwas Kurorthaftes an, und ab und an, gönnte man dem Blick Weitschweifigkeit, war der morbide Muff sozialistisch anmutender Betonarchitektur aus den 1950er- und 1960er-Jahren zu sehen, in denen das Städtchen, zumindest architektonisch betrachtet, gewaltsam zur Geltung kommen wollte, es aber nicht mehr schaffte. Zurück blieb Gewöhnlichkeit. Der einstige »Winterort der Zukunft« hatte das Spiel gegen den Zeitgeist verloren, der sich in Nizza und Cannes statt der Eleganza den Chic gewählt hatte. Der Glamourverheißung von Menton oder Saint-Tropez westlich und der Dekadenz Portofinos östlich hatte Bordighera nichts weiter entgegenzusetzen als den Charme des Uncharmanten.

Ich war mir sicher, dass die Stadt gar nicht mehr charmant sein wollte. Vor dem ruinierten Cinema Teatro Zeni, wo Frederick Fitzroy Hamilton durch meine Tagträume flaniert war, sah und hörte ich, während über Monaco die Sonne sank, die schnatternde Jeunesse dorée des ligurischen Kleinbürgertums. Ich folgte dem eleganten Flug der Silbermöwen, roch den Jasmin und gestattete mir ein bisschen Betörung.

--

Die Imaginationen, die mich angesichts der Villa Angst in Bordighera befielen, dienten als Blaupause für jede weitere Vergangenheitsvergegenwärtigung. Man gibt seine Neigung zur Nostalgie ja nicht einfach auf, nur weil sie mit der Wirklichkeit in Konflikt gerät. Bordighera ließ sich für denjenigen als Nukleus des europäischen Tourismus verstehen, der sich in der Kulisse einer unvergangenen Vergangenheit als geistiger Ahne des Fredrick Fitzroy Hamilton auffasste. Flanieren ist dieser Tage aus der Mode gekommen, was ein wenig schade ist, da doch gerade der Flaneur mit der aussterbenden Gabe zur Fantasterei gesegnet ist.

Es gehört zu den ausgezeichneten Offenbarungen des Reisens, sich in die Geschichte eines Ortes zu versenken wie in einen Historienfilm, dessen Drehbuchautor, Regisseur, Produzent, Kameramann, Monteur und Beleuchter man selbst ist. Ich frage: Ist Verklärungsbereitschaft nicht ein Grundbedürfnis des Menschen, um die bedrängende Realität überhaupt aushalten zu können?

Meiner Erfahrung nach lässt sich die eigene Bereitschaft zur Traumtänzerei nirgendwo besser ködern als auf Reisen. Warum? Weil Nostalgieneigungen hier keine Konsequenzen zu fürchten haben. Und weil ohnehin alles auf entlastende Weise einerlei ist, solange es andere nicht schädigt. Die Lässigkeit im Umgang mit Prinzipien führt manchmal sogar so weit, dass ich lieber die reale Welt leugne, bevor ich erkrankte Fantasie einräumte. In der Gesamtverwaltung der alltäglichen Lebenswelt würde dieses Mandat zur Gelassenheit sicherlich permanent einkassiert werden, auf Reisen aber kann der Trotz gegen die Wirklichkeit wohltuend und die Beharrlichkeit erhebend sein. Manchmal führt sie zu Weltfremdheit, gelegentlich zu Identitätsverwirrung: Bin ich hier wirklich ein anderer als der, der ich vor dem Aufbruch war? Für ein paar Tage in Bordighera lebte ich zum Beispiel in der Wonne der absichtslosen Täuschung und verschleppte meine Fantasie aus der Gegenwart in die Zeitlosigkeit des Vergangenen, als wäre sie eine Untergebene. In solchen Momenten ziehe ich mich in mich zurück und beobachte mich selbst als Suchenden im Ringen um Redlichkeit.

Redlichkeit, was ist das schon? Ja doch nichts anderes als das Bestreben, es richtig zu machen. Aber wann ist es richtig, wann falsch? Das liegt in je persönlichem Ermessen, es sei denn, durch das eigene Verhalten bei der Ausübung des persönlichen Ermessens würden allgemein akzeptierte Normen oder gar Lebewesen verletzt. Die merkwürdige Vermeidung von Ordnung – die noch kein Regelverstoß sein muss – ist der höhere Sinn und Zweck des Reisens als Medium der Selbsterkenntnis. Würde man etwa einen völlig Unbekannten nach dem Weg oder auch seiner Einschätzung bestimmter Vorgänge fragen – in den Gassen eines unbekannten Dorfs, auf den Plätzen einer unaufgeregten Kleinstadt, in den Kaffeehäusern eines in sich versunkenen Orts –, geriete man womöglich in bezaubernde Unordnung, aus der sich, völlig unvorhergesehen, eine neue, ganz andere Ordnung entwickeln könnte. Es wäre dann nur auf den ersten Blick erheblich, die Landessprache zu kennen. In Unkenntnis derselben könnte zwar ein phonetisches Drama entstehen, aber das zutreffende Wort für »Weg« oder »Platz« ist ohnehin nicht entscheidend. Maßgeblich für die Entschlüsselung der grammatikalischen Eigenart eines Orts sind Abbiegungen, Kehren und Verirrungen. Auf dem falschen Weg trifft man mitunter Verblüffendes an: Man wird zur Unvoreingenommenheit gezwungen und dadurch genötigt, sich auf das Unbekannte und Nichtsteuerbare einzulassen. Wer sich im Gassengewirr verheddert, weil es entweder keine oder an den entscheidenden Stellen nur ins Leere weisende Schilder gibt, erfährt erst einmal einen fulminanten Misserfolg. Er gerät auf Abwege.

Ein Abweg ist übrigens keinesfalls abwegig. Und Verirren meint nicht irren. Verirrung bedeutet, sich in abwegig scheinende Möglichkeitsräume zu begeben, deren Existenz man nicht für möglich gehalten hätte. Verirren ermöglicht also, sich in Umstände mit ergebnisoffenem Schicksal einfühlen zu müssen. Reisen ist ja keine Aneinanderreihung von Höhepunkten, sondern oft genug ein Exerzitium an Belanglosigkeiten: warten, gehen, stehen. Kaufen, handeln, schwitzen. Jammern, fluchen, stöhnen. Halsweh, Wehmut, Mutlosigkeit. Die Beine schmerzen, die Füße schwellen, die Schuhe drücken, und offene Blasen zwingen zu schmerzvermeidender Balance, die zu lernen ein neues Verhältnis zum eigenen Kör-

per ausbilden kann. Die Konvulsion des Magens beim Mit-
verzehr eines Einzellers auf dessen Suche nach neuen Wirten
oder das Aufspüren unbekannter Ängste angesichts apokalyp-
tisch anmutender Insekten vermögen auf ihre Weise ebenso
verstörend zu sein wie das Erspüren der eigenen Belastungs-
grenze beim Durchwanken hitzeflirrender Geröllfelder. Un-
aufhörliches Schwitzen im subtropischen Klima stellt mindestens jeden Mitteleuropäer vor das ungeahnte Problem einer
zu lange ignorierten Dehydrierung. Mehr als zuhause je möglich unterliegt man angesichts feucht-schwerer Luft in subtropischen Gebieten einer Wechselwirkung aus Atemproble-
men – als würde man grobkörnige Moleküle einatmen – und
dem Triumph einer bewältigten Hitzewallung, da der Körper
sich reguliert zu haben scheint, ehe der hysterisch pochende
Puls aufs Neue Wasser aus den Poren drückt und das durchnässte T-Shirt infolge nächtlicher Luftfeuchte am nächsten
Morgen kein bisschen trockener ist. Schließlich könnte man
angesichts unbestellter und ungewollter körperlicher Aktivi-
täten völlig ratlos mit dem Mysterium einer automatisierten
Steuerung des eigenen Mineralienhaushalts konfrontiert sein,
wenn der Kreislauf zickt und Kräfte von jetzt auf gleich pul-
verisiert scheinen. Natürlich kann der Mensch auf Blutdruck-
schwankung, Kurzatmigkeit und Hautfunktionsstörungen
verzichten, keine Frage – warum sollte man sich das Unbe-
hagliche auch noch freiwillig zuziehen?

Weil es zum Leben gehört! Weil es das Leben ist! Weil Zer-
brechlichkeit, Schwäche und Bedürftigkeit die verdrängten
Wahrheiten des Lebens sind und der Defekt eher Normal- als
Ausnahmefall ist. Niemand braucht Montezumas Rache nach
einem doch nicht durchgegarten Hackfleischspieß auf dem
Platz der Gehenkten in Marrakesch, das ist richtig, aber die

Kraft des Gedärms zur Widerspenstigkeit ist ja auch das Geschenk eines klugen autonomen Organs an seinen Besitzer, letztlich fast immer auf die Selbstregulierung des Körpers vertrauen zu können. Der folgende Racheakt der Götter, wenn er denn überstanden ist, ermöglicht immerhin den stillen Jubel einer in diesem Moment empfundenen Wiedergeburt. Das glückliche Gesicht eines ekstatisch Entleerten wird von der religiösen Kraft der Reinigung erzählen, und die Suche nach einem vielleicht nicht stillen, nicht immer unbeobachteten, aber für den Augenblick der Malaise gut geeigneten Ort in einem der peinvollsten menschlichen Zustände kann in der Rückschau zur biografischen Preziose werden und Jahre später sowohl Witze als auch Wonnegefühle auslösen. Wer will, mag dies als Niedertracht des Lebens gegen sich selbst auffassen, in jedem Fall aber wird man auch die Entäußerung des eigenen Darms im Hinterhof des Altstadthauses einer marokkanischen Königsstadt später in der überwältigenden Erkenntnis verklären, dass dem Menschen im Moment existentieller Notdurft die Blicke fünf verblüffter Mitglieder einer Arbeiterfamilie gleichgültig sein können. Zugegeben: Überstandene Dysfunktionen neigen dazu, mystifiziert zu werden, was damit zu tun haben könnte, dass das Gehirn nichts, aber auch gar nichts vergisst, am wenigsten die schiere Belanglosigkeit einer mit aller Sinneskraft erfahrenen Diarrhöe.

Die Lehre daraus? Reisen – zumindest im Sinne der vorliegenden Überlegungen – ist die einkalkulierte Absage an jede Garantie des Komforts, selbst wenn man dann und wann behagliche Stunden genießt. Auf Reisen gerät das Leben immer wieder in den Einflussbereich des Unzähmbaren. Und das ist – mit einer gewissen Neigung zur Weisheit – ein sehr wertvolles Wissen.

Erkenntnis vom Sinn der Geschichte

Einmal stand ich am Ufer der rumänischen Donau, und aus dem Schilf erhob sich ein Kormoran. Als die dritte Nacht ohne Mond aufzog, war klar, was der Fall war: nichts. Die Fischer, die ich antraf, begehrten nichts. Keinen Gott und keine Zukunft. Sie fügten sich ins Schicksal der Gegenwart, und das Schicksal war der Fluss, denn der Fluss war alles, was sie hatten und je haben würden, und das war aus ihrer Sicht nicht nichts, sondern alles, weil sonst nichts zu haben war, was sie hätten begehren können.

»Guten Tag, wo geht es nach Mila 23?«, war meine auf Englisch ausgeworfene Frage an einen Alten, der kein Wort Englisch verstand und mit dem Kopf in Richtung Osten nickte. Er flickte ein Netz und nickte abermals.

»Dorthin?«

Er flickte und nickte, und sein Schädel halbkreiste ungefähr Richtung Süden. Sein Gesicht berichtete von der Last vererbter Schwermut, wie es auch die Gesichter der nachkommenden Fischer von Mila 23, der dreiundzwanzigsten Flussmeile donauaufwärts, taten. Und selbst ihre noch junge Haut war gerötet von Luft und Sonne und gefurcht von Suff und Sorge. Die Hände waren bereits rau, tanninrot und geschwollen, und unter den Nägeln nistete alter Dreck. Den Trotz der Hoffnungslosen hatten sie nicht, und manchmal, im Dunst der Dämmerung, wirkten sie wie Schemen einer Daguerreotypie des 19. Jahrhunderts: körnig, erdbraun, matt. Es gab für die jungen Männer von Mila 23 keine Möglichkeit, ein anderes Begehren auszubilden, das ihre Traurigkeit nicht schon im Ansatz verschluckt hätte. Mit Missmut straften sie den Lauf der Geschichte.

Die sechzig registrierten Fischer von Mila 23 waren in drei Vertriebsfirmen organisiert. Als 1996 die staatlichen Fischkompanien privatisiert wurden, mussten die Fischer alles selbst erwerben, was sie zum Fischen brauchten. Seit der Kapitalismus in Mila 23 angekommen war, kostete beim Weber Valentin, den man niemals nüchtern antrifft, ein Nylonnetz umgerechnet zehn Euro. Jeder Fischer brauchte mindestens dreißig Netze, jedes Jahr zehn neue. Der Rest der Tragödie ist schnöder Dreisatz.

Im Wasser schunkelten fahrlässig vertäute Boote, Barken lagen rumpfoben an Land, wo edle Pferde grasten, und hier und da flog im milchigen Licht des frühen Morgens und seiner Menschenverlassenheit eine Wildente auf. Mila 23 war fünfzehn Gehminuten lang und fünf breit. Es bestand aus einem alten Teil und einem neuen. Im Altdorf waren die Häuser mit Lehm geschichtet und mit Reet gedeckt, im Neudorf mit Kalkstein gebaut und mit Schindeln bestückt. Alle Straßen waren aus Lehm, viele gab es sowieso nicht, und wenn es regnete, konnte niemand ohne Gummistiefel gehen, weil man waten musste. Autos gab es keine, Fahrräder versanken im Matsch. Man konnte das Dorf nur per Boot erreichen und verlassen. Wer kein Boot hatte, überlebte nicht. Auch das war Europa.

Die Fische japsten und starben am laufenden Band, der Manager der Fischkompanie rauchte, die jungen Fischer tranken. Einige gingen rüber in die kleine, fensterlose Bar, die auch ein Magazin, ein Kiosk, ein Treffpunkt war, drinnen roch es nach Urin und Orangen. Sie kauften sich neues Bier, weil sie sich immer neues Bier kaufen, ob es schlecht läuft oder gut. Die Halbliterflasche kostete 50 Cent, bis zum Abend würden sie für ihre Biere sechs oder acht oder auch zehn Euro ausgegeben haben. Wer sich Bier nicht leisten konnte, soff

Desinfektionsmittel, Hauptsache, es wirkte Alkohol auf sie ein. Im Regal standen Fläschchen aus türkisfarbenem Hartplastik, das Bild einer lasziven Krankenschwester vorne drauf. 200 Milliliter Sanitäralkohol für umgerechnet einen Euro. Billiger als mit »Mona« war ein Rausch in Mila nicht zu haben. Die Fischer soffen, um der Welt nicht auf Augenhöhe begegnen zu müssen und vielleicht auch um in der Kälte des Lebens ein wenig Wärme zu spüren.

Morgens um neun saß Nicolai mit seinen Krücken in der Bar, abends um neun war er immer noch da. Und irgendwann wankte er in der Stockfinsternis zu einem jener mit Holzlatten beschlagenen Häuser am Ende des Altdorfs, deren Bewohntheit reine Spekulation war. Nur die Hälfte aller Straßenlaternen gab Licht, es war so dunkel, dass die Milchstraße funkelte, und wo der Fluss seinem Ende zuströmte, ergoss sich schweigendes Land, das mir mindestens so misstrauisch erschien, wie mir seine Anwohner vorkamen. Die Fischer von Mila 23 und ihre Frauen sahen durch Besucher hindurch, ob aus Verachtung oder Scham oder Unsicherheit oder Schüchternheit, konnte ich nicht beurteilen.

An einem Donnerstag war Frauentag. Die Frauen von Mila 23 schminkten sich morgens und gingen abends tanzen. Was sie mittags taten, wussten nur sie selbst. Einmal im Jahr wurden sie vom Brauchtum geadelt, und die Männer schenkten ihnen ein Schmuckstück, ein Parfüm, eine Süßigkeit oder ein paar blaue Plastikschlappen für umgerechnet drei Euro. Am Abend zuvor, in einer weiteren Nacht ohne Mond, hatte ein einziger Fischer alle vier roten und vier weißen Plastikrosen aus der Bar aufgekauft. Er würde acht Mädchen auswählen und jedem eine Rose schenken, vielleicht biss eine an.

Überall roch es nach gekochtem Lauch, Hunde bellten, und

einer der Jungen drehte »Manele« auf, rumänischen Volkspop, und raste mit seinem Motorboot zu einem geheimen Seitenkanal, wo seine Kumpels Karpfen und Hechte aus den Netzen pellten. Er warf ihnen die mitgebrachten Flaschen zu, und sie zogen einen kurzen Schluck Bier nach dem anderen. Der Fluss war ihnen egal, und Rumänien war ihnen egal, Europa sowieso, und die Zukunft war es auch, nur die Hechte und Karpfen nicht. Da geschah etwas Seltsames.

Aus dem Urgrund des Nebels über dem Fluss kam, wie eine Erscheinung, der legendäre Fischer Leontin und drückte seine Barke mit einem krummen Holzstab vorwärts. Leontin war damals neunundachtzig Jahre alt und hatte weißblondes Langhaar. Sein Leben lang hatte er in Mila 23 gefischt. Zwölf Mal war er der beste Fischer des Dorfs gewesen. Er war es gewesen, der den Fluss am besten lesen konnte, also hängten ihm die Kommunisten zwölf Medaillen und den Orden »Held der Arbeit« um den Hals, was ihm manches Privileg einbrachte. Der Held der Arbeit studierte den Fluss und die Fische und fand heraus, wann sie wo fressen und laichen, und plötzlich war er eine Art Wissenschaftler und grub unter flachem Wasser Rinnen und steckte daneben Netze, weil er wusste, dass im Frühling die Fische ihre Eier dort ablegen, wo es am tiefsten ist.

Für einen Donaufischer war der Kommunismus die beste Zeit, das sagten die Alten. Die Jungen sagten dazu nichts. Es war ihnen egal. Die Alten sagten: Die Kommunisten gaben den Fischern, was sie brauchten: Boote, Angel, Netze, Stiefel. »Gratis!«, rief Leontin, und seine hellblauen Augen strahlten in verschiedene Richtungen. Die Fischer verkauften ihren Fisch dem Staat, und der Staat gab jedem das Gleiche, egal, ob man mehr oder weniger Hechte und Karpfen und Zander und Welse brachte. Die Jungen sagten nichts und tranken

Bier. Der Staat war tot und Europa keine Verheißung, und ihre Netze mussten sie jetzt selber kaufen. Jeder Fischer von Mila 23 fing täglich drei Kilogramm, mehr durften sie nicht. Wer pro Tag mehr als drei Kilogramm aus dem Fluss holte, um seine Familie zu ernähren, musste ein Gewerbe anmelden und Steuern zahlen, so will das Europa, und was hätte man dann vom Fischen? Sechshundert Euro Steuern im Jahr waren für einen Fischer in Mila 23 sechshundert zu viel. Was taten sie dagegen? Nichts. Sie ärgerten sich, und dann trafen sie sich und tranken einige Fläschchen Mona.

Zehn? Ja, zehn! Zehn Kinder hatte Leontin gezeugt, abgesehen davon alle Widrigkeiten überlebt und jeden einzelnen Tag seines Lebens in Mila 23 verbracht. Jeden Tag war er um vier Uhr morgens aufgestanden und hatte abends um zehn die Netze eingeholt und sie am Wochenende geflickt. Jeden einzelnen Abend betete er und betete an jedem Morgen. Bevor er auf Fischfang ging, bekreuzigte er sich dreimal, und wenn er Karpfen und Hechte und Zander und Welse gefangen hatte, bekreuzigte er sich wieder. »Die Jungen glauben an nichts mehr«, sagte er im Besitz einiger Weisheit. Als man noch glaubte, nämlich an die Zukunft, war der Fluss sauber. Nun aber schwammen die leeren Plastikflaschen der Touristenboote und die Öllachen der Schiffe auf der Donau, und zweimal im Jahr kam der Fluss ins Dorf, und einmal vor Jahren war er so heftig gekommen, dass er den alten Friedhof mitgerissen hatte. Die Toten schwammen auf den Wegen und trieben durchs Delta, und als das Wasser abgelaufen war, lagen Skelette, Schlangen und Blutegel in den Wohnzimmern.

»Wir glauben nicht an ein Leben nach dem Tod«, sagten die jungen Fischer an der Sammelstelle, nahmen einen Schluck Bier, rauchten und spähten aus dem Augenwinkel auf den alten Leontin, der, aufrecht in seiner Barke stehend, heimwärts paddelte. Auf dem Schneidebrett lagen blutende Hechtdärme, und auf den Leitungskabeln der Stromleitungsholzmasten vergnügten sich die Schwalben.

Am Ende Europas, wo die Donau so gleichgültig wie klaglos ins Schwarze Meer eindringt, mit all den Schicksalen und Sorgen und Toten in sich, den Sehnsüchten, Trübsalen und Träumen, den Hoffnungen und Geschichten des Kontinents, als sei sie, die Donau, sich selbst genug, dort herrschten plötzlich Überschwang und Ausgelassenheit. Vom Leuchtturm in der Militärsperrzone herab sah man den mächtigen, erhabenen Fluss, und dann war zu erkennen, wie nebenan, zwischen Turm und Donau, auf dem Friedhof sechs Frauen den Tod eines Mannes beklagten. Sie heulten und schrien, schlugen Kreuze und sackten in sich zusammen. Und irgendwann, man sah und merkte es nicht, setzte sich die Todestrauer in das Glücksgefühl um, den Verstorbenen als Mann gehabt zu haben und mit ihm, dem Toten, jahrzehntelang durchs Leben gegangen zu sein. Auf dem Friedhof neben dem Leuchtturm baute eine der trauernden Frauen ein Tischchen auf, eine andere kramte Flaschen aus der Tasche, und dann betranken sich fünf Frauen und eine Witwe mit Wein und Wodka und lachten und tranken und lachten und tanzten um die Grabstelle. Rauch stieg aus den Feldern, und die Sonne zerschmolz in der Donau.

——

Ich war dankbar, am vermeintlichen Ende der europäischen Welt Augen- und Ohrenzeuge eines Rituals geworden zu sein, das, so dachte ich, in Deutschland unvorstellbar wäre. Oder wäre der Gedanke realistisch, dass auf dem Friedhof eines schwäbischen, niedersächsischen oder brandenburgischen Dorfs die Witwe, ihre Schwestern und Vertrauten mit Pfeffersalami und mehreren Flaschen Korn einen bacchantischen Tanz um das Grab des gerade Bestatteten aufführten?

»Die Beschäftigung mit dem Tode ist die Wurzel der Kultur«, notierte, wie immer weise, der Schweizer Dramatiker Friedrich Dürrenmatt. Am Umgang mit dem Tod scheiden sich Geist und Geister und mit ihnen Kultur und Sitte. Ausgelassenheit angesichts des Todes eines geliebten Menschen zum Beispiel ist nicht jedem gegeben und gewiss eine individuelle Begabung, die sich, wird sie nachgeahmt, womöglich in eine soziale Norm übersetzt, die wiederum zu einem sittlich angemessenen Verhalten und vielleicht zu Rausch und Kater führt. Soziale Normen prägen eine nationale wie die regionale, vielleicht sogar lokale Kultur und formatieren – in den Grenzen einer Region – letztlich eine je spezifische Art der Sittlichkeit: ein Set an Normen und Wertvorstellungen, die das Verhalten der Menschen leiten, weil sie es schon immer so getan haben und insofern als Brauch überliefert und beglaubigt wird. Also stellt sich angesichts des Begräbnisrituals in Mila 23 die Frage, inwieweit die tradierte Weisheit einer nahezu dionysischen Totenfeier, da Witwen sich ohne jede Scham in die Besinnungslosigkeit trinken und in Trance tanzen, nicht ebenso europäisch sein soll wie die deutsche Form der Pietà, jene Innerlichkeit volksfrömmiger Gram, der zufolge man eher das Leid eines Verlusts empfindet als die Freude, einen Menschen gehabt zu haben. Wer einen Toten mit Wodka und Wurst am aufgeschütteten Grab feiert, ehrt ihn auf womöglich ganz andere Weise, als es beim katholischen Leichenschmaus in einer deutsche Krematoriums-Gaststätte der Fall ist, wo zu Kännchen Kaffee und Butterkuchen der Streit unter Geschwistern das Angedenken des Verblichenen sofort verblassen lässt.

Eines der zahllosen unbezahlbaren Geschenke des Reisens besteht darin, durch schiere Anwesenheit und Beobachtung Wissen und Weisheit über Riten und Rituale im Moment ihres Vollzugs kennenlernen zu dürfen. Sich einerseits, im Sinne des Wortes »kennen lernen«, über das sinnliche Erlebnis, über die Anschauung, einen Lerneffekt verschaffen zu können, um danach mehr zu kennen und also zu wissen. Und andererseits zu lernen, dieses durch Zufall in der Zeit erfahrene Erlebnis überhaupt wahrzunehmen. Führt die Bedingungslosigkeit der Hingabe an den Zufall nicht zur vorzüglichen Erfahrung eines anderen, nicht messbaren Wissens?

Je mehr der Mensch weiß, desto mehr weiß er, dass es nichts gibt, was es nicht gibt. Oder anders gesagt: Je mehr Facetten des Lebens man kennt, desto weniger urteilt man, weil in jedem Urteil eine Finalität enthalten ist, die vortäuscht, über ein abgeschlossenes Wissen zu verfügen. Lehrt das Reisen nicht, dass sich nichts von selbst versteht, obwohl alles selbstverständlich zu sein scheint? Lehrt es nicht immer wieder aufs Neue die sokratische Weisheit, nur zu wissen, dass man nicht weiß? Nicht zu wissen, heißt ja nicht, nichts zu wissen. Zwischen »nicht« und »nichts« gibt es einen so feinen wie fundamentalen Unterschied. Man kann über reichlich Wissen verfügen und dennoch nicht wissen. Der, der weiß, dass er nicht weiß, erkennt an, dass es keine abrufbare Identität von Wissen gibt. Wissen ist immer dynamisch und immer in Veränderung. Es bringt sich immer wieder selbst hervor und ist immer nur rückblickend als »Wissen« zu bezeichnen. Es erschafft sich in jeder Situation aufs Neue, und in gewisser Weise erschafft sich auch der Reisende jedes Mal aufs Neue.

Aus meiner Sicht ist Reisen eine Schule des Wissens und die Schulung durch Wirklichkeit. Es lehrt die Vorläufigkeit alles Gewussten und ruft in jedem Moment zur Bereitschaft auf, neu wissen zu wollen. Lernt man unterschiedliche Sitten und Gebräuche kennen, so lernt man, dem Absoluten zu misstrauen. Ausgelobt sei die Wette, dass dies auf jeden Fall den Geist beflügelt. Ich bin bis heute dankbar, möglichst viele mir unbekannte Riten kennengelernt zu haben, weil in jedem Ritus etwas Bewährtes und seit Langem Beglaubigtes steckt und auf seine Art nicht nur zum individuellen Wissen *über* die Welt, sondern auch zum objektiven Wissen *von* der Welt beiträgt. Unbekannte Zeremonien und anfangs verstörende Rituale werfen geradezu beiläufig die gerade heute fundamental wichtige Frage auf: Weiß der Homo sapiens sapiens – der nicht nur wissende, sondern durch sein Wissen auch vernunftgeleitete Mensch – tatsächlich genug, um vernünftige Urteile bilden zu können?

Im zarten Anflug einer Verwunderung, die keineswegs handelsüblicher Kulturpessimismus ist, dürfte man an dieser Stelle weiter fragen: Ist es nicht ein augenfälliger Widerspruch, durch die digitalen Impulskaskaden gewollt wie ungewollt nie mehr Informationen zur Verfügung gehabt zu haben als heute und doch den Verdacht nicht ausräumen zu können, immer weniger zu wissen? Um es umzukehren: Kann von der Welt nur der wissen, der sie, in den Hinterhöfen und Nischen jenseits der beschilderten und ausgewiesenen Welt, auch leibhaftig erfahren hat?

Als vor einiger Zeit die Welt noch ein weitgehend uncodierter Raum zur Erkundung seiner wundersamen Unberührtheit war, stellte Transzendenz eine eigene Kategorie für das Erhabene dar. Beim Reisen besteht das Transzendente und also Selbst-Überschreitende darin, nie anzukommen. Es mag sein, dass das Erhabene des Zwischen-allem-Schwebens irgendwann zum Selbstzweck wird. Na und? Das ist ja gerade der Unterschied zwischen Urlaub und Reisen. Beim Reisen weiß man nie, was einen erwartet, beim Urlaub ist das Erwartete vorgeplant. Urlauben – so wichtig, erholsam und schön es sei – ist organisierte Teilnahmslosigkeit, Reisen hingegen teilnehmender Organisationsverlust. Im Urlaub erholt sich der von Impulsen Erschöpfte, beim Reisen holt sich der Suchende Impulse. Vor allem dann, wenn er auf eine doppelte Zeitreise geht: im Geiste zurück in die eigene Kindheit und zugleich in die Zeit einer Goldenen Epoche.

Erkenntnis vom Triumph des Traums

Einmal stand ich eingehüllt in Mythen und Abgase mitten im untergegangenen Orient. Neben der sechshundert Jahre alten Hazrat-Khizr-Moschee in Samarkand nahm die Seidenstraße einen heftigen Schwung hügelabwärts in den Usbekistan-Boulevard. Umtost von Dasein und Gegenwartslärm stand ich endlich dort, wo ich immer schon hatte stehen wollen, und stellte mir vor, wie es genau hier, im Sommer vor sechshundert Jahren, gestunken haben muss, nach Fellen, Fleisch und Tierhäuten, nach vielfarbigen, ungeklärten Ausscheidungen, nach ausdünstenden, ihr Leben aushauchenden Lammleibern, die gerade geschächtet worden waren.

Sa-mar-kand! Seit der Vorschule hatte sich meine Sehnsucht dem Namen dieser Stadt und seinem Klang unterworfen, eine in zarten Tagen und Nächten hingeträumte Verheißung, als Wörter wie Sindbad und Seide durch den Kinderkopf flitzten. Kein anderer Stadtname hatte meine Sehnsucht nach Fremde je so stark entzündet, und obwohl ich bis zur Ankunft auf dem Usbekistan-Boulevard nie in Samarkand gewesen bin, hatte ich immer eine Verbindung zu dieser Stadt empfunden. Seit den Kindertagen gab es diesen Schwur: Einmal im Leben wirst du in diesen legendensatten, in seine Mythologie gezwängten Ort kommen!

Am Tag meiner Ankunft fiel heftiger, aber warmer Regen. Der Himmel war verklumpt mit grauer Wolkenmasse. Die alte Seidenstraße, die legendärste aller Handelsrouten, führte seltsam prosaisch in jene Stadt ein, die im 15. Jahrhundert das glanzvollste Antlitz der Erde gewesen sein soll. Irgendwo hier, dachte ich, auf dem überfüllten Usbekistan-Boulevard stehend, würden meine Märchenmänner in goldbestickten Samtmänteln schon durch unbeleuchtete Gassen gehen, irgendwo meine Märchenfrauen in dunkelroten Seidenkleidern über Plätze huschen, und irgendwann würde ich das Brutzeln gegrillten Lammfleischs ebenso hören wie im Widerhall des Muezzinrufs das Flüstern der Geschichte, und dann würde ich durch den Staub der Ewigkeit schlurfen und vielleicht den großen Seidenteppichkönig treffen, der, wenn die Hinweise der Basarhändler zutrafen, nicht weit vom Zentrum entfernt residierte. Vielleicht war dieser König nur das Produkt meiner Imagination, vielleicht aber auch ein prächtiger Hüne, beschenkt mit einer überirdischen Autorität, die harsch zu sein gar nicht nötig hatte. Vielleicht schielte er, vielleicht hinkte er, vielleicht saß aber auch nur ein kleines Männchen auf einem mit Tüchern behängten Stuhl, der weit davon entfernt war, ein Thron zu sein, und vielleicht beugte sich der

König dann auf lächerliche Weise vor, als hielte er eine Parabel bereit, die zu lernen jeder Gast in seinem Reich verpflichtet wäre: Sinn von Sehnsucht ist, dass sie sich niemals erfüllt. Und war dieses »aber vielleicht doch«, das dieser Satz indirekt zuließ, nicht ein herrliches Spiel mit der eigenen Einbildungskraft?

Im Zentrum Samarkands war der Trubel still, aber es war dennoch Trubel. Es gab weder Geschubse noch Gedränge, nur beherzte, gezielte Schritte von Frauen und Männern in schmucklosen Gummischuhen, als hätten die Menschen Angst – nicht vor Gott oder dem Geheimdienst, sondern vor der Düsternis der Nacht in dieser Stadt, die kaum Lichter hat, aber reichlich schwere Unergründlichkeit. Ein mittelalterliches Tor hätte just an *dieser* Stelle stehen müssen, tat es aber nicht, stattdessen erhoben sich hier verfallene, in die Öde gewuchtete Betonklötze zur Menschenverfrachtung, und es war, als schere sich die einstige Stadt der Städte kein bisschen um ihren Legendenstatus und noch weniger um die Verzweiflung abendländischer Spurensucher, die Jahrhunderte später ihre Traumfeuer entzünden wollten.

Sa-mar-kand! war in diesem Augenblick nur noch die Membran eines zerfallenen Mythos. Jeder zum Schwärmen Bereite hatte melancholische Arbeit zu leisten, um das Fantastische vor dem Realen zu retten. War das überlieferte Samarkand ein Museum für gestattete Träumereien gewesen, so war das reale in postsowjetischer Tristesse von profaner Urbanität. Im mythenlosen Hier und Jetzt trugen junge Männer schwarze Lederjacken, schwarze Jeans und schwarze T-Shirts, als sei jede Zukunft bereits in der Gegenwart angeschwärzt. Fast alles im real existierenden Samarkand war Neustadt, weil es nur noch ein paar restaurierte Quäntchen

Altstadt gab. Wer dennoch verzückt werden wollte, brauchte den zweiten Blick.

Ich verließ die Stadt für einige Zeit, um später zurückzukehren. Dafür gab es einen Grund. Über einen Mann, den ich zufällig vor einer religiösen Schule traf, bekam ich die Nummer seines Onkels, wobei nicht geklärt werden konnte, ob es der leibliche oder nur der kulturelle war, einerlei. Ich hatte also einen Termin beim Seidenteppichkönig Ewaz Khan Badghisi bekommen, aber erst in einer Woche, da er, der Seidenteppichkönig, die nächsten Tage in Afghanistan sei, mich nach seiner Rückkehr aber empfangen wolle, weil der Neffe, dem ich in der fensterlosen Schummrigkeit seines Shops an der Medresse einen Papierdruck abgekauft hatte, ihn darum gebeten hatte und eine Bitte nicht zurückgewiesen wird.

Also fuhr ich für ein paar Tage nach Buchara. Die annähernd asphaltierte Schnellstraße verlief auf dem Pfad der alten Seidenstraße. Nur viermal wurde das offizielle Taxi von besorgten Polizisten am Straßenrand angehalten, mein Fahrer hatte die Bündel Schmiergeld bereits abgezählt im Handschuhfach verstaut, vorsorglich waren es zehn, da er die Kontrollpunkte kannte. Im Wagen saßen noch zwei Kanadier, von denen keiner sprach, weil wir alle damit beschäftigt waren, aus Rücksicht auf Bandscheiben und Lendenwirbel die Erschütterungen vorauszuahnen und auszugleichen, die die Schlaglöcher einer Schnellstraße nach Buchara verursachen können. Linker Hand zog sich der Kamm der tadschikischen Berge entlang, ich versank in der Steppe und in meinen Träumen von berittenen Kurieren, die unterwegs zur nächsten Karawanserei waren, wo sie zum Ruf des Muezzin auf die Knie gingen, um dem Allmächtigen und Barmherzigen zu danken. Die Hälfte des Weges ließ sich träumerisch bewältigen, dann kam das Dorf Baxmalsoy. Die Schnellstraße verschmälerte sich zu einem Weg. Kopflose Lämmer bluteten am Haken hängend aus, Rinder irrten umher. Dort hätte ein Kamel stehen können, es stand aber keins. An dünnen Drähten baumelten Fische, so lang und dick wie die Unterarme eines kernigen Bauern. Die Steppe dies- und jenseits war unendlich, in den abgeernteten Baumwollfeldern nisteten tote Seelen, und hinter den tadschikischen Bergkämmen versank auf einmal die gar nicht mehr ewige Sonne. Über Baxmalsoy verglühte der usbekische Himmel, als wolle er sagen: Reisender, wenn du deine Sehnsucht der Wirklichkeit aussetzt, setzt du alles aufs Spiel: die ganze Fantasterei vom Glanz der Rubine und Smaragde, vom Geruch des Safran und der Nelke, vom Beschwören der Flaschengeister und der wüstenwindgestreiften Einsamkeit.

Wir fuhren weiter auf der alten Seidenstraße, die zwar geteert, aber immer noch ein unberechenbares Ereignis war, und erreichten Buchara in der Erotik einer morgenländischen Nacht. Das Fiepen und Surren der die Minarette umkreisenden Fledermäuse war so klar zu hören wie der Chor dreister Stare. In diesen Breiten ist der Name des Herkunftsortes seit jeher wichtiger als der Eigenname des Karawanenhändlers, und ich hörte die Einheimischen auf dem überkuppelten Tim Abdullah Chan, dem alten Seidenbasar von Buchara, fragen: Von wo kommst du her? Es war die Frage aller Jahrtausende, die Frage, die immer schon über Krieg und Frieden, Vertrauen und Glück entschieden hatte, die einen Hinweis auf Kultur und Sitte, auf Sprache und Glaube gab, die Sicherheit und Neugier bedeutete und Furcht auslöste und Messer schleifen ließ. Also, wo kam ich her? War das nicht leicht zu beantworten?

--

Nein, war es nicht. Hätte ich mehr sagen können als nur den Namen eines Landes, einer Nation, meines Staates: Germania, Germany, Allemagne? Mit dem Wort der eigenen Landsmannschaftlichkeit ruft man sogleich ein Arsenal an Stereotypen auf. Deutschland Disziplinland. Deutschland Wohlstandsland. Deutschland Organisationsland. Ich komme aus einem Land, hätte ich sagen können, in dessen friedvolle, aus dem Geiste katastrophaler Kriegskultur gewachsene Zivilisation hineingeboren zu sein ich unverdientes Glück hatte. Die Selbstverständlichkeit des Aufwachsens, ohne zu wissen, dass es grundsätzlich niemandes persönliche Schuld ist, in einer Krisen-, Dürren- oder Hungerregion auf die Welt gekommen zu sein, so wie es ebenso wenig jemandes persönliches Verdienst ist, in einem wohlhabenden Land in die Welt gesetzt worden zu sein, ist vielleicht unverschämt, hat aber auch eine tröstliche Unschuld. Herkunft ist Zufall. Niemand kann seine Herkunft im streng moralischen Sinne verantworten, weil der Mensch – egal, wo seine Erzeugung geschah – immer gegen seinen Willen ins Leben geworfen wird, mit dem er sich dann im Schnitt achtzig Jahre lang zu arrangieren hat.

Wer aber erst gar nicht auf-bricht oder weg-fährt oder hinreist, muss sich auch nicht fragen, wo er her-kommt, weil er in der Heimat nicht nach Heimat gefragt wird (klammern wir für diesen Moment die Erfahrung von Mitbürgern mit Migrationsbiografien aus, die sich gerade für ihr Herkommen immer wieder zu rechtfertigen haben). Heimat, das macht ihren Reiz ja aus, ist selbstverständlich. Sie ist da und bleibt da, auch wenn sich alles ändert. Sie ermöglicht Kohärenz und Sinnstiftung. Zuhause muss sich niemand selbst befragen, ob Herkunft wichtig, sinnvoll oder bedeutsam ist. Heimat ist gesetzt, eine Tatsache, ja mehr noch: das intuitive Wissen einer unerklärlichen Geborgenheit.

Warum ich mir die Frage nach meiner eigenen Herkunft ausgerechnet im usbekischen Buchara stellte, ist über Zufall und Irrsinn hinaus womöglich die Erklärung für die unprätentiöse Macht, die das Reisen ausübt. Man braucht die erlebte Fremde, um sich des Heimischen bewusst zu werden. Je fremder diese Fremde, desto stärker die Provokation durch die eigene Herkunft. In den Gefilden der Ferne ist man keineswegs auf der Durchfahrt, sondern – um es plastisch zu sagen – in den Leib des Orts versunken. Man kann ein Dorf oder eine Stadt durchaus körperlich auffassen. Wenn das Durchfahren, das hektische Hier- und Dorthin, nicht vielmehr Regel als Ausnahme ist – wäre das eigentliche Reisen dann nicht womöglich die Ausnahme von der Regel einer leerlaufenden Umtriebigkeit?

Prägende Momente meines Lebens hatte ich in fernen Ländern erfahren. Immer wieder hatte ich reisend darüber nachgedacht, warum mir die Erkenntnis meiner selbst in den eigenen vier Wänden nicht unbedingt brillant gelang. Es musste einen Grund dafür geben, auch wenn der Verdacht, zuhause sei die Banalität des Alltags zu groß für eine kleine Erkenntnis, allzu resignativ wäre. Gemessen an der Banalität des Bekannten auf geläufigem Terrain war und ist das Reisen immer eine Selbstverschickung ins Unbekannte, das deswegen niemals banal sein kann, weil das Unbekannte allermeist faszinierend ist.

So stand ich verletzlich und ungeschützt auf den Marktplätzen untergegangener Großreiche und fragte mich, welche Sittlichkeit ich in mir trug, welche Normen mich leiteten, welche Sehnsüchte mich steuerten, in welche kulturelle Kontexte ich eingewoben war. Gab es Reste alter persischer Sitten, die auch in mir überliefert waren? Gab es Anteile arabischer Lebensformen, die ich – zigfach überformt –, ohne es zu wissen, ebenso lebte? Gab es mexikanische, slawische oder skandinavische Rituale, die, in Jahrhunderten des Weltverkehrs in die Heimat eingeschleust, auch meinem Lebensentwurf unbemerkt zu eigen waren? War ich, wie jede und jeder andere auch, nicht Teil einer universalen Kommunikation und der Überlieferung des Ewigen ins Künftige? Und wäre so nicht jeder geborene Mensch allein durch seine Geburt ein weiterer Übersetzer des Universalgesetzes der Menschheitskulturgeschichte, die gemeinsam fortgeschrieben wird, solange es Menschen gibt?

Ausgerechnet im Innenhof der Mir-Arab-Medresse von Buchara überzeugte ich mich, einer streitbaren Aussage des großen französischen Anthropologen Claude Lévi-Strauss zuzustimmen. Tausende Gesellschaften, hatte der Forscher bezüglich Ehe, Recht, Technik, spiritueller Riten oder magischer Praktiken einst notiert, hätten ihre je eigene Lösung für die Probleme des menschlichen Lebens gefunden. Und die einzige Chance, all diese Unterschiedlichkeiten zu beherrschen, bestünde darin, die Conclusio zu begreifen: Jede von einer dieser Gesellschaften gefundene Lösung drücke etwas aus, das allen gemein ist.

Erkenntnis von der Weisheit durch Unwissen

Einmal stand ich im Omo-Delta, und es gab keinen Asphalt mehr. Am Westufer des an Krokodilen, Nilpferden und Pelikanen reich gefüllten Chamo-Sees wuchsen gewaltige Bananenstauden, und Tausende Mangobäume trugen Früchte, die von Kindern und Frauen am Straßenrand mit großer Leidenschaft und kleinem Erfolg feilgeboten wurden. Ab Arba Minch gab es dann nicht einmal mehr Straßen, sondern Pisten, mit und ohne Schotter, aus Sand oder Steinen, in jedem Fall war man im südäthiopischen Hochland ohne kreativen Fahrer aufgeschmissen. Er musste Strecken erfinden und sich Pfade erobern, wo Furten auslagen und Felsbrocken lagerten. Die Flussläufe waren gewöhnlich vertrocknet, manchmal existierte ein Rinnsal oder eine Pfütze, darin wuschen sich Menschen und tränkten zugleich ihr Vieh. Die Erde war so ausgedörrt, dass Staub sich auf Arme, Gesichter und die Blätter der Rizinussträucher legte, als wäre er eine zweite Haut.

Die Stadt Arba Minch, deren Name übersetzt »Vierzig Quellen« heißt, war das Portal in den Süden Äthiopiens, wo ein Dutzend der letzten indigenen Völker Afrikas – vom globalisierten Weltgeschehen noch immer kaum beeinflusst – ihre Zeremonien pflegen: die Mursi, die Karo, die Bena, die Dorze, die Konso. Die Stämme zu unterscheiden, war einem Laien nur nach längerer Zeit möglich. Man musste die Bedeutung ihres Schmucks kennen, ihre Tänze lesen und ihre Dialekte verstehen lernen. Die Kultur der Stämme basiert auf Riten, und jeder Stamm hat für diese Riten seine eigenen Rituale, um an den Ursprungsmythos, an die Erzählung der eigenen Gemeinschaft zu erinnern. In den Dörfern jenseits von Arba Minch gab es Terrassenfeldbau, Kleinbauerntum, Viehzucht, Erbfeindschaften und Frauentausch. Je weiter südlich wir in die Riftzone des Großen Afrikanischen Grabenbruchs fuhren, desto heißer wurde es. Es staubte ohne Unterlass, Kiesel spickten, manchmal sprangen Paviane aus dem Gebüsch und hatten zu keiner Zeit genügend Scham, ihr Hinterteil nicht zu präsentieren. Ständig rannten Kinder aus den Weilern herbei, pfiffen, winkten und schrien »Heiland! Heiland!« Sonst geschah weiter nichts.

Außerhalb der Stadt warteten wir meist vergebens auf Strom. Die Generatoren waren oft abgeschaltet, weil sie mit Diesel betrieben werden und Diesel teuer ist. Überlandleitungen gab es nicht. Um sechs Uhr abends wurde es dunkel, und im Licht des Halbmonds leuchteten die Sterne. Um sechs Uhr morgens wurde es wieder hell, und von da an waren die Menschen auf den Straßen. Sie saßen und gingen und trugen Säcke und trieben Tiere. Ab und an raste ein »Al-Kaida« vorbei, so nannten die Menschen die kleinen Isuzu-Busse mit ihren von der Droge Kath berauschten Kamikaze-Fahrern, durch deren Wahnsinn mehr Menschen starben als durch Hunger.

Wenn die Männer der Bena Hände schütteln, wird nicht viel geredet, wozu auch. Ihr Händedruck war überraschend lasch, an fast allen Körpern hing eine Kalaschnikow. Meist kamen die Gewehre aus Kenia oder dem Sudan ins Omo-Delta, Schmuggelware, die Kolben abgegriffen vom ehemaligen Menschentöten. Eine Kalaschnikow kostete einige Rinder, ein immenser Preis, ein Rind war in diesen Breiten mehr wert als eine Frau. Alles menschliche Leben drehte sich um Rinder, ihre Haltung, ihre Vermehrung und Verteidigung. Wer ein Rind tötete, dem wurde der Krieg erklärt. Wegen Rindsraub brachen Stammeskämpfe aus; um sie zu sühnen, wurden Ziegen geopfert.

In Shaba Bale saßen Marktfrauen auf Ziegenfellen und boten verzierte Gefäße, Kaffeebohnenhülsen, Nackenstützen, Ketten, Tongefäße, Eisenscharniere, Bierbrei in Ziegenledersäcken, Tabak, Kuhglocken aus Schildkrötenpanzern, Honigwaben, Butter und Milch an.

Drei Bena-Jungs kamen zu uns rüber.

»Ihr wollt zu einem Okuli?«

»Das stimmt.«

Da wollten sie ganz sicher wissen, dass in Kürze oben, in den Bergen, zufälligerweise einer stattfinden würde. Okuli ist der regional berühmte Ritus des Bullensprungs, kulturwissenschaftlich betrachtet ein klassischer Rite de Passage, wie er bei den Stämmen der Bena, Hamer, Karo oder Bachada seit Jahrhunderten vollzogen wird: das Initiationsritual einer symbolischen Zeugung und Geburt, wenn der Vater entschieden hat, sein erster Sohn sei, um die Erbfolge zu wahren, jetzt heiratsfähig.

Zwei der drei Jungs schulterten ihre Gewehre, stopften sich einen Strauß Kath in den Mund und boten Führerdienste an, doch nur einer unter ihnen schien uns vertrauenswürdig, weil er kein Wort sprach und kein Gewehr trug, dafür ein zu großes rotes Fußballtrikot aus Europa. Er war fünfzehn. Er hatte Malaria. Außer seinem Namen sagte er nichts.

»Tekane.«

Oft waren Kinder wie er Waisen oder Halbwaisen, weil Vater oder Mutter oder beide an Malaria gestorben waren. Einige hatten ihren Malariaausbruch überlebt, das Fieber aber kehrte jedes Jahr zur gleichen Zeit zurück. Schüttelfrost bei 45 Grad Hitze, und das war bei Tekane in genau dieser Woche der Fall. Er war so schweigsam wie Wossen, der kreativste Fahrer, den die Welt je gesehen hat. Wenn Tekane redete, war seine Stimme metallisch. Meist flüsterte er. Die Haut seiner Füße war rissig. Wossen setzte sich hinters Steuer. Tekanes Finger zeigte irgendwie nach vorne und oben. Wir starteten um ein Uhr mittags und fuhren achtzig Kilometer in die Berge, um gegen drei Uhr eine unpassierbare Furt zu erreichen. Umdrehen oder umkehren? Egal, im Rückwärtsgang ging es über Pfade und Umwege weiter, vorwärts an Dornensträuchern vorbei, felsaufwärts durch getrocknete Bachbetten, kilometerlang im ersten Gang, was auf Magen und Wirbelsäule drückte. Plötzlich tauchte auf dem Weg ein junger Mann auf. Wir hielten an. Er wolle, sagte er leise, zum Fest auf dem Plateau.

»Zum Okuli?«

Er nickte. Nicht einmal er kannte den Weg genau, in einem Auto hatte er noch nie gesessen. Auf den Pfählen der umzäunten Felder steckten Totenschädel, sichtbarer Beweis für die Götter, dass ihnen geopfert wurde. Je mehr Schädel, desto größer der Wohlstand der Familie, so lautete das Gesetz des lokalen Opferrituals. Von unten sah man Qualmsäulen und Dunstschleier, im ersten Gang fahrend überholten wir eine junge Frau mit Baby auf dem Rücken und Sonnenschirm in der Hand. Auf der Ebene thronte eine Akazie über den Umständen. Und dann kamen aus den Maisfeldern ringsum singende, trötende, schellenklappernde Frauen. Sie trugen Ziegenfelle und tanzten und hüpften, und im Dorf tranken sie Hirsebier aus Tomatendosen und Kaffee-Tee aus getrockneten Kürbisschalen. Schluck für Schluck wurden alle enthemmter, auch die, die nicht tranken. Die Haare der Männer waren mit einer getrockneten, manchmal rissigen Paste aus Lehm und geklärter Butter bedeckt – zum Schutz gegen Insekten, Sonne und Staub und als Unterlage schmückender Bemalung. Die Haare der Frauen, in gleicher Legierung behandelt, hatten die Form von Korkenzieherlöckchen, die in einer Art Troddel endeten. Die Schutzpaste wusch man nicht allzu oft ab. Nicht immer riecht das, was schützt, erfreulich.

So gut wie jede und jeder kaute beständig auf einem kleinen Stück Ast herum, dessen Saft angeblich die Zähne reinigte. Andere Zahnbürsten gab es nicht. Gemütlich trafen Rinder ein, Schafe und Ziegen, im Dreierpack verschnürt. Eine gewöhnliche Ziege ging für umgerechnet 20 Euro über den Tisch, ein großes Rind für das halbe Vermögen von 100. Nach vier Stunden Fahrt liefen Kinder auf unseren Land Cruiser zu. Sie schlugen auf das Glas der Außenspiegel, in dem sie sich nicht erkannten. Wenig später sahen wir, wie sich der junge Muga entkleidete und nackt auf einer Rinderhaut saß, seine Beine in jene des besten Freundes verhakt, Schoß an Schoß, als bereiteten sie sich auf eine Kopulation vor. Die anderen Geschminkten rahmten die beiden ein, ihre Köpfe bildeten eine Art Bedachung. Dann wurde ein hölzerner Phallus mit saurer Sahne begossen, als geschehe gerade ein Samenerguss. Zwei legten Muga eine Lederschnur um den Körper, während die anderen es schafften, dreizehn Rinder nebeneinander zum Stehen zu bringen. Je einer hielt je einen Rindsschwanz, ein anderer drehte die Rinderzunge im Maul so herum, bis das Tier paralysiert war. Der gesamte Clan war auf dem Plateau zugegen, das Licht golden, der Lärm erheblich. Die Akazien wirkten wie Riesenschirme im Abendlicht.

Muga lief an, stieg über ein Kalb als Treppe hinauf und rannte dann zum ersten Mal über die Rückgrate der dreizehn Rinder. Zwei-, vier-, fünfmal schaffte er es, ohne herabzufallen. Wäre er gestürzt, hätte er auf ewig den Ruf des Versagers zu ertragen gehabt. Fünfmal über die Rücken von dreizehn Rindern: das hatte es beim Stamm der Bena noch nicht gegeben! Fünfmal über dreizehn Bullenrücken! Lobpreisungen gingen in Umlauf, Muga war der beste Bullenspringer, den es in der Stammesgeschichte je gegeben hatte. Sogleich wurde er zum Mann erklärt. Man schnitt die Lederschnur durch, und in diesem Moment war er von Vater und Mutter entnabelt. Nackt und stark stand Muga vor den Mitgliedern seines Clans. Den Frauen mit Kalaschnikows im Anschlag, den geschminkten Cousins, den Tanten, den Eltern. Er wurde rasiert und, als sei es der Talg auf dem gerade Geborenen, mit Butter eingerieben. Man setzte ihm ein Stirnband mit zwei Straußenfedern auf. Nach der Prozession vom Hochplateau hinab ins Dorf brach er auf, um die kommenden Monate auf die Suche nach einer Frau zu gehen. Er würde durch die Steppe ziehen, zu befreundeten oder verwandten Clans. Sein eigener Clan aber würde noch zwei Tage feiern, trinken und Hunderte Ziegen schlachten.

»Heiland! Heiland!«, riefen jetzt selbst Töchter, Mütter und Großmütter. Heiland? Wieso Heiland? Wir hörten es genau, als wir langsam den Weg hinabfuhren. Sie winkten uns mit Händen und Plastikflaschen zu, und wir, die wir fern jeder religiösen Selbsterhebung waren, winkten profan zurück. Bis Arba Minch waren es noch gut siebzig Kilometer, hier und dort erkannte man Felsformationen von der Hinfahrt. In einem Dorf ohne Namen und Straßen lud man uns zu einer Kaffeezeremonie ein. Dreimal wurde der Kaffee aufgegossen, während alle den Anekdoten der zahnlosen Großmutter lauschten, die mal neunzig, mal hundert, mal hundertzwanzig Jahre alt sein wollte. Man lebt ja, solange die Götter es wollen, nicht wahr?

Rabauken standen an der Mauer, kicherten und riefen »Heiland!«, in ihren Armen lagen leere Plastikflaschen. Die Flaschen verkauften sie für einen äthiopischen Birr – 0,02 Cent – auf den Märkten der Gegend, als Gefäß für Öl, Ziegenmilch oder Hirsebier. Eine Abfallflasche aus Plastik war ein kleines Vermögen wert. Wir stoppten, und die Buben nahmen sich das ganze Plastikleergut, das in unserem Wagen aufzusammeln war. Sie hüpften und sprangen vor Freude und riefen »Heiland, Heiland!«. Bevor ich meine mögliche Erhebung zur irdischen Gottheit eines christlichen Heilands ernst zu nehmen begann, blickte ich zufällig und beiläufig auf das Etikett einer der Plastikflaschen und sah, dass das edle Wasser den Quellen des äthiopischen Hochlands entstammte. Die Wasserfirma hieß »Highland«.

Zehn Stunden cruisten wir über Steine, durch Furten und über Sanddünen, bis die Sonne unterging und die Lendenwirbel glühten. Dann wurden wir abrupt gestoppt, kein Gott war uns gnädig. Eine halbe Stunde lang gruben alle vier durchdrehenden Räder behagliche Kuhlen, der Wagen sank immer tiefer. Die, die Schuhe hatten, legten sie ab und stapften mit Strümpfen oder barfuß durch den wadentiefen Schlamm, unter dem mehrere Zweige eines Dornenbuschs vergraben sein mussten. Manche zogen Dornen aus der Fußsohle, und alle, die konnten, hackten Holz und sammelten Steine, um den Reifen eine Reibungsfläche zu bieten, doch der Wagen ließ sich zu nichts mehr bewegen. Weitere Menschen gab es nicht, keine Hütte war zu sehen, kein Auto, kein Pferd, kein Rind. Mittlerweile war Mitternacht. Zu viert und zu Fuß machten wir uns auf durch die afrikanische Nacht, schlammverschmiert und mit abgebrochenen Dornen in der Fußhaut. Tekane, der sich, barfuß gehend, klaglos die Zehen aufschlug, kannte Teile des Weges, zumindest ungefähr. Wir hielten uns des Weiteren ans Sternbild, folgten dem Mond, und nach drei Stunden Nachtmarsch ging die zahnwehgeplagte Frau heulend zu Boden und fand in der einzigen Rundhütte eines plötzlich vorhandenen Weilers einen Schlafplatz. Sie lag neben Ziegen und Hirten und wimmerte. Wir gingen fort und dehydrierten weiter. Die Lunge schmerzte, die Beine waren zittrig, der Blick verschwamm. Das Atmen wurde schwer, die Luft sperrig, aber Hoffnung blieb. Nach sechs Stunden Wirrung ohne Licht und Wasser erreichten wir von Süden her den Ort Dimeka, in anbrechendem Wahnsinn hämmerte ich an Türen und Tore, wir brüllten mit schwacher Stimme und husteten vor Trockenheit, da öffnete ein alter, betrunkener Mann und konnte nicht fassen, was er sah. Er war Missionar der katholischen Kirche und holte eine Handvoll Dosen Coke Zero aus dem Kühlschrank. Es war das wertvollste und schönste Cola, das zumindest ich je trank.

Wenig später – die Sonne stand bereits stramm – machte sich der immer noch betrunkene Missionar mit seinem Truck auf den Weg von Dimeka in die Berge hinauf. Drei Stunden später kamen beide Wagen zurück, und der wie immer unerschütterliche Wossen stellte den aus dem Schlamm gezogenen Land Cruiser auf dem Marktplatz von Dimeka ab, brachte die eingesammelte Frau zu einer Art Zahnarzt und säuberte wortlos den Innenraum von erbrochenem Hirsebier. Kinder rannten vorbei, riefen »Heiland! Heiland!« und strecken ihre Hände aus.

– –

Je öfter ich reise – vor allem aber nach der existentiellen Exkursion ins äthiopische Omo-Delta –, desto selbstverständlicher entlarvt sich die Annahme, durch Lektüre der Auslandsteile von Zeitungen oder infolge sachdienlicher Wikipedia-Einträge auch nur irgendetwas von einem Land begriffen zu haben, als Illusion. Wer die Welt allein durch ihre mediale Vermittlung wahrnimmt und sie dennoch ver-

standen zu haben glaubt, könnte einer umso größeren Täuschung unterliegen, je hartnäckiger er an ihr festhält. Jeder
sollte sich in sokratischer Manier seines prinzipiellen Nicht-
wissens bewusst sein, um nicht der Illusion zu erliegen, die
Basis für künftige Werturteile über Völker, Kulturen und Sitten sei ein für allemal gegeben. Je mehr Weisheit im Spiel ist,
desto weniger Wissen kann man voraussetzen.

Oben war vom Geschenk des Staunens und dem Lerneffekt
die Rede, und als Folge einer Begegnung mit bullenspringen-
den Bergdorfmännern während ihrer symbolischen Abnabe-
lung darf geschlussfolgert werden, dass der Erwerb von Weltkenntnis mehr ist als nur die Reproduktion von Klischees und
Narrativen aus dem Reich des Hörensagens. Die Ära digitaler Weltvermittlung ist geprägt von einer inflationären Flut
an Bildern, die sich schwertut, als Bildungsgut begreifbar zu
werden. Mit den Bildern strömen auch Interpretationen von
Wirklichkeit herein. Ist es insofern nicht ein Treppenwitz der
Geschichte, dass sich gerade in der Epoche der Grenzverluste
durch die Globalisierung von Technik und Lebensstilen die
Menschen immer mehr voreinander verschließen? Und ginge
es heute, da das wikipedische Weltwissen mit ein paar Klicks
an jedem Ort des Globus zur Verfügung steht, nicht wieder
um die Rehabilitierung der Neugier?

Auf Reisen tritt ja gern ein listiger Widerspruch zutage.
Der zeitgemäße Kulturbürger der Ersten Welt profitiert von
den Segnungen des technologischen Fortschritts. Er verlässt
sich auf die koordinierte Arbeit programmierter Navigati-
onssysteme, legt Wert auf Präzision und Korrektheit, weiß
punktpräzise GPS-Dienste zu schätzen, spürt eine überraschend abgelegene Hütte oder vertrackt geführte Straße ohne
größeren Aufwand an Einfühlung in die Umgebung auf. Aber

was geschieht, wenn sich der GPS-Mensch durch Wittern, Spähen, Fragen, Verirren, Verlaufen und Probieren auf die Suche nach dem Unauffindbaren zu machen beginnt und an einem ganz anderen als dem einprogrammierten Ziel endet? Was geschähe, müsste er in der Fremde einen ihm Fremden nach Weg oder Auskunft fragen und wäre auf dessen womöglich ambitionierte, aber wenig sachdienliche Hinweise angewiesen?

Vielleicht nicht viel, zugegeben. Vielmehr will sich diese Spekulation als Plädoyer für den Umweg verstehen. Umwege mögen nicht effektiv sein, sind aber ebenso zielführend wie gerade Wege – sie führen nur auf andere Weise zu einem anderen Ziel. Auf dem Weg über den Umweg offenbart sich ein ungeheures Potential an neuem Wissen. Es kommt unerwartet und drängt sich nicht auf. Es schwebt heran. Es diffundiert. Es entfaltet sich. Es will sich erobern und erkennen lassen. Und weil es unerwartet, manchmal überraschend, fast immer außergewöhnlich ist, wird es – meist von der hohen Emotionalität des Erlebens begleitet – tief in den Speichern des Körpergedächtnisses abgelagert.

Läse man zuhause, auf dem festen Grund der anerzogenen Rationalität, von Bullensprüngen und Kalaschnikow tragenden Frauen, stufte man dies vermutlich als primitiv ein. Das Interesse wäre gering, und selbst wenn es da wäre, erhöbe man sich im Wohlgefühl der eigenen zivilisatorischen Überlegenheit über die niederen Umstände scheinbar primitiver Kulturen. Auf der Reise ins äthiopische Omo-Delta hingegen, in Dörfer, deren Einwohner noch nie einen Spiegel gesehen haben und ratlos-fasziniert vor ihrem eigenen Angesicht stehen, zeigen sich dennoch Verhaltensweisen und Eigenschaften, die den eigenen gleichen. Ist nicht die höchste

Güteklasse der Erkenntnis, dass es anthropologische Grund-
konstanten gibt (also durch alle Kulturen und Zeiten hinweg
tradierte Verhaltensweisen von Menschen), die, auf den Kern-
gehalt reduziert, ähnlich, wenn nicht gleich sind?

Natürlich könnte man in der heimischen Staatsbibliothek
Kompendien ethnografischer Forschung studieren, was den
Horizont gewiss unermesslich weiten würde, letztlich aber
kein Dienst an der Selbsterkenntnis wäre. Reisen, wie es hier
verstanden wird, ist eine andere Form der anthropologi-
schen Erkundung derselben Sachverhalte. Es ist, wenn man
so will, subjektive Ethnografierung ohne wissenschaftlichen
Anspruch. Der Bullensprung im Hochlanddorf ist ja nichts
anderes als das olympische Prinzip des Höherweiterschnel-
ler in Verbindung mit der rituellen Beschwörung symbolischer Männlichkeit und Stärke – ein Beweis der körperlichen
Leistungsfähigkeit im Streben nach sozialer Anerkennung
der Gemeinschaft. Der Unterschied des Bullensprungs zum
rein sportlichen Event einer Leichtathletik-Weltmeisterschaft
oder dem ökonomischen Prinzip der Steigerung für erhöh-
ten Wohlstand besteht in der mythischen Dimension des Rituals: die spielerische Ehrerbietung einer jahrtausendealten
Tradition, die, als zelebriertes Symbol, die Gemeinschaft an
ihre Ursprünge erinnert. Im Bullensprung vergegenwärtigt
sich die Gesamtheit der Gebote und Regeln der Stammesgeschichte.

Anders als das mythenkritische und ritusvergessene Denken des weitgehend entzauberten Individuums westlicher
Industriegesellschaften es erfordern würde, verweigert ein
Übergangsritus jede Erklärung. Er bindet Kräfte und Generationen durch das Spiel und will letztlich das Gleiche wie
der Katechismus im christlichen Glauben: die Wiederholung

der eigenen Gründungsmythen, damit aus Identifikation und Identität resultierende Bindekräfte entwickelt werden können. Haben nicht alle Gesellschaften, Gemeinschaften und Kommunen ihre Riten und Rituale, die man erst kennen und dann verstehen sollte, bevor man über sie urteilt? Und warum ist deren Studium nicht nur empfehlenswert, sondern unabdingbar? Weil man als durchs Leben hetzender Zeitgenosse keine Zeit mehr hat, Vorgänge zu studieren. Weil man keine Kapazität oder Lust mehr hat, sich mühsamer Erkenntnisarbeit auszusetzen. Weil man kein Risiko eingehen möchte, falsch zu liegen. Weil man sich einen Fehler nicht leisten möchte. Dabei wäre Reisen eine hervorragende Einladung zum konstruktiven Irrtum.

Erkenntnis von der Harmonie im Chaos

Einmal stand ich in der chinesischen Provinz Henan im Stau, und Herr Li lachte sich schlapp. Um 11.04 Uhr tauchte an einer Autobahnauffahrt ein scheinbar unlösbares Problem auf. Gerade hatten Herr Li, Herr Wang, Herr Song und ich die Longmen-Grotten bei Luoyang mit dem Ziel besucht, die religiösen Traditionen der Volksrepublik China schätzen zu lernen. In 2100 ausgeschlagenen Kalksteinhöhlen sollten über 100 000 Buddha-Statuen das Volk der Wei- und Tang-Dynastien zwischen 500 und 900 nach Christus die Menschen zu Leiderduldung und Begierdefreiheit erziehen. Und nun, in der ausladenden Betonschleife einer Auffahrt zur Autobahn, war augenblicklich Schluss mit kultivierter Gelassenheit. Zackzack musste es zum »Tempel des Weißen Pferdes« gehen, weil planwirtschaftlich eingeübte Pünktlichkeit trotz tradierter Begierdefreiheit eine Reibungslosigkeit voraussetzt, die in unplanbare Konflikte mit der Realität geraten kann.

Von jetzt auf gleich war die Autobahn in Luoyang gesperrt. Nichts ging mehr. Dichter Nebel, keine Sicht. Stau an der Auffahrt. Schweigen, geradezu Ratlosigkeit im Honda Civic unter den Funktionären der Kommunistischen Partei Chinas. Das Zwölf-Uhr-Ziel war nach irdischem Ermessen nicht erreichbar, der »Tempel des Weißen Pferdes« lag zu weit entfernt. Was tun? Die Herren Wang und Li – der ältere Vertreter der staatlichen Provinzverwaltung und der junge Übersetzer – fahndeten mit intensiven Blicken auf dem Display ihres Telefons nach einer Umgehungslandstraße, und Fahrer Song blinkte genau in dem Moment, da er bereits einen Haken schlug und reifenquietschend umkehrte. In der deutschen Straßenverkehrsordnung hätte es dafür zwei Punkte in der Flensburger Autosünderkartei gegeben, immerhin wirkten erhebliche Kräfte auf den Honda ein.

Aber beim Gelben Kaiser! – fluchten Herr Wang, Herr Li und Herr Song etwa, weil die Fliehkraft sie gegen Tür und Fenster drückte? Nein, die Herren kicherten und lachten und befragten in der durch Zentrifugalkräfte bedingten Schieflage weiter ihre Handys. Kurze Zeit später tauchte ein weit größeres Problem als die gesperrte Autobahn auf, denn jedes der drei Handys hatte eine andere Navigations-App. Im selben Moment empfahlen drei unterschiedliche Frauenstimmen auf eindringliche Weise drei unterschiedliche Routen. Also hier rechts? Vorn links? Oder doch geradeaus? Herr Song setzte zurück, drehte, nahm eine andere Auffahrt. Der Zeitplan drückte, auf dem Spiel stand der Ruf der Kommunistischen Partei als Garantin pedantischer Pünktlichkeitserfüllung. Mit Hilfe außerirdischer Mächte schaffte es Song, sich auf der Gegenspur einzufädeln. Stopp, nein, das Schild, Song, das Schild – es ging hier in die entgegengesetzte Richtung! Einerlei. Ausfädeln, abdrehen, einfädeln. Harakiri-Song schnitt einen Mopedfahrer, nötigte ein Dreirad, hupte einen gelben Lkw an und kehrte wieder auf die Landstraße von vorhin zurück. Nichts gewonnen also. Herr Li und Herr Wang lachten in einer Tour. Kürzlich gepflanzte Jungplatanen standen wie gestriegelte Soldaten einer Division der Vaterländischen Armee am Ufer des Nebenflusses Yi, Brücken schälten sich aus dem Nebel frei, aufsehenerregende Betonpfeiler wuchteten sich in den Dunsthimmel über weltfremde Dörfer. Plötzlich hörte die Straße auf, Straße zu sein. Keiner da, um nach Wegen zu fragen. Was tun? Herr Wang kurbelte das Fenster hinunter und schrie in Richtung eines Häuschens.

»Da rüber«, rief von fern ein plötzlich aufgetauchter Bauer. Gut. Herr Song fuhr brav da rüber, das heißt: über Stock und Stein und Feld und was auch immer, und Herr Wang sah auf die Uhr, die Staatlichen Reiseleiter am »Tempel des Weißen Pferdes« warteten womöglich schon auf unsere kleine Delegation, die Genehmigung war für 12 Uhr erteilt, nicht für 12.05 Uhr und schon gar nicht für 12.10 Uhr. Zwei der drei Navi-Apps empfahlen: linker Hand ab. Wir aber überquerten den Fluss Lo mittig auf einer alten Brücke. Würde sie etwa … nein, sie hielt. Aber drüben versperrte eine über die Straße gespannte Kette die Weiterfahrt. Privatstraße. Und Maut. Privatstraße und Maut im Kommunismus? Herrn Wangs Verhandlung mit den beiden diensthabenden Bauern kostete mehr Zeit, als in der Planskizze vorgesehen. Herr Wang verkörperte den Staat, *er* war die Kommunistische Partei! Es dauerte etwas, bis den Bauern der Ernst der Lage klar wurde. Sofort stellten sie ihre Aufmüpfigkeit ein, fügten sich dem Staat, winkten dem Staat zum Abschied, und dann ging es heiter weiter im Honda Civic, dessen ausgebeulte Rückbank eine lange Geschichte zu haben schien.

In den Plänen der drei Herren war Verzweiflung nicht vorgesehen. Rechts ab, erfreulich stabiler Asphalt, Ortszeit 11.38 Uhr. Herr Wang erzählte Anekdoten, Herr Song fuhr mit Eisenfuß, Herr Li war auf fortgeschrittenem Weg zu spiritueller Gelassenheit, alle drei infizierten einander mit Fröhlichkeit und lachten unaufhörlich, ich wusste nur nicht, worüber.

Am Abend zuvor hatten die drei Herren mit acht weiteren Abteilungs- und Unterabteilungsleitern der Kommunistischen Provinzverwaltung und dem deutschen Gast in einem der Bankettträume des Lai-Lai-Hotels die Freundschaft der Völker gefeiert. Nach jeder neu aufgetischten Schale Karpfen, Lamm, Tofu oder Gemüse hatte ein weiterer Vertreter der generösen Gastgeber, die, einander überbietend, vor dem höchstrangigen Repräsentanten der Kommunistischen Provinzverwaltung eine ideale Figur machen wollten, um Aufmerksamkeit gebeten, sich erhoben und sich dem Gast feierlich zugewandt. Es folgten Spruch, Verbeugung und der Prositruf »Ganbei!«, also »auf ex«. Mindestens acht Mal in kurzer Zeit wurde das 0,1-l-Glas mit hochprozentigem Reisschnaps der Marke Yang Shao gereicht, bis die Birne rauschte, und zwar meine, und die Stäbchen – außer sich vor Engagement – in der das Mahl beschließenden Nudelsuppe eine Sauerei anrichteten, ohne tatsächlich eine einzige Nudel aus dem Schälchen zu heben. Herr Li erlitt mehrere Lachkrämpfe, Herr Wang hatte Mitleid, und Herr Song aß ungerührt weiter, als gelte es, Nährstoffvorrat für die kommenden vier Monate anzulegen. Nach exakt drei Stunden Exerzitien für Frieden, Glück und Wohlstand im überhitzten, verrauchten und fens-

terlosen Bankettraum zogen sich die sieben Herren aus den
diversen Abteilungen der kommunistischen Provinzverwaltung überraschend zügig die Jacken an, verließen stoßweise
den Raum, und der mit den Tücken der Schwerkraft schwer
beschäftigte deutsche Gast fahndete inmitten ankommender
und abreisender Gruppen etwas undisziplinierter Inlandstou-
risten im Foyer des Lai-Lai-Hotels nach Orientierung. Bis zuletzt hoffnungsvoll auf der Suche nach seinem Zimmer auf
zahllosen Gängen verirrt, legte ihn Herr Li – kurz vor der Im-
plosion eines dreckigen Lachens – in irgendeinem Bett ab.
Unterm Fenster strömte der Gelbe Fluss in tiefer, schwarzer
Nacht, und endlich fiel Schnee in der Provinz Henan.

Nun aber, Ortszeit 11.47 Uhr, waren es noch elf Kilometer zum »Tempel des Weißen Pferdes«. In einem Dorf ohne
Namen waren die Baracken für das kommende Frühlingsfest
mit roten Ballons geschmückt. Sonne durchstach Nebelbänke,
und was ockerdumpf war, wurde auf einmal gülden. Harakiri-
Song raste durch Schlaglöcher, und ich schloss die Augen und
betete zum Gelben Kaiser. Die Boller auf den Straßen waren
in Wahrheit kaum überwindbare Abflussrohre aus Beton, darunter: Abwasserrinnsale. Auch das nächste Dorf war ver-
staubt, verschlammt und namenlos. Keinesfalls schön, keinesfalls reich, und im Namen der Kommunistischen Partei
war Herrn Wang das unangenehm. Die Schotterstraße abrupt
rechts abgehend, schossen rasende Mopedfrauen mit Ohr-
schützern, die so groß wie ihr Kopf waren, aus unvorherge-
sehenen Stichgassen hervor, und immer wieder endete die
Straße im Nirgendwo. Oder besser: brach im Irgendwo ab.
Auf den Handys der Herren gaben alle drei Frauenstimmen
unterschiedliche Anweisungen. Herr Song vollzog eine bei-
spiellose Kehrtwende, linker Hand und vor allem eigensin-

nig, Herr Wang von der kommunistischen Provinzverwaltung wurde für einen Moment undiplomatisch und fluchte, dann hupte und nötigte Herr Song in einer Tour die mit Datteln, Orangentürmen und Süßkartoffeln beladenen Wagen auf der Einfallstraße und bremste den Honda Civic am »Tempel des Weißen Pferdes« – ich schwöre! – um exakt 11.58 Uhr. Auf dem Vorplatz: liegende, hängende, sich stapelnde Räucherstäbchenpakete in Honigmelonengelb; weit massenhafter aber in Gips gegossene Statuetten von Buddha und Mao.

Wo, wenn nicht am »Tempel des Weißen Pferdes«, war die Frage angebracht, woran der Wert des Menschen geknüpft sei: an Gehorsam, Autonomie oder Funktionstüchtigkeit? Oder eher an Glaube, Hoffnung und Liebe? Um es kurz zu machen: Ich sah die mit goldener Seide bezogenen Betkissen vor der Shakyamuni-Statue, sah die blattgolden gefärbten Inschriftzeichen der Holzsäulen, sah die 5056 Buddha-Statuen aus vergoldeter Weihrauchasche und dann, in Halle 6, auf die alles zulief wie auf einen heiligen Reliquienschrein, sah ich ein Marmorbassin, auf dessen Boden, grob geschätzt, Tausende Münzen lagen. Einige wenige waren von einer aufragenden Lotosblütengabel aufgefangen, weshalb, im Bannkreis der eigenen Ehrfurcht, Herr Li das Wort ergriff und eine Weissagung flüsterte: Bleibe eine geworfene Münze auf der Gabel liegen, bedeute dies Glück und ein langes Leben.

Herr Li hörte zu lachen auf. Er warf, verbeugte sich vor Buddha und war, obwohl seine Münze zu Boden gefallen war, in diesem Moment ein glücklicher Mensch. Es mochte jetzt nicht die ideale Gelegenheit gewesen sein, zu erörtern, ob die Geschäftsgrundlage des Lebens nicht auf irrsinnige Weise die Erschöpfung war – Erschöpfung angesichts der Anstrengung, ein Scheitern nicht zuzulassen, Erschöpfung angesichts atemloser Beschleunigung in der Gier nach immer Höherem, Erschöpfung bereits am Morgen mit der Aussicht, den ganzen Tag lang jenes Geld zu verdienen, das einem ermöglicht, in viel zu teuren Wohnungen zu schlafen, um morgens darin aufzustehen und den Tag über jenes Geld zu verdienen, das einem ermöglicht, in viel zu teuren Wohnungen zu schlafen. Also schob ich die Frage nach der Müdigkeit auf, weil ich am Bassin in Halle 6 des Tempels das Gefühl hatte, mit solchen Gedanken übers Ziel hinauszuschießen. Jedenfalls waren sie in jenem Augenblick bis zu einem gewissen Grad müßig, auch wenn Herrn Lis Einschätzung zufolge nicht von der Hand zu weisen war, dass China nicht nur vor den Spaniern Amerika und die Welt entdeckt habe, sondern schon lange auf dem Weg sei, sie wieder zu erobern. Während er mit weiteren Münzwürfen das göttliche Schicksal auf seine Seite zu zwingen versuchte, arbeitete seine Regierung in Peking bekanntlich unverdrossen am Perlenkettenmodell, plante das neue Seidenstraßengeflecht, kaufte sich in die Infrastruktur afrikanischer und europäischer Staaten ein und handelte dabei womöglich nicht immer im Sinne buddhistischer Askese.

Nun war es so, dass Herr Li gerne Hunde grüßte. Warum auch immer er es tat – es verlieh ihm eine geheimnisvolle Gutmütigkeit. Heißes Wasser in der Thermoskanne war seine Antwort auf die Trockenluft in der Tempelanlage, also trank er in kurzen Schlucken. Nach weiterem Münzwurf und Hundegrüßen kündigte er eine »Harmoniepause« an. Ich war verblüfft, sah auf das Bassin und die Münzen. Weder nannte Herr Li, der hervorragend Deutsch sprach, das Wort »Toilette«, noch erleichterte er mir mit einer universell einwandfreien Geste das Verständnis, sondern betonte hinsichtlich seines Vorhabens abermals die nun wirklich fällige »Harmoniepause«. Kaum hatte sich Harmonie eingestellt, ging Herr Li, von großer Ernsthaftigkeit erfüllt, in Halle 4 zum Beten.

--

Ich beispielsweise lerne jedes Mal aufs Neue zu reisen. Das heißt: Zeit und Zufall zu akzeptieren und der Weisheit eine Chance geben, das Wissen zu übervorteilen. Während der Reise kann man sich auf keinerlei Präzedenzfälle verlassen, nur auf eine gut geschliffene Intuition und eingeübte Gelassenheit in unübersichtlichen Situationen. Je hektischer oder hitziger es zugeht, desto mehr lehrt einen das Reisen, dem Geschehen mit heiterer Teilnahmslosigkeit zu begegnen.

Mit jeder Reise lerne ich neue Aspekte der universellen Zivilisation kennen, was ebenso heißt, wieder und wieder zu verstehen, dass Reisen gerade nicht aus mundgerecht konsumierbaren Höhepunkten und idealen Harmonien, sondern aus Zumutungen besteht: Umplanen, Verwerfen, Ermüden, Warten, Dämmern, Schwitzen, Dürsten, gerne auch Kopfweh, Schlaflosigkeit, Muskelkrampf, Juckreiz, Blümeranz, Knochenhautreizung, Einzellerbefall, Achselekzem. Man steht an, steht herum, steht auf. Man kehrt um, hat nichts gewonnen, lässt sich wieder nieder. Der Reisende hat sich mit aufgerissener Haut, schmerzenden Sprunggelenken und übersäuertem Magen herumzuschlagen. Man wehrt Insekten ab, kühlt Moskitostiche, isst verdorrtes Ziegenfleisch und Lammgehirn. Man wird übers Ohr gehauen, angebettelt, bestohlen, bedrängt und genötigt. Aber all das ist ein kleiner Preis für den großen Gewinn der Möglichkeit, durch das Reisen sich selbst ein Stückchen weiter auf die Schliche zu kommen. Auf unverzichtbare Weise wird man von diesem einen unbezahlbaren und unverkäuflichen Nu beschenkt, der kleinsten Einheit Zwischenmenschlichkeit zum Beispiel, da aus einer willkürlichen Begegnung mit einem völlig fremden Menschen eine Beziehung wird, für die kein Wort zur Verfügung steht, die aber alles in sich trägt: Vertrauen, Zutrauen, Geborgenheit, Brüderlichkeit, Anerkennung. Neugier muss man sich ebenso erarbeiten wie Vertrauen, weshalb das Reisen als Schule der Selbsterkenntnis eine kluge Investition ist. Die Rendite wiederum ist die unbezahlbare Erinnerung an Episoden, die das Leben bereichert haben, auch wenn sie mühsam oder verstörend waren, und vielleicht gerade, *weil* sie es waren.

»Überwinde dich selbst!«, flüstert mir der zu jeder Sekunde unvollendete Mensch in mir zu und verschwindet in den Alltag, um aufs Neue darauf zu warten, von einem fremden Ort erobert zu werden, von Orten in der Fremde angezogen zu werden und in befremdlicher Örtlichkeit aufzugehen. Je öfter das geschieht, desto verfeinerter wird der Wahrnehmungsapparat und desto gelassener das Gemüt. Und wer am Strand der mexikanischen Isla Mujeres, wo zahllose Hängematten nebeneinander am Haken hängen, verstanden hat, dass *I shot the sheriff* eine globale Hymne zur Rettung des Lebens ist, die sowohl Japaner, Franzosen, Inder als auch Polen und Schwaben gleichermaßen mitzusingen imstande sind, wird die Frage nach der Herkunft reichlich uninteressant finden. In einer Epoche, in der radikale Individualisierung nicht mehr nur in die Freiheit, sondern zunehmend auch in die Isolierung führt, ist Reisen das Medium, den Menschen wieder in reale Verbindung mit der Welt zu setzen.

Also, wie ist es: Müsste man nicht gerade heute, da jeder

durchs World Wide Web und mittels globalisierter Arbeitsteilung in jeden Winkel der Welt geraten kann, dringend über
den Tellerrand schauen und die Kenntnisse darüber prüfen
und erweitern, was genau auf dem Teller liegt? Müssten wir
also nicht gerade heute, da mehr konstruierte Künstlichkeit
denn je zuvor die leibhaftige Lebenswelt prägt, das erfahren und erkennen lernen, was der Volksmund »berührend«
nennt?

Erkenntnis vom Scheitern als Sinn der Sehnsucht

Einmal stand ich in der usbekischen Prärie und übergab mich
elendig. Am Ende der sagenhaften Seidenstraße, noch immer
in Erwartung von Flaschengeistern, Smaragden und dem Seidenteppichkönig von Samarkand, überkam mich eine unerhörte Verstimmung der Eingeweide, die zur lebenspädagogi-
schen Prüfung der menschlichen Belastbarkeit wurde. Es war
eine jener meist seltenen, einen an die eigenen Grenzen brin-
genden Erfahrungen, denen das verletzliche Individuum hilflos
ausgesetzt ist, als kehrte sich das Innere nach außen und fände
niemals wieder zurück. Der gelegentlich neurotische Stadt-
mensch erlebt den relativen Zusammenbruch seiner selbst ja
nicht allzu häufig, und wenn er es tut, dann eher psychisch.

Mit existentieller Wucht also erfuhr ich, dass der Magen
des verzärtelten Großstädters zum Martyrium in der zentralasiatischen Steppe nicht fähig ist, obwohl von vornherein
klar war, dass eine deutsche, von Bioprodukten gepflegte Ma-
genschleimhaut Schwierigkeiten mit transkaukasischem Öl
bekommen könnte – ein Art grobes Zweitaktgemisch, das
sich gefälliger und schneller Verarbeitung verweigert und im

Magentrakt des Hafermilch-Europäers in heftige Auseinandersetzung mit überforderten Enzymen gerät. Eine rätselhafte Suppe aus opaker Flüssigkeit, Gottes gesätem Gemüse und einem Gramm bakteriell befallener Lammschulter reichen aus, ihn erst außer Takt geraten zu lassen, um sodann jeden Takt zu verlieren. Überdies war zu keiner Minute ausgeschlossen, dass mehrere Organe Probleme mit tagelang an Haken in der Sonne hängendem, von Fliegen und Kleinstlebewesen besetztem Lammfleisch bekommen könnten.

Die scheinbare Auflösung des eigenen Körpers zu erleben, ist im mindesten gewöhnungsbedürftig, wenn man – bemüht, stets aufrecht durchs Leben zu gehen – auf allen vieren und ohne Hinweis auf Hoffnung durch ein unbeheiztes Zimmer am Rande der zentralasiatischen Prärie kriecht. Der Körper ist ein strenger Zuchtmeister, der die Vorboten auf seine An- und Hinfälligkeit ohne größeres Erbarmen überbringt.

Ausgerechnet am Tag, da der Seidenteppichkönig Ewaz »Khan« Badghisi mich empfangen wollte, fand die Revolution meiner Innereien gegen das Schicksal statt. Es gab günstigere Zeitpunkte für Durchfälle. Nach abermaliger Eruption und nahezu bizarrer Leibeskrümmung auf den Kacheln des Hotelfußbodens machte ich mich auf den Weg ans Ende der Stadt. Durch Matsch, über Geröll und unter den Fluten eines so unablässigen wie klebrigen Regens gelang es, mit kraftlosem Gebein die hintere Pforte der Seidenteppichmanufaktur zu erstolpern, mich einer Gruppe junger Damen als eingeladener Besucher vorzustellen und womöglich elender auszusehen als ein durch die Straßen von Samarkand streunender Labrador. Das Tuscheln verstummte, und eine der Frauen ging ins Haus, während mich ein weiterer Krampf in der Dünndarmregion ereilte.

Da erschien, wie eine vom Himmel geschickte Erscheinung, die seit Kurzem erwachsene Tochter des Seidenteppichkönigs, in deren geöffneter Hand eine schneeweiße Kugel von der Größe einer Macadamianuss lag. Ohne mir pharmazeutisch sinnvolle Gedanken über Zusammensetzung und Wirkung klinisch womöglich nicht mehrfach getesteter Inhaltsstoffe zu machen, griff ich die Pille, verrenkte mich beim Schlucken ein letztes Mal, richtete mich – in ein himmlisches Elysium auffahrend – nach wenigen Sekunden auf und spürte in mehreren Schüben unendliche Dankbarkeit. Für den Rest des Tages war ich vom Glück schmerzfreier Beschwingtheit derart betäubt, dass ich zwangsläufig den Eindruck gewinnen musste, Zeuge meiner eigenen Wiedergeburt zu sein.

Im Hinterhof des Gebäudes, der einzigen noch bestehenden Seidenteppichmanufaktur Mittelasiens, wie man mir sagte, wurde in drei großen Bottichen Naturseide präpariert und in Seifen- und Specksteinlauge gebadet, um sie dann, nach dem Rezept tadschikischer Juden, in Wurzelbrühe zu färben: walnussschalenbraun, granatapfelrot, maulbeerbaumbrünett. Hier lebte Seide fort, dachte ich im Fieber übersteigerter Euphorie, und mit ihr der Mythos von Luxus und Schönheit, Stil und Feinsinn, auch wenn die Seide in ihrem jetzigen Vorverarbeitungszustand einem wirren Knäuel räudiger Rosshaare glich. Drinnen, in vier wohnzimmergroßen, von usbekischer Wüstenmusik erfüllten Räumen, saßen die Teppichweberinnen von Samarkand an den Webstühlen aus Maulbeerbaumholz. Sie waren hoch begehrt, weil ihre Augen offenbar besser, ihre Rücken stabiler und ihre Finger flinker als die der Frauen anderer Regionen waren.

Ich wurde in einen großen Raum gebeten und setzte mich auf eine Couch. Minuten später kam ein kurz gewachsener

Mann mit schwarzer Iris in kleinen Augäpfeln durch die hintere Schiebetür. Er roch nach Zwiebeln und rieb gelegentlich seinen Stülpbauch. Dann setzte er sich auf eine Art Thron, um keinerlei Zweifel am Heil seiner Mission aufkommen zu lassen. Ewaz »Khan« Badghisi, der selbst ernannte Seidenteppichkönig von Samarkand, war in der Lage, den Anspruch eines emiratischen Herrschers auf die eigene Herrlichkeit auch heute noch ohne Umschweife kundzutun. Samarkand, sagte er, habe die beste Seide der Welt. Sein Unternehmen, sagte er, sei die einzige Fabrik mit Handknüpfung in ganz Zentralasien. Seine Umsätze, sagte er, seien prächtig und die Teppiche seiner Manufaktur international preisgekrönt. Seit 1600 Jahren, sagte er, beschäftige sich Samarkand mit Seide. Und er, sagte er schließlich, führe diese große Tradition als Letzter fort. All das war geeignet, Ansprüche an eine gewisse Großartigkeit abzuleiten, worauf hinzuweisen Badghisi gar nicht mehr nötig hatte. Stattdessen lächelte er und ließ mir in der von Chinesen betriebenen Seidenraupenfabrik von Buchara einen Termin machen, was, wie er sagte, sonst keinem anderen ermöglicht werde. Nach der Lehrstunde mittelöstlicher Schmeichelei verneigte ich mich ein wenig in der Gewissheit, es würde wiederum ihm schmeicheln, gäbe ich in Andeutungen Ehrfurcht zu erkennen. Schließlich stand der »Khan«, der freilich gar kein Herrscher war, auf, ging zu einem Tisch und faltete mehrere sicherlich nicht zufällig vorbereitete Zeitungsartikel auseinander, die ihn und den afghanischen Präsidenten zeigten, ihn und usbekische Minister, ihn und zentralasiatische Würdenträger. Ich hatte verstanden, verneigte mich noch ein wenig tiefer und ging.

In einem der Räume nebenan saß seine Tochter am Webstuhl. Dieser jungen Frau, deren Namen ich nicht kannte, die ich vermutlich nie wieder sehen würde und die mir in diesem Moment nicht mehr in die Augen sah, bin ich bis heute tief verbunden. Durch sie hatte ich eine neue Dimension Dankbarkeit erfahren. Die wehrlose Auslieferung an die Umstände der eigenen Ohnmacht lehrten mich, Empathie für jene zu empfinden, die Leid und Schmerz nicht nur auf Reisen, sondern immer und überall zu ertragen haben.

Einige Tage später kehrte ich nach Deutschland zurück, verblüfft über die Ordnungsamtssauberkeit und die mir doch so lang schon bekannte Praxis des aufgedruckten Haltbarkeitsdatums industriell hergestellter Lebensmittel. Ich setzte den Fuß auf die polierten Marmorplatten des heimischen Flughafens und wurde in die Betriebsamkeit der Großstadt eingespült, die mir außer dem Lärm ihres Hintergrundrauschens in den folgenden Stunden nichts mitzuteilen hatte. Hilflos saß ich in meiner Wohnung. Es fehlte etwas, und das, was fehlte, wurde größer. Es wuchs sich aus, drängte und schob, und im Solarplexus-Geflecht, dem Gehirn des Bauches, setzte ein Phantomschmerz ein. Selbstredend war ich froh, im optimal wirkenden Arrangement meiner Republik leben zu dürfen, aber in den Tagen nach der Rückkehr aus Samarkand in die nahezu perfekte Lebensgesamtverwaltung überfiel mich – und zwar in einer Heftigkeit, die an Liebe grenzte – eine Sehnsucht nach Schmerz, Matsch und Geröll, nach Täuschung und Enttäuschung.

Ist es nicht faszinierend, dass die Sehnsuchtslosigkeit von Menschen, deren Bedürfnisse immerzu sofort erfüllt werden, auf widersinnige Weise mit der Sehnsucht nach ihrem Scheitern korrespondiert?

—–

In der heimischen Lebenswelt hatte ich mir seit Langem angewöhnt, auf Signale meines Körpers nicht zu hören und ihn mit dem Anspruch an permanente Funktionstüchtigkeit zu überfrachten. Ich meinte im Schlaf zu wissen, wie er worauf reagierte, was ihm guttat und was nicht. Und dann, ging ich auf Reisen, hatte ich immer wieder das Gefühl, diesen Körper gar nicht genau zu kennen und gerade nicht zu verstehen, warum dies oder jenes schlecht für ihn sei. Über Jahre hinweg drängte das Reisen mein Bewusstsein zu erhöhter Leibessensibilität, die darin bestand, die Dysfunktionen des Stoffwechsels nach der Einverleibung ungewöhnlicher Nährstoffe erkennen und die Launenhaftigkeit der eigenen Perestaltik in fremdkulinarischen Habitaten akzeptieren zu lernen. Nie lag ich elender darnieder als auf Reisen; nie wurde mir durch mich selbst klarer vermittelt, welches Glück jeder Tag ist, an dem man ohne Schmerzen oder andere Malaisen ist. Gewöhnlich gilt ja der, der niederliegt, als Verlierer. Elftes Gebot der Wohlstandsgesellschaft: Du sollst nicht scheitern! Niederliegen ist Niederlage. Wer scheitert, scheitert nicht an den Umständen, sondern an sich. Die Perfektionsobsession führt, wie viele wissen, nicht nur in körperliche, sondern auch psychische Erschöpfung. Für Linderung fühlt sich keine Instanz zuständig; man muss das Geschäft mit dem Heil schon selbst betreiben.

Natürlich gibt es in fast jedem Dorf der Welt einen Arzt oder Schamanen oder Heiler, und womöglich ist das Heilen in vielen Dörfern der Welt eine Angelegenheit von weitaus größerer Weisheit als das überlieferte und erweiterte Wissen der europäischen Schulmedizin. In Anbetracht seines von einer Mikrobendivision überwältigten Körpers darf sich der Rationalist westlicher Industriegesellschaften, der für jedes

Unwohlsein einen Spezialisten oder eine Pille hat, durchaus Gedanken über die Selbstverständlichkeit des Begriffes »Funktionalität« machen. Ich meine, dass die Erfahrung der eigenen Unzulänglichkeit mehr Weisheit mit sich bringt als die auf einem Beipackzettel klein gedruckte Litanei der Nebenwirkungen. Das ist gewiss kein Lobpreis im Stile des christlich getönten Psalms, das eigene Leid als Hiobs-Prüfung aufzufassen und sich insgeheim dem richtenden wie liebenden Herrn anzunähern, sollte man es vorher nicht bereits getan haben. Es geht hier um die Erkenntnis der existentiellen Verlorenheit, die vor Augen führt, dass – wo auch immer man sich aufhält – der Fremde dem Leidenden Linderung verschafft (Kriege und Kriminalität ausgeschlossen). Und es geht um die Einsicht in die Tatsache, dass Gesundheit kein gottgegebener Normalzustand ist. Auf Reisen ist die Möglichkeit des Dämmerns und Darbens immerzu gegeben, ja es scheint geradezu andersherum zu sein: Die Möglichkeit, mit jeder Mahlzeit, bei jedem Bad in Seen oder Flüssen oder durch Ansteckung mit bisher unbekannten Viren und Pilzen zu erkranken, könnte zu einer Wertschätzung der Unversehrtheit beitragen, die man sich in der heimischen Leistungsgesellschaft keineswegs erlauben würde. Auf Reisen erkennt der Mensch das Glück der Gesundheit, selbst wenn er nicht krank ist.

In gewisser Weise führt dieser Gedankensplitter geradewegs zur Würde. Da es meiner Ansicht nach ein Menschenrecht auf Würde gibt, muss es meines Erachtens auch eines auf Scheitern geben. In der Niederlage, und zwar wörtlich verstanden, kommt die grundsätzliche Würde des Lebens zum Tragen, weil jeder Mensch in jedem Moment seiner Existenz ein würdebegabtes Wesen ist. Keinesfalls lässt er sich auf Funktionstüchtigkeit reduzieren, und ebenso wenig beschriebe eine

Geschichte von Siegen und Gelingen die Lebensrealität eines Individuums, das erst gar nichts riskiert, wenn es nicht scheitern darf.

Es muss ja nicht gerade auf dem Geröllpfad von der Teppichmanufaktur in Richtung Innenstadt von Samarkand geschehen, da ein kurzfristig Geneser dazu neigen könnte, die Hilfsbereitschaft einer völlig fremden Frau am Hofe des Seidenteppichkönigs mit der Liebe Gottes zu den Maladen zu überhöhen – aber die Besinnung auf eine Ethik des Scheiterns käme so oder so zu dem Ergebnis, im Scheitern einen ebenso hoch anzusiedelnden Wert wie im Siegen zu sehen. Die Maxime würde dann lauten: Ich darf niederliegen, weil der Wert meiner Person nicht an die Bedingung des aufrechten Gangs gebunden ist (sehr wohl aber an Aufrichtigkeit). In mehrfacher Hinsicht scheint jene Unterscheidung zwischen Zivilisation und Kultur, die in der Vergangenheit des Öfteren getroffen wurde, eine aktuelle Wendung zu erhalten: nicht als reaktionäre Kritik an einer Zivilisation, die zur Auflösung der Traditionen, zur Vereinsamung des Individuums und zum Spektakel leerer Inszenierungen beiträgt; nein, eher verstanden als Wertschätzung der Kultur, die den Menschen nicht nach Kosten-Nutzen-Kalkülen berechnet. Ich würde an dieser Stelle die – zumindest für mich – wichtige Frage stellen: Müssen gerade wir, die auf dem scheinbaren Höhepunkt der Zivilität neuerdings im Fadenkreuz von Hass und Häme, Verachtung und Verleumdung, Shaming und Shitstorm leben, das Menschsein nicht wieder einüben? Müssten wir nicht einen würdevollen Umgang mit uns selbst (und unseren Dämonen) finden?

Erkenntnis von der Umkehr durch Magie

Einmal stand ich im westsibirischen Altaigebirge und begriff, dass man einen Schamanen nicht einfach anrufen kann. Ein Schamane hat kein Telefon, er verfügt über spirituelle Drähte. Wer ihn aufsuchen wollte, musste ihn suchen und aufsuchen. Ich hatte mich auf den Weg zu ihm zu machen, weil mir die Frage nach dem Umgang mit den Dämonen schon lange zusetzte. Vielleicht war der Schamane zuhause, vielleicht war er in den Bergen. Vielleicht jagte er und kam erst in zwei Monaten zurück. Vielleicht kam er nie zurück. Vielleicht war er auch da und ließ sich tagelang nicht ansprechen. Vielleicht konnte er Fremde nicht ertragen, fand Deutsche uninteressant und würde sich schon vor jeder Begegnung präventiv abwenden, wer weiß das schon. Was in der Region Jemal im russischen Altaigebirge hingegen gewiss schien: Endlich gab es wieder einen Schamanen, einen jungen, kaum vierzigjährigen dazu, einen Erlöser, zu dem die Menschen in Massen pilgerten, weil er, wie es hieß, die Zukunft prophezeien und darüber hinaus Blutungen stillen, Augenleiden lindern, Prellungen, Risse und Brüche heilen und die einzelnen Seelen mit dem Geist des Seins verknüpfen könne. Während die sowjetischen Kommunisten im Namen des Neuen Menschen gewütet, Tausende Schamanen getötet und deren Kulte verboten hatten, hatten sie in gnadenloser Verlogenheit zugleich Führerkult und Aufmarschrituale erzwungen. Des Weiteren hatten sie die Sehnsüchte der Menschen nach einem anderen als dem sozialistischen Heil unterdrückt und sich im Vollbesitz der historischen Heilslehre gewähnt. Gegen Lenin oder Stalin musste jeder Schamane alt aussehen, und wenn er es nicht tat, wurde mit einer Tötung nachgeholfen.

Der Stamm des jungen Schamanen im Altaigebirge hatte – genetisch durch ihn selbst – die biologische Ausrottung überlebt, um am Prozess der Wiederbeseelung Russlands im dritten Jahrtausend mitzuwirken. So schien es mir, und so hatte man es mir gesagt. Buddhistische Zentren waren entstanden, in jedem größeren Dorf hatten sich spirituelle Zirkel gebildet, Sektenführer, Wanderprediger und Missionare zogen übers unermessliche Land. Im Altai wurde weder marxistisch noch kapitalistisch, sondern wieder fernöstlich gedacht, gemäß der Maxime, dass die Seele sich nur im und über das Leid erkennen lasse.

Die Straße zum jungen Schamanen führte bergauf. Birken und Brücken und das Geräusch fließenden Wassers in der Hochtaiga. Fröhliche Kälber am Hang, hellgrüne Wiesen. Der süßliche Geruch von gemähtem Gras.

Er war da.

Der Weiße Schamane aus dem Fürstentum der Todosch, ein Mann von bescheidenem Wuchs in rotem V-Pullover und blauer Reebok-Trainingshose, saß breitbeinig auf einem Klappstuhl, rauchte, schwieg und strich über seinen fransigen Schnurrbart. Dann zog er eine Fuchspfotenfellmütze auf. Nach Minuten bat er mich mit minimaler Mimik, deren Lakonie bis heute Legendenstatus hat, zu sich hinüber. Sein Name war Wassili.

»Worüber wollen Sie sprechen?«

»Über Gesundheit und Glück«, sagte ich.

»Die Leute sagen, dass ich heilen kann.«

»Und, können Sie?«

Er redete leise und sah beim Reden zu Boden. Dann hob er den Kopf und zeigte auf das Gesicht eines Felsens in einiger Entfernung. Da, in den Mund des Berges, sagte er, da hinein stecke er sein Messer, bevor er mit ihm den Körper eines Patienten berühre. Lieber als über kranke Körper wollte der Schamane aber über die Liebe reden, denn im Feuer des letzten Rituals hatte er in Seelen gesehen und Stimmen gehört, die ihm mitgeteilt hätten, die Menschen müssten wieder zu lieben lernen, nachdem Propaganda und Politik sie entmenschlicht habe, so sinngemäß der Schamane. Das sage er den Menschen, die zu ihm kommen, das sage er mir, das lehre er mich und alle anderen, und so heile er, so sinngemäß der Schamane aus dem Fürstentum der Todosch, denn Hingabe und Fehlbarkeit, nicht Stärke und Macht seien die Juwelen der menschlichen Seele.

Natürlich senkte sich auch im Altaigebirge die Sonne, und Wassili rauchte seine vierzigste Zigarette zu Ende. Dann musste er gehen, hinauf in die Taiga, Pinienkerne sammeln, vielleicht tagelang, vielleicht nur eine Stunde. Und er ging mit der Fuchsfellmütze auf dem Kopf, und am Fluss Katun nebenan war es still. War etwas mit mir passiert? Ja, so fühlte es sich an. Ich wollte zurück in die Stadt, aus der ich am Vormittag gekommen war, ging aber aus unerfindlichen Gründen hinab zum Katun, den ich weder gesucht noch je hier vermutet hätte, setzte mich unter einen Baum ans Ufer und sah dem steten Fließen seines eisbonbonfarbenen Wassers zu. Vielleicht war meine innere Umkehr das Werk des weißen Schamanen Wassili, denn mir schien, als hätte der Fluss mich gefunden und nicht ich ihn.

--

Wenn jedes Erkennen mit dem Staunen darüber beginnt, was der Fall ist – wie oft fragt man sich im Laufe seines Lebens eigentlich, ob es tatsächlich so etwas wie Fügung gibt? Ob im übertragenen Sinne der Fluss einen findet, da man selbst doch zum Fluss gelangt ist und spirituell gesprochen die Kraft des Schicksals zur Lenkung in jedem selbst steckt, vermag ich nicht zu beantworten. Zweifelsohne gibt es Menschen wie den Schamanen Wassili oder den fröhlichen Wissenschaftler Friedrich Nietzsche anno 1882, der die Liebe zum Leben mit der Liebe zum Schicksal gleichsetzte. *Amor fati* ist eine Sentenz aus der artistischen Feder dieses genialen Sachsen, der alle Bestrebungen zu einer Weltvernunft als verlogen ablehnte und den Nihilismus seiner Zeit – der demjenigen unserer aktuellen Gegenwart frappierend ähnelt – mit übermenschlicher Freude am hier und jetzt bejahten Leben überwinden wollte.

Als Interpret des Schicksals darf man sich ja durchaus die einfache Frage stellen, warum ein Mann, wo auch immer, stundenlang auf einer Mauer sitzt. Und man darf weiter fragen, was er dabei denkt. Und was er *sich* dabei denkt. Und was genau eine schweigende Frau erzählt. Solcherlei Fragen über das scheinbar Banale sind wahrlich existentiell. Warum? Weil solches Fragen auf das Staunen verweist und das Staunen nach Ansicht des ewigen Weltweisen Aristoteles am Beginn jeder Erkenntnis steht. Haben wir über all das Sharen, Posten und Liken dieses Staunen, das Überraschtsein über die Welt und ihre Dinge, eingebüßt? Und wenn dem so wäre: Haben wir mit dem womöglich eingebüßten Staunen nicht eine wesentliche Voraussetzung für ein Wissen verloren gegeben, das mehr ist als die Ansammlung unverknüpfter Likes einer auf dramatische Weise glückseligen Followerschaft?

Vielleicht ermöglicht das Reisen die weitere Enträtselung der scheinbar bereits decodierten Welt, deren letzte Rätsel doch verborgen bleiben. Gibt es ein höheres Wissen? Und ist dieses Wissen eine Art universales Gewissen? Und könnte man gewissenhaft sagen, jeder Mensch habe teil an solcherart Wissen?

Durch die Begegnung mit einem schamanischen Fluss offenbart sich ein anderes, ein unbewusstes Wissen, das ständig an seiner Bewusstwerdung arbeitet. Staunend die Verborgenheit der Welt zu erkennen, ist nach wie vor die größte Herausforderung, die der Wissensarbeiter der ausgerufenen Wissensgesellschaft sich stellen kann – da er doch fortgesetzt glauben soll (und glauben will), er hätte auch nur irgendwas von sich und der Welt verstanden.

Auf Reisen, lautet jedenfalls meine vorläufige Erkenntnis, reift der Mensch, ohne es zu merken. Reife ist nicht zum Nulltarif zu haben. Sie erfordert die Vereinbarung mit sich selbst zur Feier einer großen Kunst: der Bereitschaft zu Kontrollverlust und Vorschussvertrauen in den guten Gang scheinbar sinnloser Dinge. Wann, wenn nicht in irgendeiner Stadt, in irgendeinem Dorf, an irgendeinem für unmöglich gehaltenen Ort, gestattet man sich, minutenlang den Weg einer streunenden Katze zu verfolgen, um zu vermuten, dass Katzen auf der ganzen Welt nichts anderes als das Immergleiche tun: streunen, dösen, jagen, vögeln? Es bringt keinen messbaren Profit, einer Katze bei ihrer alltäglichen Existenzverrichtung zuzusehen. Sie wittert und sucht nach Abfällen, sie beobachtet und schützt sich vor Gefahren, die der Mensch noch lange nicht spürt. Das tut sie im Altaigebirge, in Comporta, Samarkand oder am Atitlán-See. Also geht es bei der Beobachtung einer streunenden Katze weder um den Ort noch um die Katze. Es geht auch nicht um den bröckelnden Asphalt in einem von der Weltgeschichte ignorierten Dorf, den die dort lebende Katze vielleicht eher bemerkt als dessen Bürgermeister. Es geht um das große Ganze im ganz Kleinen und also, so schlicht es klingen mag, um eine Form universeller Weisheit, die jedes Mal wieder verblüffend und doch ewiggültig ist: Wenn Katzen überall auf der Welt das Gleiche tun – tun es dann überall auf der Welt nicht auch die Menschen? Und täten Menschen überall das Gleiche – also Warten, Weinen, Lachen, Gehen, sich ernähren, sich lieben und betrügen, jede und jeder auf ihre und seine Art –, gäbe es dann auch nur einen einzigen Grund für den Glauben an die Überlegenheit des Einen gegenüber dem Anderen?

Erkenntnis von der Eroberung des Eroberers

Einmal stand ich in der Fischmarkthalle von Ras al-Khaimah und sah die Blutfontäne eines gerade aufgeschlitzten Zackenbarschs. Darüber hinaus sah ich, wie die reichen Söhne emiratischer Eliten mittellose Bangladeschi in orangefarbenen Overalls beim Ausnehmen der gigantischen Barsche, die kurz zuvor aus dem Persisch-Arabischen Golf geholt worden waren, beobachteten und bestaunten. Die Arbeiter hielten blutverschmierte Messer von der Länge eines Unterarms in den Händen. Sie saßen nebeneinander auf Plastikschemeln in der weiß gekachelten Halle und teilten die bis zu acht Kilogramm schweren Tiere in handliche Stücke, ihre Hände in Fischblut getränkt, ihre Arme mit Fischblut bespritzt. Die schwarzen Dodges und GMCs der Emirati in ihren schneeweißen Gewändern standen mit wummerndem Motor auf dem Parkplatz neben der Halle, um die Klimaanlage in Gang und das Innere des Wagens kühl zu halten. Man hatte es mit mindestens 40 Grad Celsius zu tun.

In Ras al-Khaimah, dem kleinen und dennoch drittgrößten der sieben Vereinigten Arabischen Emirate, waren die Straßen des alten Souks um die Fischmarkthalle entweder schlecht oder gar nicht asphaltiert. Schmale Wege brachen ab, Laternen gab es nicht, die Gassen waren unbeleuchtet. Mehrmals endete eine von ihnen im Nichts, aber derselbe Weg zurück führte nicht etwa zum bekannten Ausgangspunkt, sondern in eine neue Gasse, als wäre die Altstadt ein organisches, sich ständig veränderndes Gewebe, das es darauf anlegte, den nach Ordnung suchenden Fremden gehörig zu verwirren.

Irgendwann tauchten auf der Hauptstraße der Altstadt Teenagerinnen in schwarzen Ganzkörper-Abayas auf, wie so oft als Trio und nebeneinander gehend. Die Sonnenbrille überm Sehschlitz und das Handy am Ohr, schlappten sie an den garagenkleinen Shops für Parfüm, Schuhe, Bettdecken, Koffer, Mobilfunkhüllen und Tücher vorbei, während drinnen philippinische, malaysische oder afrikanische Nannys den Verkäufern floral gemusterte Stoffe abhandelten. Vor einem der zahlreichen Textil-Shops standen nun, wie es aus einiger Entfernung schien, zwei Frauen mit erstaunlich kurzen Kleidern. Sie bewegten sich nicht. Sie atmeten nicht. Sie lebten nicht. Tot waren sie nicht, und sie waren aus Kunststoff. Es handelte sich um kurzhaarige, blonde, hagere, unbedeckte Schaufensterpuppen, die den Frauen arabischer Haushalte ein fragwürdiges Schönheitsideal darboten. Nach meiner weltgewandten Einschätzung hätten die Puppen eher dem Frauenbild des russischen oder ukrainischen Kulturkreises entsprochen.

Als sich um fünf Uhr nachmittags die Hitze allmählich auszuhauchen und es also etwas kühler zu werden begann, liefen mit großer Emphase Inder und Pakistaner am Strand der

Corniche zu Cricket und Fußball auf. Sie waren in den Hotels und Restaurants von Ras al-Khaimah als Arbeitskräfte angestellt und bekamen aus westlicher Sicht Hungerlöhne und aus ihrer Sicht doch so viel, dass sie die Umstände des Heimatverlusts in Kauf nahmen, um durch Rücküberweisungen auch noch ihre Familien in Indien oder Pakistan finanzieren zu können. Wer in diesem Fall auf fehlende Arbeitsverträge, fehlende gewerkschaftliche Vertretung oder fehlende Vereinbarungen für Nach- und Feiertagszuschläge hinweist, hätte prinzipiell Recht, wäre aber von der Emphase der Wanderarbeiter aus Bangladesch, Sri Lanka oder Tibet überrascht, mit der sie die Wahlheimat dafür preisen, hier für einen Monatslohn arbeiten zu dürfen, den sie in ihren Heimatländern in einem ganzen Jahr nicht verdienten.

Per Fingerkuppe wurden Außenlinien und Tore in den Sand gezeichnet, und die Feierabendsportler erwiesen dem Königreich England, der lange Zeit den Orient beherrschenden Ordnungs- und Sportmacht, rührende Reverenz. Während Jetskifahrer die Noblesse des anbrandenden Golfwassers mutwillig zerstörten und angespülte Quallen in blauem Gummigallert am Sandstrand vertrockneten, sank die Sonne theatralisch in den Golf hinab, und schon stand der halbe Mond über uns, weswegen der Muezzin zum Gebet rief. Obwohl die Sonne und ihre Vermeidung das Leben in den arabischen Emiraten bestimmt, ist der Islam eine Religion des Mondes.

»Allahhhhhh-u-ekber!«

Gott ist größer als alles, rief der Vorbeter und lief zum schönsten Sopran auf, während im Café Manoor die Herren noch ihren Milchtee austranken, sich langsam erhoben und in Sandalen zur nächstgelegenen Moschee schlenderten. Sie hinterließen Rosenduft. Der Tradition gemäß wurde nicht die Haut des Mannes mit Parfüm benetzt, sondern die Quaste seines Gewands damit beträufelt. Nach Gebetsschluss, da rascher als erwartet die Grate des in der Dämmerung errötenden Hajar-Gebirges sichtbar wurden, begann mit dem abendlichen Corso auf der Al-Qawaasim-Road, die wie eine Ringbahn von der Corniche der Mangrovenlagune zur Corniche am Golf und wieder zurück führte, eine Leistungsschau der besonderen Art. Mit reichlich Zwischengas und im Sound von 475-PS-Motoren schlichen die weißen GMCs und weißen Dodge Durangos im erzwungenen Schritttempo die Uferpromenade entlang; selbst mit dem größten Mini Cooper samt Frontziergitter hätte man hier jeden Respekt als Mann eingebüßt.

Weiter drüben, auf dem Parkplatz neben einer großen Halle, wurden Riesenteppiche ausgerollt und Zweisitzersofas samt Stühlen in Reihen abgestellt. Musiker packten Instrumente aus, Cateringbedienstete brachten Speisen, Experten einer Filmproduktionsfirma bauten Kamerakräne auf, und kurze Zeit später tanzten und sangen zahllose Männer in weißer, luftiger, knöchellanger Kandura, dem für den arabischen Raum typischen Männergewand, als feierten sie eine mittelalterliche Zeremonie.

Und so war es.

An diesem Abend verbündeten sich, über die Vermählung von Sohn und Tochter, zwei emiratische Großfamilien miteinander. Die Tanzenden ehrten den Bräutigam, schrieben die Sitte fort und huldigten vor allem dem Cousin des Scheichs, welcher der Einladung der Familien zur Hochzeit gefolgt war und – wie Machthaber es seit Jahrtausenden taten – in einer Tour Verbeugungen und Handschläge entgegennahm, während in der nahezu gigantischen Halle neben dem Parkplatz, von Männeraugen und Außenwelt abgeschirmt, die Frauen beider Großfamilien mutmaßlich die Braut hochleben ließen. In die Halle hineinzusehen, war jedem Mann verboten.

Auf der mit Teppichen ausgelegten Betonfläche des Parkplatzes, im beginnenden Dunkel der noch von Tageshitze getränkten Nacht, imitierten Teenager mit weißem Umhang und weißem Kopftuch, mit Säbeln und Maschinengewehren aus Plastik den Kampf ums Dasein. Sie schossen umher und töteten sich symbolisch, dann wurde Dattelgelee mit Pistazien gereicht, und der am Rande der Absperrung stehende deutsche Beobachter erhielt eindeutige Signale. Erst nickte man mir zu, dann wurde eine Kelle Gelee in ein Schälchen gefüllt, das man schließlich aus der Ferne anbot.

In vorsichtiger Umschau, ob jemand anderes gemeint sein könnte, ging ich, vorbei am Spalier der GMCs und Dodges Durangos, zum Sperrgitter. Obwohl ich nach meiner Kenntnis weder Teil der Festfamilien noch Mitglied des Herrscherclans war und auch sonst keinerlei bedeutsame Aufgabe im Emirat Ras al-Khaimah vorzuweisen hatte, wurden weitere Dessertschälchen gebracht. Ich empfand meine Neugier so aufdringlich wie meine Scheu vor einer spontanen Einladung lächerlich. Bei hohem Respekt vor der Intimität einer Hochzeitsfeier, auch wenn sie im öffentlichen Raum stattfindet, gehörte es sich auch für einen Verfechter des *Amor fati* nicht, lebensbejahend herumzugaffen und sich an der Ausgelassenheit fremder Hochzeitsgäste zu ergötzen. Eigentlich hatte ich dort nichts verloren, aber allein schon dieser Gedanke wäre von allen, die den Bräutigam feierten, als Affront aufgefasst worden.

Freilich war meine Zurückhaltung von vornherein verlogen, da die Beobachtungen ja nicht in angemessener Distanz geschahen, aber genau diese Verabredung mit der eigenen Sittlichkeit galt jetzt nicht mehr. Sie war der mühsam aufrecht erhaltene Versuch einer Korrektheit, die spätestens dann zur Bewährung hätte ausgesetzt werden müssen, wäre der umgekehrte Fall eingetreten: Hätte ich denn einen am Absperrgitter gaffenden Emirati zu meiner Hochzeitsfeier eingeladen? Hätte ich ihn in das mit Teppichen ausgelegte Innere meines öffentlichen Feierraums gebeten? Hätte ich ihn mit den gleichen Speisen versorgt, die in den gleichen Schälchen auch den anderen Gästen gereicht wurden?

Plötzlich stand der Cousin des Scheichs von Ras al-Khaimah auf, und alle Anwesenden taten es ihm gleich und verneigten sich. Mit aufrechtem Gang schritt der Mann von womöglich edlem Geblüt über die Teppiche hinweg zum Autopark, ließ sich von diesem und jenem die Hand berühren, lächelte dem deutschen Beobachter zu und nahm auf dem Beifahrersitz einer schwarzen Limousine Platz. Die Tür schloss er selbst, Sekunden später röhrte der Mega-SUV ohne Zwischengas über die breite Straße Richtung Corniche. Ich bemerkte winkende Hände und fuchtelnde Arme. Inmitten der Schar tanzender Männer und Jungen, in der Frömmigkeit einer merkwürdigen Brüderschaft, mehr als ausreichend bedacht mit Dattelgelee und gefilmt von der Kamera, die herein- und herausschwenkte, als hinge sie am Arm eines Kraken, war mir, als gehörte ich seit jeher dazu, als hätte ich das Herz der Menschen erobert, während es genau andersherum war und sie, die mir fremd waren, nichts anderes taten, als dem Ruf ihrer Tradition zu folgen und den Fremden zuhause zu erobern.

--

Eroberung – ein schwieriges Wort, ein zweischneidiges Schwert. Wer auf Reisen geht, um zu erobern oder erobert zu werden, könnte auf den ersten Blick etwas falsch verstanden haben. Auf den zweiten aber nicht. Inwiefern? Insofern, als mit der Eroberung weder die Okkupation eines Lands oder die Kolonisierung einer Region oder die Einverleibung eines Dorfs gemeint ist, sondern die Eroberung des eigenen Selbst. Man könnte auch von »Selbsteroberung« sprechen, und ich behaupte, dass dies nur (oder jedenfalls am besten) auf Reisen geschieht.

Eroberung ist mit Einfühlung verbunden. Anstrengung ist dafür der Mindesteinsatz, Einfühlung die Voraussetzung. Sich auf Pfaden und über Plätze treiben zu lassen, im Gewebe einer Gassengemeinschaft aufzugehen und in den Alltag Einheimischer zu dringen, setzt eine Eigenschaft voraus, die der grandiose Besserwisser Goethe zu Recht wie folgt beschrieb: »Nur wo du zu Fuß warst, bist du auch wirklich gewesen.«

Dieses Gewesensein hat, so nicht alles täuscht, mit Anwesenheit und diese wiederum mit dem Wesen zu tun. Man sollte es mit etymologischer Spekulation nicht zu weit treiben, aber die Sprache, wenn sie sich ihrer bewusst wird, weiß ja oft mehr als der Sprecher. Für reisendes, weit vom Dichterfürstenstatus entferntes Fußvolk liegt der Reiz des Unterwegsseins womöglich in der Eroberung ferner Habitate fürs Glück der eigenen Erkenntnis. Man erobert, um ein Quantum mehr von Leben und Lebensweise in diesem Habitat zu wissen. Habitat, das Wort für Lebensraum, darf neben der biotopischen Bedeutung durchaus soziokulturell verstanden werden, insofern es ein durch Normen, Regeln und Kodexe definierter Bezirk von Menschen in einer spezifischen Gemeinschaft ist.

Eroberung heißt nicht, einen Ort oder eine Region besetzen, besitzen oder plump überrennen zu wollen; die Kunst der Eroberung ist keineswegs kriegerisch zu verstehen. Ortseroberung im nicht militanten Sinn zielt vielmehr auf Respekt ab. Eine Eroberung als Selbsteroberung ist mit Engagement verbunden, das deswegen sanft ist, weil es selbst ihren Modus bestimmt.

Es gibt eine merkwürdige Dialektik der Ortseroberung. Der Reisende erobert einen Ort, indem er sich von diesem Ort erobern lässt. Ich habe das so oft an so vielen Orten in so vielen Varianten erlebt. Man wirft sich möglichst vorbehaltlos in den Ort hinein, um ihn hören und so verstehen zu lernen. Hören, einen Ort? Ja, die Tonlagen, in denen der Ort mit sich kommuniziert: Lamenti, Gesänge, Jubelrufe, Trambahnquietschen, Vespaknattern; Kirchturmglockenschlag, Minarettschall, Gebetsgemurmel; Schiffstuten, Sirenengeheul, Zikadenflügelschlagen. Es gilt, die eigentümliche Akustik des Ortes zu erspüren, die, in Schallschwingungen übersetzt, eine ortsspezifische Symphonie erschafft. Eroberung heißt also, sich ohne Vorbehalte und Kenntnisse vom Ort selbst führen zu lassen, bis man sich selbst durch den Ort führt, weil man dessen Grammatik zu entschlüsseln beginnt: die Vertikalen und Horizontalen, Winkel und Kehren, die Anordnung der Straßen, Häuser, Plätze und Parks, die Interpunktion der Zwischenräume, Nischen und Brachen.

Wie die Ordnung ihrer Zeichen und Bedeutungen einem Ort seine Grammatik einschreibt, will ihre Decodierung einen Ort aus sich heraus verstehen. Der lesende Blick wertet nicht. Er urteilt nicht. Er stellt fest. Er müht sich, zu finden statt zu verwerten. Er sucht nach verborgenen Motiven und Strukturen, nach gebauten Träumen, asphaltierten Sehnsüchten und betonierten Verheißungen. Gewiss liegt darin Anmaßung, was in der Natur jeder Ambition steckt. Ortseroberung im nicht militanten Sinn ist eine edle Tugend, weil in der Eroberung eines Orts idealerweise immer auch der Respekt vor seiner Autonomie liegt.

Ich zumindest habe es immer so empfunden: Mit der Eroberung eines Orts erwarb ich eine neue Lesart desselben Lebens, weil das Reisen keine Punkte macht, sondern Kommas setzt. Wer reist, schreitet fort ins Ungewisse. Er befragt sich und die Welt und weiß zugleich, dass er vielleicht keine Antwort erhalten wird. Mit Fug und Recht darf behauptet werden, Reisen sei durchgeführtes Antworten auf eine Frage, die gar nicht gestellt wurde. Das setzt allerdings voraus, dass man zu fragen bereit ist.

Ein Fragender nimmt das Gegebene nicht einfach hin. Jede Frage stört und verstört. Sie irritiert und sabotiert. Was für Einheimische die Langeweile einer unentflichbaren Ordnung sein mag, ist für Reisende die reizvolle Unordnung einer Selbstbeförderung in Neuland. Umsonst ist das nicht zu haben. Es verlangt Mut und Eifer, sich der Leere einer von Leben und Welt verweigerten Antwort zu stellen. All das könnte mühsam sein, weil zu fragen die Bereitschaft benötigt, sich in Geduld üben zu können, bis etwas antwortet.

Manchmal antwortet auch nichts, was in gewisser Weise ebenfalls eine Antwort ist. Mit der Enttäuschung über verweigerte Antworten klar zu kommen, erfordert die Gabe, nicht alles auf sich zu beziehen, sich selbst aber auf alles zu beziehen. Und dann gibt es Momente einer Überwältigung, da ein Ort den Reisenden nicht nur erobert, sondern ihn so sehr in sich einsaugt, dass der Besucher, wird er fahrlässig, in den Abgründen verloren zu gehen droht.

Erkenntnis vom Irrsinn des Banalen

Einmal stand ich in Blackpool und sah den nackten Hintern einer Frau. Welcome in Fun City, Lancashire FY15, Nordwestengland, 140 000 Einwohner, darunter viele Pensionäre, Senioren, schwangere Teens und Junkies. Arbeitslosenquote: die üblichen 7 Prozent der Region, des Weiteren: 3500 Hotels und Pensionen und eine Horde Singles. Blackpool geht jeden direkt an. Blackpool sagt zu jedem *du*: Hey, du, Jesus Christ, toll, dass du da bist, wo immer du herkommst! Der Rest ist Circus Maximus: Karaoke, Mimikry und Maskerade.

Bevor alles losgeht, ist der Tod schon da. In Blackpool sterben durchschnittlich vier Prozent mehr Menschen als anderswo in England und Wales, was womöglich daran liegt, dass die Menschen zum Sterben nach Blackpool kommen wie die Lachse zu ihrem Ursprung. Am Ende des Lebens – oder mitten in seinem misslingenden Vollzug – kehren sie zurück an jenen Ort, den sie geliebt haben, einst, früher, seit jeher und auf ewig, in dem sie als Kind oder Jugendliche warum auch immer glücklich waren, in den sie kamen, weil hier, in *blacky Blackpool*, dem schwarzen Loch an der Irischen See, ihre schönsten Erinnerungen liegen und sie im schwarzen Loch eine zweite oder dritte Geburt oder gleich die Neuerfindung ihrer selbst erleben wollten. Oder weil Blackpool sie Freude, Ausgelassenheit und Liebe gelehrt hat oder auch nur zwei Wochen im Jahr die Lust am Leben. Es sind Millionen Fremde, Millionen Unbekannte, Millionen Liebeshungrige, die jedes Jahr ins schwarze Loch am Westufer Englands strömen. In ihrem Gepäck: Abertausende Geschichten, Hoffnungen und Sorgen, die hier abgeladen werden und durch den »black pool« fließen, wahrlich nicht nur unterm Schein-

werferlicht des geborgten Glamours, sondern auch hinab ins
Schattenreich der Triebe, wo die See die Stadt unterspült und
die Verlierer und Gescheiterten leben, die Drogensüchtigen,
Alkis, Stricher, die Waisen, Missbrauchten und Geschlagenen.

Black Pool. Der Name sinngemäß: derbes, tiefes, dunkles
Loch. Das Billige, Schlüpfrige, gnadenlos Vulgäre, aber nie die
Höflichkeit, nie den Anstand, nie die Manieren verlieren, man
ist in England, stolzes, verletztes, verblichenes Empire, wo es
neben Snobismus und Spitzmündigkeit herbe Stillosigkeit
und groteske Abstürze gibt, unaufhörlich erhitztes Gelächter
und den immerkalten Wind der Irischen See.

Das schwarze Loch saugt dich sofort in sein Zentrum, du
entkommst ihm nicht. Nicht dem Loch, nicht der Stadt, nicht
ihren Reizen. Nicht einmal die Engländer selbst entkamen in
den vergangenen hundertvierzig Jahren dem Blackpool-Sog,
und weil sie stolz waren auf Tradition und Geschichte und
auf die Geschichte ihrer Tradition, war hier so gut wie alles *legendary.* Du kannst hier glatt auf die Idee kommen, legendary
Blackpool sei die Kulisse seiner eigenen Auserlesenheit. Und
dahinter? Davor? Darunter?

Es war Samstagmittag gegen zwei, halb drei: Das Himmels-
gewölk hing dicht und grau und bedrohlich tief, da sah ich,
dass von überall her, über die Corporation, die Church und
die Market Street, Frauen hüpften, trippelten und zur Promenade wankten, während vom Meer her die Böen durch ihre
Haartürme fegten. Kalt war es, nasskalt, sagen wir fünf, sechs
Grad, aber diese Frauen gingen in T-Shirts, Miniröcken und
High Heels ohne Strumpfhosen (und gar nicht wenige als
Nonne mit Strapsen und Peitsche), sie waren laut, beschwipst,
enthemmt und, honestly, sternhagelvoll.

Von Ferne schlugen die Wellen der See durchs viktoria-

nisch verspielte Stahlstrebenwerk der Piers, und was nie auf-
hörte, war das höhnisch-irre, dreist-gemeine Lachen der Mö-
wen in dieser Stadt, in der – bei so viel Licht und Lust zur
Libertinage – keine höhere Moral zuhause sein konnte.

Der Blackpool-Wahnsinn begann kurz nach drei, als in der
Merrie-England-Bar der Begriff »schamlos« seine liederliche
Auslegung erfuhr. Je unverschämter, desto besser, um es kurz
zu machen: je peinlicher, desto blackpooliger. »Peinlich« im
kontinentaleuropäischen Sinne einer Verlegenheit gab es hier
nicht. Was dem Deutschen peinlich war, darüber lachten sie
im Merrie England in hehrer Eintracht. Peinlichkeit war Prinzip. Und Amusement das höchste Ziel des Daseins. Minimum
zehn Frauen also, auf deren T-Shirt »Jodie's Hen Party« ge-
druckt war, standen in rosa Stulpen, Lackmützen, ärmello-
sen Shirts, in je kürzeren desto schärferen Röcken, mit einer
Menge mysteriöser Tattoos auf der baren Haut und bisweilen hochgestülpter Fülligkeit in dieser, ja, wie soll man sagen:
Bar, Kneipe, in diesem Schuppen auf dem ältesten, 1863 er-
richteten Nordpier, und der schändliche, ungeheuerliche, unverschämte Joey Blower, diese großmäulige Comedy-Ikone,
gab eine weitere Demonstration dessen zum Besten, was Al-
leinunterhaltung sein kann: immer am Rande der Schlüpfrig-
keit, immer grenzwertigst, meist von grotesker Derbheit, fast
jeder Satz garniert mit einem »fuck« oder »fucking«, wie sie
halt gern sprechen im Alltag von Blackpool, Nordengland, my
goodness.

Alter spielte keine Rolle, um Diät und Figur scherten sie
sich, mit Verlaub, einen Scheiß, und je rosa-lila-schriller das
Make-up geraten war, desto besser. Verstörend war bei Joey
Blower gar nichts. Es hätte schon irgendein Komet vom Himmel fallen müssen, um die robuste Wochenendgemeinde so

richtig umzuhauen. Die als schmetternde Intonation zur allgemeinen Ausgelassenheit dienende Hymne des Nachmittags war Tony Christie's »Is this the way to Amarillo?«, und alle, wirklich alle sangen mit: »Sha la la … la lalala la, every night I've been hugging my pillow / dreaming dreams of Amarillo / and sweet Marie who waits for me«, während Joey durch die Reihen spazierte und Glatzen, Möpse und dazugehörige Paare auf eine Weise lächerlich machte, dass selbst die Lächerlichgemachten lachen mussten, und zwar mit allen anderen über sich selbst und keineswegs aus Verlegenheit. Zack, zack, bumm, bumm, ein Joke am anderen, Joey führte vor, Joey spießte auf, Joey lachte, Joey sang, und alle lachten und sangen. Alle acht oder zehn Minuten schleppte eine der Frauen aus »Jodie's Birthday«-Gruppe (schwarzes T-Shirt, rosa Aufdruck, schwarzer Minirock, rote Micky-Mouse-Ohren) eine neue Runde Plastikbecher *Fosters* für je zwei Pfund heran, zehn Messbecher Bier in zwei Händen, das war normal, wer nach Blackpool kam, feierte und trank und brachte Freunde und Familie mit, so war das immer, so ist das heute, so wird es immer sein. Magst du das nicht, dann magst du die Stadt nicht, hey, dann hau fucking ab, wen kümmert's! Sha la la … la lalala la.

Wenn blacky Blackpool irgendeine geistige Urheberschaft beanspruchen konnte, dann musste – wo immer es zum ersten Mal tatsächlich ausgesprochen wurde und bevor man in Amerika überhaupt wusste, wie es geht – das Wort »Entertainment« aus ihren Eingeweiden unter den Piers gekrochen sein. Blackpools weltgeschichtlicher Sinn war Entertainment, enter-tainment, frei übertragen: zwischen-den-Haltungen, unaufhörlich, verbindend, in seiner ganzen Halt- und Gehaltlosigkeit, seinem Frohsinn und der Verzweiflung über die menschliche Komödie, die – Shakespeare war Engländer! – bekanntlich meist eine Tragödie ist.

War wirklich wahr, was man da sah und hörte? Tower, zweites Stockwerk, Wurlitzerklänge, schwülstige Tanzmusik, als wäre man fünfzig Jahre zurückgefallen. Der Ballroom, selbstredend legendary – hoher, antiquierter, nostalgisch gesättigter, für heutige Augen reizvoll altmodischer Stil, eine Art bombastisches Rokoko-Theater mit Süd- und Nordbalkonen, Logen, verblattgoldeter Stukkatur an der gewölbten Decke, mit Fresken nymphenhafter Lyraspielerinnen und Tänzerinnen im Elysium – Spätbarock, der erstklassig wirken will, bei genauerem Hinsehen aber billiges Zitat war, in der gleichen Pappmaché-Künstlichkeit wie auch das Interieur des Grand Hotel Metropole, erstes Haus am Ort an der Princess Parade neben dem Obelisken, wo der Marmor kein Marmor war, sondern bemalter Gips, hübsch gemacht, keine Frage, aber offensichtlich imitiert, um über das Billige, Stillose und Scheußliche hinwegzutäuschen, ach, fuck off, das ist Blackpool und Imitation ist seine große Kunst – die Maskerade, die Illusion, der Schein, Karaoke, Theater, die Comédie humaine.

Im Tower-Ballroom also tanzten sich Englands Pensionäre in eine verstaubte, entschleunigte Epoche zurück: in die Jugend der 1950er- und 1960er-Jahre, als forsche Lehrer sie die neuesten Tänze lehrten, Jive, Twist und Fox. Und nun war es jeden Tag ab zehn Uhr morgens so, als wäre der Ballroom das geschützte Reservat der Reminiszenz mit all den wiederauflebenden Jeunesse-dorée-Episoden, da die älteren Herr- und Damschaften die Umdrehungen eines großen Damals zelebrieren – mit welch gravitätischem Ernst, mit welch juveniler Freude unter ihresgleichen, während vorn, auf der Bühne, mit dem Rücken zum Parkett, der ewig lächelnde Dave an der Orgel saß und Waltz, Quickstep, Ballroom Tango und Foxtrott spielte. Tempo, Temperament und Begabung der Sechzig- bis Achtzigjährigen waren so unterschiedlich, wie Menschen eben unterschiedlich sind, aber jede Drehung war die Manifestation eines Jahrhunderts, jeder Schritt einer ins Glück der heute noch berauschenden Vergangenheit. Welch wunderbar skurrile, in sich ruhende Menschenfriedlichkeit!

Ausgerechnet am Abend dieses Tages offenbarte sich zehn Gehminuten vom Tower entfernt das schier Unfassbare. Queen Street 1, 22 Uhr. Im *Walkabout* war »Mad Monday«. Die Holzrahmung dunkelgrün, die Fenster beschlagen. Gegenüber: das *Feastabout,* wie so viele andere Garküchen betrieben von ägyptischen Muslimen, denen das Walkabout in ständiger Sichtnähe der Hölle gleichkomme musste, aber nun ja, der lukrative Betrieb mit Kebap und Kohlsalat war nahezu göttlich, und wenn die verrückten Brit-Girls strunzblau und in Mini-Miniröcken in ihre Fressbuden wankten und sich mit unkoordinierten Fingern gegenseitig Zwiebeln in den Mund stopften, waren Mohammad, Sayed, Ahmed und Hani zwar so angeekelt wie fasziniert, was für jeden Zuschauer eine durchaus verständliche Reaktion auf den Blackpool-Wahnsinn war, aber eben auch dankbar über ein gutes irdisches Einkommen.

Halb elf, der Beat brummte, das Walkabout schwoll an und zu. Moderator Mad Man, geschätzt Anfang dreißig, sah auf die Titten und in die Gesichter der englischen Jugend. Nichts konnte ihm genügen, alle machte er zum Affen, und nichts weniger hätten sie hier von ihm erwartet.

»Habt ihr genügend Alkohol?«, schrie er.

»Yeah!«, brüllte die Masse.

Dann spielte er mit ihnen »Hunks in Trunks« (in etwa »Supertypen in Unterhosen«), und wer dabei zum hässlichsten Mann des Abends gegrölt werden würde, kriegte 'ne Flasche Schampus. Also kamen vier Jungs auf die Bühne, einer von ihnen der halbwegs entrückte Alister, 19, ein schielendes Milchgesicht mit Überbiss, der erst die Brille ab- und wieder aufsetzte, dann Schuhe, Hemd und Hose auszog und schließlich in nicht ganz trockenem Slip im Spotlight stand. Der blitzschnelle Mad Man sah den nassen Fleck und kriegte sich nicht mehr ein. »Tschieeeses Chraiiiiiiist!«, schrie er ins Mikro, »I can't believe it!« Mad Mans Finger zeigte auf den Fleck: Alister Pisser! Die Mädels grölten. Und Alister stand schielend da und begriff nix. Die Mädels reckten ihm ihre Doppel-D-Brüste entgegen, dicke Eier, Alister, was? Da lachte Alister, weil er sich angesprochen fühlte, und justierte seine Brille.

Von Stunde zu Stunde, von Spiel zu Spiel steigerten sich Drastik und Derbheit im Walkabout, und gegen Mitternacht überschlug sich Mad Mans Stimme, und es kam das absolut Unglaubliche. Um es kurz zu machen: Boy und girl, beide um die zwanzig, er tätowierter, unbehaarter Hänfling, sie Matrone mit Wuschelhaar und Pickelbeinen, ließen sich – nackt bis auf die Unterwäsche – von Mad Man an Halsband und Leine auf allen vieren über die Bühne führen. Sie sollten köterhaft das Beinchen heben, bellen und betteln, und, Achtung!, mit auf dem Rücken verschränkten Händen aus einem Hundenapf fressen: und zwar echtes, von Mad Man serviertes Hundefutter, alle hatten gesehen, wie er es aus der Dose herausgelöffelt hatte, alle waren sie Zeugen an Eides Statt. Der Geruch des Dosenfraßes breitete sich von der Bühne in den Raum aus, sie aß schneller als er, Reste klebten ihr um den Mund, und er kotzte fast. Schon hatte der geistesgegenwärtige Mad Man einen neuen Preis ausgerufen: Wer den fucking loser hier mit vollem Hundefuttermund so richtig zungenküsste, erhielt 'ne Flasche Schampus. Der Ansturm der willigen Mädchen war kaum zu fassen. Eine Beauty knutschte sich zum Sieg, die Menge johlte und grölte, selbst Mad Man schüttelte den Kopf.

Draußen, nachts um eins, kurz über null Grad Celsius, während ich noch immer fassungslos über den Mad Monday im Walkabout die Queen Street Richtung Princess Parade ging, kamen mir drei kreischende Chicks, geschätzt Mitte zwanzig, entgegen, von denen eine »Hey!« rief, sich umdrehte und mir unterm hochgeschobenen Lederminirock ihren nackten Arsch entgegenstreckte. Freude schöner Götterfunken, my goodness.

--

Reisende sind Bildersammler. Ich jedenfalls bin es. Vieles dessen, was ich weiß, verdanke ich Bildern. Mit Bildern sind keineswegs geknipste Fotografien oder für Sekunden auf Snapchat eingefrorene Momentaufnahmen gemeint, sondern innere Bilder, die Situationen, Stimmen und Stimmungen verdichten. Dafür braucht der Mensch keine Canon Systemkamera, er muss das Geschehen nicht per Samsung Galaxy S10 mit dem phänomenalen »Bokeh-Effekt« für Hintergrund-Unschärfe ablichten. Genau genommen sind die Bilder der abfotografierten Wirklichkeit ohnehin nur Fotografien und keine Bildnisse.

Der Reisende sammelt also Bildnisse und keine Abzüge. Womöglich fotografiert er dieses Gebäude oder jene Szenerie mit dem Smartphone, im Eigentlichen aber braucht er es nicht, weil er Erlebnisse mit Emotionen zu Erinnerungen ausstaffiert, die im Gedächtnispalast lagern und unwillkürlich belichtet werden, wenn sie durch vergleichbare Sinneseindrücke getriggert werden. Das ist, nebenbei gesagt, der Proust-Effekt: die Wiederauferstehung eines Dorfs im Duft einer in Lindenblütentee getunkten Madeleine. In seinem Roman *Auf der Suche nach der verlorenen Zeit* verschwistern sich bei Marcel Proust, dem vielleicht größten Romancier aller Zeiten, Schaffenskraft und Schöpfergabe zur eindrucksvollen Erinnerungspoesie.

Bildnisse zu erschaffen, die über das Negativ des bereits hundertfach Gesehenen hinausgehen, ist einer der schönsten Kollateraleffekte des Reisens. Man könnte einen Schritt weiter gehen und behaupten, der Sinn des Reisens liege in der Beschaffung von Bildung durch Bilder. Nicht die über angehäufte Fakten generierte Gebildetheit ist damit gemeint, nicht der enzyklopädische Informationsreichtum des Mediennutzers, sondern: Seinsbildung. Ein altmodisches, antiquiertes, aber immer noch treffendes Wort. Seinsbildung, behaupte ich, macht den Menschen skrupulös. Sie erzieht ihn zur Sensibilität für Ambivalenz. Sie unterminiert eine vorgefertigte Sicht und formatierte Meinungen, indem beides, Sicht und Meinung, immer wieder in Frage gestellt werden, um sich hinterher der Sache immerhin ein wenig bewusster zu sein.

Jede Situation hält hundert Alternativen bereit, was natürlich auch zuhause der Fall ist, aber auf Reisen lässt man sich meiner Erfahrung nach erstens viel mehr auf die Möglichkeit zur Alternative ein und zweitens lässt man eine Alternative eher zu als sonst. Warum? Weil es auf das jeweilige Resultat nicht ankommt. Auf Reisen muss niemand ein Ergebnis messen. Man muss kein Resultat verantworten, keine Investition rechtfertigen oder Ineffizienz erklären. Kosten-Nutzen-Kalküle sind irrelevant. Zusammenhänge, die sonst unerkannt oder unbemerkt bleiben, können sich in einem überwirklichen Nu eröffnen, und plötzlich begreift man die grammatikalisch gerade noch verschlossene Welt, ohne ihre Ansprache entschlüsseln zu können.

Irgendwann hatte ich begriffen, dass alles immer auch anders sein kann – und dass genau darin ein kostbarer Reiz liegt. Insofern kann die Grandiosität eines nichtsnutzigen Moments, der für die perfekte Inszenierung einer umstandslos konsumierbaren Herrlichkeit nicht verwertbar ist, nicht hoch genug geschätzt werden.

Banalität zu erkennen, ist eine Kunst. Das Banale scheint allzu simpel zu sein, ist es aber nicht. Die Kraft, die der Banalität innewohnt, ist sich selbst genug. Das macht Banalität so banal. Sie entzieht sich weiterer Deutung. Sie verweigert sich der Überfrachtung mit Bedeutungen. Sie entkommt dem Versuch der Schlaumeierei. Sie hat scheinbar keine zweite Ebene. Sie ist das Gegenteil von Meta. In Blackpool etwa konnte das Belanglose auf kaum zu erklärende Art ins Belangvolle umschlagen.

Blackpool ist das eine, ein Bergbach das andere. Müsste man nicht einräumen, dass man an den Terrassen eines alpinen oder tibetischen Bergbachs sitzend zum Studenten einer so einfältigen wie hochintelligenten Natur gemacht wird? Meiner bescheidenen Beobachtung nach rinnt bei fließendem Bergbachwasser ja nicht nur Wasser in einem Bachbett. Bis das Bergbachwasser tatsächlich so fließt, wie es fließt, bedarf es einer Art erdgeschichtlichen Weisheit über den Kreislauf des Wassers: Regen, Sammeln, Abfließen, Verdunsten, Aufsaugen, Abregnen, in einer aufeinander abgestimmten Harmonie und Arbeitsteilung, dass Sein und Werden auf alle

Zeit am Leben gehalten werden. Die Natur ist seit Millionen von Jahren nichts anderes als eine grenzenlose, perfekt abgestimmte Globalisierung: Alles hängt mit allem zusammen.

Ja, gewiss, der Wasserkreislauf lässt sich auch aus Schulbüchern oder mittels einer Dokumentation auf Phoenix, Arte oder 3sat in Erfahrung bringen. Wer aber über Minuten oder Stunden den Bergbach unter sich rauschen hört, wird die Weisheit des Wasserkreislaufs zeitlebens mit dem Duft eines ihm unbekannten Mooses an einer ostwärts geneigten Felswand in Verbindung bringen. Dafür braucht er kein Foto. Er braucht das Bildnis. Er muss sich ins Bild dessen setzen, was gerade geschieht. Im-Bilde-Sein heißt keineswegs, gesehene Gebäude aufzuzählen, besuchte Parks aufzulisten oder abgelichtete Motive auf dem Display hin und her zu wischen. Im-Bilde-Sein heißt auch nicht, permanent Bilder (also Fotos) von sich selbst zu machen, um die eigene Instagrammabilität unter Beweis zu stellen – was im Übrigen zur groben Verwechslung von Motiv und ICH führen kann, da sich selbst fotografierende Personen sich grundsätzlich als wichtigstes Motiv begreifen. So weit ist es ja gekommen, dass Orte, Plätze und Ereignisse nicht um ihrer selbst willen, sondern als Kulissentauglichkeit für die Ich-Inszenierung bewertet werden. Seit etwa fünfzehn Jahren beherrscht die Macht des Bildes das Bild der Welt. Hat derjenige denn die Welt verstanden, der ihre Erscheinung ablichtet? Letztlich hat ein influenctes Abbild keine weitere Notwendigkeit, als eine Momentaufnahme seiner selbst zu sein. Die Bildgeschwätzigkeit, die so entsteht, hat weniger mit dem Ort als vielmehr mit der eigenen Anwesenheit an ihm zu tun.

Seit meinem ersten Aufbruch in die Welt haben sich Abertausende Bilder in den Erinnerungsspeicher meines Gehirns versenkt, und viele, sehr viele, ja fast alle sind heute per Fingerschnipp sofort reanimierbar. Sie benötigen für ihr Erscheinen einen Stups Sinnlichkeit, und im Moment der Belichtung des Negativs – nach wie vielen Jahren auch immer – bleibt einem gar nichts anderes übrig, als dem Reisen die Kunst zuzusprechen, spätere Erinnerungen zu schaffen. Wo auch immer man sich aufhält – immer gilt es, die Schönheit unbeleuchteter Gassen in sich selbst zu entdecken.

Das englische Wort für »Aufklärung« heißt bezeichnenderweise *enlightenment:* Erhellung, Aufhellung, Erleuchtung. Und dass die Grundfesten der Aufklärung als Epoche der Vernunft (John Locke, George Berkeley, David Hume) dreihundert Jahre zuvor nicht allzu weit von blacky Blackpool entfernt gesetzt wurden, kann nur einen Schluss zulassen: Die aufklärerische Erkenntnis, die durch Reisen geschieht, ist ganz und gar unerklärbar.

Erkenntnis vom Schutz durch höhere Mächte

Einmal stand ich in Jordanien, und ein Esel blockierte den Weg zu Moses' Bruder. Beleidigt und borniert verharrte das kluge Tier auf der Straße, die sich durch die rotgetönten Sandsteinfelsen der südjordanischen Bergwelt schlängelte, und mir schien, als wüsste es, dass niemand an ihm vorbeikäme. Wir fügten uns seinem Willen und stiegen genervt aus dem Toyota Cruiser aus. Weder ließ der Esel sich durch gutes Zureden noch durch Größe und Getöse eines Offroad-Autos beeindrucken, aber irgendwann – und keiner wusste, warum genau dann – trottete er fort, und beim Einsteigen in den Wagen hörte ich die Glöckchen am Hals aufgeregt herbeitrabender

Ziegen. Aus dem Hinterhalt kamen weitere Esel, auf deren Rücken Grimassen schneidende Rotzlöffel saßen, sie hoppelten aus dem Gebirge hinaus, während ihre Väter, Onkel und Brüder auf Kamelen vorüberstolzierten und in ihre Höhlen, auf deren vorgelagerten Terrassen Mütter und Ehefrauen auf Matratzen schliefen, mehr oder weniger hineintaperten. Der beleidigte Esel war eine Vorhut. Offenbar war ihm tierische Weisheit eigen, und früher hätte ich gesagt: Durch ihn hatten wir wertvolle Zeit verloren. Im Rückblick sage ich: So hatten wir weit Wertvolleres gewonnen.

Mit eselschem Eigensinn also begann der Morgen jenes Tages, an dessen Mittag ich vor den Toren, Tempeln und Gräbern der phänomenalen Felsenstadt Petra stehen würde und wie ein Anfänger in der Hitze schwitzte. Am Vormittag wartete ich im Dorf Um Sayhun, das ausgestorben wirkte, weil die Gläubigen gerade beteten. Aus dem unsichtbaren Radiogerät in einem der Shops schallten Koranverse, die ein Imam mit mehr Leid als Leidenschaft in der Stimme rezitierte. In einer Garage nebenan lagerten Säcke frischer Minze, die zum Verkauf in Styroporkästen umgepackt wurde. Dann kam Mahmut, mit dem ich verabredet war, aus der Moschee gerannt, streifte im Rennen sein Gewand ab, zog im Gehen eine Army-Hose an, rief beiläufig »Salam aleikum« und blies zum Aufbruch nach Petra.

Es gab gewöhnlich zwei Möglichkeiten, ins Tal zu kommen: den unbekannteren Weg von Westen und den bekannten Schluchtenweg von Osten. Der dritte Weg war er, Mahmut. Der Meister der Hintereingänge war mindestens sechzigjährig, seine Augen: grün, klein und stechend. Wir fuhren auf dem »einheimischen« Weg durch das zerklüftete, in seiner unaufgeregten Schönheit überwältigende südostjordanische

Bergland. Diesen Weg zu nehmen – nicht den über die Straße, Busparkplatz und Visitor's Center – war nur mit Erlaubnis des örtlichen Direktors für Altertumsverwaltung möglich, den Mahmut kannte, mehr noch: den er gut kannte, geradezu sehr gut, der genau genommen sein Cousin war. Dreitausend Beduinen zählte Mahmuts Stamm der Bedol, die, das ließ er immer wieder beiläufig fallen, Nachfahren der Nabatäer seien, welche hier vor 2500 Jahren lebten und herrschten und nach Schilderungen antiker Geschichtsschreiber nicht wirklich sympathisch waren. Als arabische Nomaden waren sie um 500 vor Christus ins Ostjordanland eingewandert und hatten ihre Hauptstadt in den roten Stein geschlagen: Petra, abgeleitet von petros, dem griechischen Wort für »Fels«.

Sich vorzustellen, dass Beduinen und Nomaden aller Zeiten sich den Felsen unterwarfen, als seien sie schutzgebietende Götter, war nicht schwierig. Aus diesen Bergketten waren vor viertausend Jahren die beiden Stämme der Schasu und Aperu gekommen, die, miteinander verschmolzen, die ersten Hebräer der Weltgeschichte stellten – jene »Proto-Israeliten«, wie die Forschung weiß, die als Arbeitssklaven oder Tagelöhner am Hofe des Ramses Ziegel traten und schließlich, so ist es überliefert, von Moses aus Ägypten ins Gelobte Land geführt worden sein sollen. »Jahu« ist der Name einer ihrer Berggötter und heißt übersetzt »Er stürmt«, und weil es in den Bergen Südostjordaniens tatsächlich gerne stürmt, heißen sie schlicht wie ihr Gott: Jahu. Dass aus dem Bergnamen Jahu der Berggott Jahu und daraus der jüdische Universalgott Jahwe wurde, ist religionswissenschaftlich unbestritten, wie es dazu kam, bis heute noch nicht abschließend geklärt. Jedenfalls war hier biblische Terra Santa, und wer einen Hauch Ehrfurcht im Leibe hatte, musste ergriffen sein, mindestens ein bisschen, zumal

Mahmut Andeutungen machte, dass wir in Kürze in Moses'
Nähe kämen. Ich war erstaunt, dass er, der gerne lächelte,
nach diesem Satz todernst wirkte.

Auf rotem Sand erreichten wir das versteckte, vor Über-
griffen ideal geschützte Petra, und wahrlich: Wir waren nicht
die Einzigen. Am Osteingang drängten sich, im Schattenwurf der Felsen, Abertausende auf der schmalen Felsstraße
durch die Schlucht ins Innere, bis sich die Ruinen der Stadt
öffneten und man es mit reiner Pracht zu tun bekam: Säulen und Steinquader, Reste von Bädern, Villen und Tempeln.
In einiger Entfernung waren Gräber zu sehen, die in die Felsen geschlagen worden waren. Nicht breiter als geschätzt drei
Meter war der Pfad durch den »Schacht«, ein Geschenk der
Natur an die Security der Stadt, denn besser waren Neuan-
kömmlinge – Gäste, Händler, Vagabunden – nicht zu kontrol-
lieren. Und dann stand ich plötzlich vor dem berühmten aus
dem Stein geschabten Portal des El-Khazne, dem Grabtempel
im Schatzhaus des Pharaos, mit ziselierten Kapitellen, Friesen,
Säulen und Statuen, und all das durch die einfallende Sonne
in glühendem Terracotta. Die Fertigkeit, mit der die Nabatäer
den Fels verschönert hatten, indem sie ihn aushöhlten und
aus der Oberfläche prächtige Portale herausschälten, war ein
Geniestreich antiker Ästhetik.

Ab elf Uhr stach die erbarmungslose Sonne in jeden Spalt.
Die Touristenmasse schwoll von Stunde zu Stunde an, und so
bewundernd die Menschen vor den Gräbern und Tempeln,
den Säulen und der Königswand standen, so rasch ließen sie
sich von den Souvenirhändlern der Bedol, die ihre alten Häuser als Kioske nutzen, zum Kauf von Nippes verführen. So
gut wie alle, die kamen, posierten einen Augenblick fürs Foto,
ohne sich im Entferntesten für das Wunderwerk zu interes-

sieren, vor dem sie sich inszenierten. Manche stiegen über die Treppen ins Innere des El-Khazne, wo es dunkel und kühl war, ehe die nächsten Führer kamen, welche bleiche, recht unglücklich wirkende britische Ladys mit Kopftuch und Sonnenbrille auf Kamelen durch das Tal geleiteten. Ich war allenfalls ein bisschen überrascht, dass die Damen die Rohre, welche die nabatäischen Meister der elaborierten Bewässerungstechnik auf geschickte Weise in den Fels verlegt hatten, auf hinreißend blasierte Art ignorierten.

Folgendes kann ich bis heute beschwören: Es gehört zur Gefahr der Heiligenverehrung, den Gipfel des 1330 Meter hohen »Bergs des Propheten« mit unbemerkter Dehydrierung zu erwandern. Ich wusste, dass Kreislaufdepressionen bei trockener Hitze niemals als Ausrede durchgehen können, wenn es darum ging, Moses' Bruder Aaron zu besuchen. Seit Jahrtausenden flüsterte die Geschichte, dass der Leichnam Aarons in einem Marmorsarg auf dem Gipfel liege. Juden, Christen wie Muslime verehren diesen »Jebel Harun« als Aarons Sterbestätte, was bedeutet, dass auch er, Aaron, den Berg entweder selbst bestiegen haben musste oder von heldenhaften Bestattern hinaufgetragen worden war. Vielen gilt der Jebel bis heute als alttestamentlicher Berg Hor, was klangvoll, aber wissenschaftlich keinesfalls zu halten ist, auch wenn die überirdische Kraft einer möglichen Nähe zu Aaron, Moses und vermutlich Gott überaus reizvoll scheint.

Manchmal setzten Mahmut und ich uns auf den Vorsprung eines Steins und sahen schweigend in die Ferne, wo sich die Kette der Sharah-Berge auftat. Eine schwer zu fassende Vielfalt verschiedener Maserungen, Rillen und Furchen war zu erkennen, und nun, in der Stille des Nachmittags, da nichts zu hören war außer dem Ruf eines Greifvogels, sagte Mahmut, er sei unten in einer der Höhlen von Petra geboren worden, nichts Besonderes, denn das seien fast alle älteren Bedol, weil sie früher die Berghäuser der Stadt bewohnt hätten, ehe sich Jordanien vor Jahrzehnten entschlossen habe, Petra zum Tourismus-Hotspot des Landes zu erklären und die Angehörigen des Stammes den Besuchern weichen und in die Höhlen ziehen mussten, weil dem Staat Geld wichtiger als Bleiberecht war. Ich nickte einfühlend, während meine Konzentration auf den nächsten Schritt und die Frage gerichtet war, ob mein Schuh noch in die Nische zweier unverrückbarer Brocken heiligen Steins passte. Wann stützte man sich wo ab? Waren kleine Schritte dem eigenen Vorankommen förderlicher oder eher nicht? Und vor allem: Hatte jetzt der gütige oder der strafende Gott seinen Blick auf uns?

Kurz unterm Gipfel wurde ein weiß getünchtes Gebäude sichtbar. Die letzten Meter hinauf waren die steilsten, ehe sich auf der Moscheeterrasse der Panoramablick vom höchsten Berg der edomitischen Kette nach Palästina, übers Jordantal nach Südwesten eröffnete, dort, wo die Küstenstadt Aqaba am Roten Meer liegt. Nichts bewegte sich, die Zinnen und Recken, Grate und Nadeln schienen vor ihrer eigenen Bedeutsamkeit erstarrt. Ihre Felshaut wirkte wie verwestes Gewebe, manche Steinsäule wie von Töpferhand gedrechselt, mit Rändern, Kuhlen und Löchern, manche wie Krusten und Pestbeulen, andere wie alter Schorf. Neben der Kirche auf dem unteren Plateau stand eine einsame Tamariske, und ausgerechnet jetzt wollte Mahmut zum zweiten Mal einen Fuchs gesehen haben. Jedes Wort hallte dumpf wider, als hätte es eines Beweises bedurft, dass hier oben alles größer ist als der Mensch.

Auf der Kirchenkuppel steckte ein Halbmond aus Messing, und der in den Boden eingemauerte Sarg aus tatsächlich schwerem Marmor trug arabische wie hebräische Inschriften. Ein König Nasser, so stand geschrieben, habe den Bau dieses Grabs angeordnet, bis heute aber wisse niemand, ergänzte der Grabwächter, ob Aarons Überreste wirklich darin zu finden waren, es gebe keine eindeutigen Beweise. Aber wer würde sich je an der göttlichen Bestimmung vergreifen und ein massives Grab von einem Meter zwanzig Länge und neunzig Zentimetern Breite, das Muslimen, Juden und Christen gleichermaßen heilig ist, je für eine genetische Knochenprobe zu öffnen wagen?

Der Abstieg war, um es vorsichtig auszudrücken, dramatisch, ist mir in seiner Dramatik aber entfallen, weil ich mit der Rekonstruktion der biblischen Geschichte beschäftigt war, Genesis, Exodus, Landnahme, die Schlacht um Jericho, all dies nicht weit von hier passiert. Ich verließ mich auf Mahmuts Ortskundigkeit, blieb dicht hinter ihm, ehe wir irgendwann, es muss sich um mehrere Stunden gehandelt haben, in Wadi-Musa ankamen, jener gesichtslosen Kleinstadt mit Hotels aller Preisklassen, die weniger alttestamentlichen Glamour denn funktional zugerichtete Hässlichkeit aufwies und Ausgangs- wie Sammelpunkt für organisierte Petra-Touristen war. Wir setzten uns auf die Plastikstühle vor einer Grillküche am Rand der Hauptstraße, tranken Tee und warteten auf einen Lammspieß. Die Sonne sank, da erhob der Muezzin der benachbarten Moschee seine Stimme, und wie immer, wenn ein Muezzin ruft, spüre ich, obwohl getaufter Protestant, eine seltsame Heiligkeit.

Es musste die ganze Zeit über schon gesprudelt haben, aber erst nach dem Gebetsruf vernahm ich quirlendes Wasser. Mahmut wies auf einen Bach, der augenscheinlich niemals versiegte, was Gründe hatte. Weiterhin wortkarg sagte er, dass genau hier, wo wir saßen, der Überlieferung zufolge Gott eine Quelle hatte entstehen lassen, nachdem Moses, ob in Gottes Auftrag oder nicht, mit seinem Stock auf den Boden geschlagen hatte.

»Er war also hier«, sagte Mahmut ein wenig leidenschaftslos, und ich dachte, mit »er« meinte er beide: Mose und Gott. Der Lammspieß wurde gebracht, Mahmut begann zu essen und wirkte zufrieden, nicht mit sich, das lag einem wie ihm nicht, aber mit Geschichte und Bedeutung seiner Stadt, mit Wadi-Musa und Petra und dem Legendenstatus, der diesen Flecken Land aus dem Rest der Welt heraushob, vorausgesetzt, man ließ sich von der stillen Stimme eines manchmal märchenhaften Welterzählers rufen. Für Mahmut, das konnte ich sehen, war die Bedeutung des Jebel Harun nichts weniger als das Selbstverständlichste der Welt, und während wir weiter an unseren Spießen knabberten, war es, als stünden wir unter dem Schutz höherer Mächte.

— —

Von Mythenzauber verzückt und einige Kilogramm Körpergewicht leichter kehrte ich von der gesegneten Erde Jordaniens in die deutsche Heimat zurück und hatte den für Reisende typischen Kummer: Melancholie und Leere. Irgendwann kehrt ja jeder Reisende heim, und das Leben büßt die geborgte Außergewöhnlichkeit wieder ein. Kehrte man nicht zurück, wäre man kein Reisender, sondern etwas anderes, ein Aussteiger oder Weltendrifter oder ein Tusitala in der Südsee. Eine Rückkehr ist nicht immer leicht zu bewältigen, da man ja in Umstände zurückkehrt, die im Zustand großer Aufregung verlassen wurden. Über die Güteklasse möglichen Fremdelns mit der Heimat ist damit noch nichts gesagt, aber jede Rückkehr gibt nicht nur Anlass zur Rückbesinnung, sondern nötigt geradezu die Frage auf, wann der nächste Aufbruch folgen wird.

Jedes Mal brachte ich bei der Rückkehr tieferes Wissen mit, von dem ich nicht hätte sagen können, worüber genau es Auskunft gab. Aber es gab sie. Und dann ergab dieses Wissen eine Art Weisheit, die sich aus Tausenden Bruchstücken zusammensetzte und zur Bestätigung der These führte, die kurz gesagt lautet: Jede und jeder kann das Reisen lernen. Es erfordert stets aufs Neue die Offenheit, sich Allgemeinmenschliches vorzustellen, ohne Konkretes je auszuschließen. Es erfordert die Bereitschaft, sich dem Unbekannten auszusetzen, um es sich bekannt zu machen. Es erfordert den Mut, sich auf das Unberechenbare einzulassen, um nicht alles immerzu berechnen zu müssen.

Der Reisende passiert ja nicht nur fremdes oder abermalig ein von früher geläufiges Terrain; er erfährt beim Durchqueren irgendeines Terrains vor allem sich selbst: als ethisches Subjekt, das deswegen ethisch ist, weil es sich erstens zu sich selbst und zweitens zu jedem anderen verhalten muss. Selbsterkenntnis durch die Kenntnis der Welt erreichen, ja mehr noch: die Grammatik der Fremde schreiben, lesen und übersetzen zu lernen, ist die scheinbar banale Arbeit des Menschen an Wissen und Weisheit, die ihm weder Philosophen noch Theologen noch Ärzte noch Therapeuten noch Politiker abnehmen können. Die Entschlüsselung erfordert mehr Gespür für Kontexte, als professionelle Bildungseinrichtungen es je lehren könnten.

Der Arbeit an der Selbstbefähigung durch die Schule des Reisens ist keine Grenze gesetzt, dafür darf man der Großhirnrinde auf ewig dankbar sein. Und wenn es hier und da gelingt, nach einer gewissen Zeit die spezifischen Codes der jeweiligen Kultur lesen gelernt zu haben, wird einem so gut wie überall jener Respekt entgegengebracht, den man selbst einspielt. Nur die Natur ist zu jeder Zeit ohne Gnade.

Erkenntnis vom Glück, unterwegs zu sein

Einmal stand ich mitten auf einem Hof in Norwegen und entdeckte einen Greis im Türrahmen. Der Weg hatte an einer Hauswand vorbeigeführt, und neben der Küche war der Eingang.

»Hei!«

»Hei.«

»Entschuldigen Sie, aber kamen hier heute schon Menschen vorbei?«

»Nein«, antwortete der Mann, der hier seit Jahrhunderten zu wohnen schien.

»Wann kamen denn die letzten?«

»Juli.«

»Das ist lange her.«

»Ja, lange.«

»Kommen vielleicht noch welche?«

»Nein.«

»Aha.«

»Ist ja jetzt Ende August.«

»Stimmt.«

»Vielleicht bist du der Letzte.«

»Und dann?«

»Nichts dann.«

»Dann kommt der Winter.«

»Ja, dann kommt Winter«, sagte der Mann, der Odd Skjons-
berg hieß und vor ein paar Jahren siebenundachtzig war und
heute vielleicht schon tot ist. Er winkte und ging ins Haus.

Wie auf allen anderen Höfen waren auch bei den Skjons-
bergs Geranien- und Begonienkästen akkurat arrangiert und
die Beete penibel gepflegt und die Sträucher genormt, denn
das norwegische Leben war gern symmetrisch, warum auch
nicht, es gibt Unschöneres. Ich schloss das Tor des Skjons-
bergs-Hofs und betrat das Gelände des Nachbarn und schloss
wiederum dessen Tor und betrat Niemandsland und dann
einen Wald ohne Hoftor und ohne Nachbarn, und so ging
es weiter. Das Tal spreizte und vertiefte sich, die Sonne brach
herein, verschwand und kehrte Sekunden später wieder, um
sogleich wieder zu verschwinden. Es wurde wilder und einsamer, gröber und kälter, nördlicher und karger, und irgendwann wurde es dunkel und roch nach Moos.

Am Abend desselben Tages saß am Tisch der Herberge
Budsjord – zu Porridge, Saft und rohem Schinken – der Hüne
Tor Gunnerod. Das war ein Ereignis! Ich kann nicht sagen,
warum, aber so war es. Gunnerod war siebzig Jahre alt, sein
Rucksack wog zehn Kilogramm, seit Wochen ging er täglich
dreißig Kilometer. Schneller als erwartet sprach Tor von Gott.

»Wenn man geht, ist man sein eigener Herr.«

»Man muss also gar nicht an was Übersinnliches glauben?«

»Ich tu's nicht.«

»Aber du vertraust darauf, dass nichts geschieht.«

»Ich weiß es nicht.«

»Fühlst du dich durch irgendwen beschützt?«

»Keine Ahnung. Vielleicht. Vielleicht nicht.«

»Okay, das ist eindeutig.«

Tor wickelte ein Käsebrot ein und ging schlafen. Der Tag

war zu Ende. Er war zu Ende, wenn er zu Ende war. So einfach war das. Man gehorcht dem Takt der Natur. Sie ruft einen, mal in den Schlaf, mal woanders hin. Man geht seinen Weg und geht ihn zu Ende, auch wenn er schmal ist und man im Geflecht der Birkenwurzeln stecken bleibt und stolpert oder auch nicht.

Einmal stolperte ich und entdeckte so einen seltsamen Pilz neben einer Steinplatte. Der Pilz besaß eine unerhörte Schönheit. Ich sah ihn an und hatte das Gefühl, dass er sich durch mich gestört fühlte. Das hatte man zu respektieren.

Um acht Uhr früh läutete die Kapellenglocke von Budsjord, da hatte Tor seinen merkwürdig kleinen Rucksack längst gepackt. Hinterm Dunst kündigte sich die Sonne an, und mit jedem Morgen erfreut man sich der Gewissheit aufs Neue, dass alle Menschen nichts anderes machen als man selbst. Sie machen es vielleicht anders, aber das ist weder besser noch schlechter und allein deshalb schon eine ganze Menge.

Auf der Straße nach Norden folgten Scheunen, Höfe, Strommasten, das Moos war grün-türkis und der Stein anthrazitfarben. Bald käme der Fjord und bei Kleivan der Märchenwald mit Fliegenpilzen und Farnen und Moosen und Schwämmen und Tannen und Fichten und Elchen, und dann, über Wasserzungen und Nebenstraßen und durch spektakulär unspektakuläre Vororte, an Supermärkten und Tankstellen vorbei, würde mir die Aussichtsplattform von Sverresborg zum ersten Mal den Blick auf mein großes Ziel am Meer eröffnen: Dort unten, über den Umständen der Stadt, würde der gotische Dom von Trondheim thronen, und es war angenehm zu wissen, dass niemand sicher wusste, ob das heilige Skelett des Königs Olav tatsächlich unterm Altar läge. Vielleicht lagen Olavs Knochen unterm Marmor des Chors, vielleicht unter den Fliesen des Gangs. Vielleicht lagen sie auch gar nicht hier und waren verschollen oder gar nie vorhanden gewesen, weil es Olav vielleicht gar nicht gegeben hat. Sicher zu wissen war nur die innere Erhabenheit, eine Reise beendet zu haben. Natürlich ist jedes Ende zugleich ein Anfang, weil der Mensch und sein Verstand immer einen Anfang und ein Ende brauchen. Mit Endlosigkeit und Unendlichkeit kann der Verstand nicht allzu gut umgehen, weil er sich beides nicht vorstellen kann. Unendlichkeit ist ja das Privileg von Gottheiten.

Der Speckstein der Apsis war schwarz vom Handschweiß ehrfürchtiger Pilger, die im Moment der Berührung mit dem Stein ehrfürchtig Glaubende waren. Wissen konnten sie nichts, aber Abertausende Träume und Hoffnungen waren in Jahrhunderten hierher getragen worden, und ich reihte mich in die Gemeinschaft derer ein, die das Gleiche gewollt und womöglich das Gleiche gedacht hatten. Und dann, aus irgendeiner Tiefenschicht um 17.36 Uhr im Beisein aufgeregter italienischer Touristen, ergab sich ein Anflug von Leichtigkeit und Glück. Ich legte meine Hand auf den Speckstein des Doms zu Trondheim und spürte Friede und Heil. Da wurde ich ergriffen und in ein fernes, tiefer liegendes, unergründliches Wissen bugsiert, das nichts anderes gewesen sein konnte als ein Augenaufschlag Weisheit.

Ja, es war Demut im Spiel.

III. MORAL UND MENSCHLICHKEIT

»Ich verabscheue Reisen.«

Mit diesem rhetorischen Paukenschlag beginnt der Ethno-
loge Claude Lévi-Strauss sein 1955 erschienenes Buch *Trau-
rige Tropen*. Es ist eine niederschmetternde Ouvertüre. Wie
könnte ausgerechnet Lévi-Strauss, der sein Leben lang selbst
in die weitest entfernten Winkel der Welt gereist ist, diese
Abscheu gemeint haben? Ein paar Absätze später klärt der
legendäre Erforscher menschlicher Verhaltensstrukturen
seine Leserinnen und Leser auf. Er verabscheue das Reisen,
schreibt Lévi-Strauss sinngemäß, weil er die Erkundung primitiver Völker durch Touristen wie auch das auf Sensationen angelegte Reisen der Vertreter westlicher Industriegesellschaften verabscheue. Deren Suche nach Abenteuern führe
erst zur Zerstörung der Lebensräume indigener Völker und
dann zu deren Aussterben.

Gewiss ist dieser Befund radikal und gnadenlos. Aber ist er
auch angemessen? Lévi-Strauss ginge zweifelsohne als einer
der ersten Globalisierungskritiker durch, ohne dass es zu seiner Zeit bereits jene Art von Globalisierung gegeben hätte,
die wir heute – zu Recht oder nicht – als großes Verhängnis
kritisieren: Massenproduktion, Massenverkehr, Massentourismus. Zum einen: der freie Verkehr von Waren, Dienstleis-
tungen und Menschen mit dem Ziel, immer mehr Produkte
zu immer günstigeren Bedingungen wo auch immer in der
Welt fertigen und um den Globus verschicken zu lassen. Zum
anderen: der freie Reiseverkehr von immer mehr Touristen in
einer immer besser dafür organisierten Industrie, in der es –
zumindest vor der Corona-Pandemie – umso lukrativer zuge-
gangen war, je massenhafter die Kundschaft wurde.

Lévi-Strauss' formulierte Abscheu angesichts der nicht
mehr unberührten Tropen, denen er Traurigkeit unterstellte,

eignet sich bestens als Blaupause für ein Mahnschreiben aus jeder Umweltbehörde eines von Overtourism überwältigten Hotspots (wobei, andererseits, die Marketingbehörden derselben Hotspots mit Strategien zur Attraktivitätssteigerung das Problem ja gerade befördern). In gewisser Weise hat Lévi-Strauss natürlich Recht: Wer reist, dringt immer auch aus egoistischen Motiven in fremde Reservate ein und verändert (oder zerstört) sie dadurch zwangsläufig. Wer dabei mehr von wem profitiert – der Reisende vom Einheimischen oder umgekehrt –, sei dahingestellt, zweifelsohne entert der Reisende weitgehend intakte Habitate. Über die Konsequenzen macht sich der Einzelne zugegebenermaßen selten Gedanken. Was er an Müll und Schmutz hinterlässt, ist keineswegs erfreulich.

Je mehr Menschen einen Ort inspizieren, desto mehr läuft er Gefahr, kommerzialisiert zu werden. Bekanntlich lehrt die Erfahrung, dass nach der massenhaften Erkundung eines Ortes durch Touristen gern die Investoren kommen, die Traditionen allenfalls adeln, wenn sie als Geschäftsmodell taugen. Und selbst wenn einheimische Familien in Amazonien oder Neuguinea von Zurüstung und Ausverkauf ihres Lebensraums wirtschaftlich profitieren sollten, kann durch eine neue massentouristische Infra- durchaus die traditionelle Sozialstruktur zerbrechen. Vor allem in der zweiten Reihe hinter den polierten Fassaden herrschen oft Elend, Depression und Alkoholismus.

Jeder Reisende, der immer zugleich Tourist ist, steckt also in einem Zwiespalt. Er trägt zu einem Phänomen bei, von dem er sich selbst gerne ausnimmt. Warum? Weil er Teil eines Problems ist, dessen Lösung streng genommen nur darin bestehen könnte, gar nicht mehr zu reisen. Der ständig gesteigerte und erweiterte Tourismus hat ein irrwitziges Dilemma geschaffen: die Beschädigung seiner Voraussetzungen. Insofern besteht die Paradoxie des Reisens darin, dass Weltrettung durch Welterkundung zugleich auch Weltzerstörung ist.

Verböte man nun etwa, wie neuerdings gefordert, das Fliegen, ja schränkte man Mobilität und Reiseverkehr generell ein und schützte auf diese Weise nicht nur das Klima, sondern auch die Lebenswelten der Einheimischen zu ihrem ökologischen Vorteil, könnte genau das langfristig zu deren ökonomischem Nachteil gereichen. Ökomoralisch gedachte Nachhaltigkeit von Entzug, Beschränkung und Reduzierung hätten womöglich gravierende wirtschaftliche und dann auch soziale Konsequenzen für Regionen, die sich auf der Suche nach Überlebensstrategien in Zeiten der Globalität dem internationalen Tourismus bereits ausgeliefert haben und anderweitig auf den Weltmärkten kaum konkurrenzfähig sind. Ob freiwillig oder gezwungenermaßen verkaufen sie die Schönheit ihrer Heimat für den hohen Preis derer Ausschlachtung. Wozu dann aber reisen, wenn das Reisen so viel zerstört? Und wozu reisen, wenn das beste Brot ohnehin beim Bäcker in der eigenen Straße und von Pasta über Hummus bis Burger und Sushi die Weltküchen ihre kulinarische Präsenz im heimischen Wohlfühlraum vorweisen können?

Globalisierung heißt nicht Cocooning und Mouse-clicking, mittels dessen man sich die Welt in unsinnlichster Weise ins Wohnzimmer holt, indem man sich ihrer realen Erfahrung entzieht oder verweigert, sondern stellt die Forderung an alle auf, den ganzen Weltinnenraum mit Sinn und Verstand kennen zu lernen. Der so oft bejubelte Kosmos digitaler Virtualität kann die leibhaftige Erfahrung von Weltrealität keinesfalls ersetzen. Der erneute Aufbruch in die Welt in einer weltgeschichtlichen Phase, da die gesamte Menschheit sich verpflichten müsste, Treibhausgase zu reduzieren und die Erwärmung der Erde zu stoppen, wäre ohne weiteres mit den Lehren zu rechtfertigen, die das Reisen anbietet. Für eine Reise braucht man kein Flugzeug, sondern Zeit. Davon abgesehen gibt es Bahnen, Busse und Schiffe, mietbare Hybridautos, Fahrräder und die eigenen Beine. In den dann bereisten Ländern kann jeder Reisende massentouristische Infrastruktur meiden, lokale Wertschöpfungsketten unterstützen, grün zertifizierte Hotels mit gut bezahltem Personal buchen und über die eigene Nachfrage nachhaltige Angebote vorantreiben. Soziale und ökologische Standards als Maßstab eines in den vergangenen Jahren aktiv gewordenen Moralismus schließen das Reisen keineswegs aus; sie verändern es. Der Aufbruch ins Fremde führt nicht nur zur Versöhnung mit der Welt, sondern im besten Fall zu einer globalen Ethik gegenseitigen Respekts, ohne die alles nichts wäre. Reisen fördert die edelsten Motive zutage, auch wenn mancher Reisende sich auf der Reise unsäglich verhält. In jedem Fall beginnt mit dem Staunen über das, was der Fall ist, die Erkenntnis.

Für mich war und ist Reisen keine Expedition in die Erotik der Exotik, veranstaltet durch findige Adventure-Agenten, die im Exzess eines Canyon-Jumps die fällige Marktlücke für optimierte Adrenalinausschüttung erkannt haben. Ich reiste und reise, um an mir zu scheitern und im Scheitern die Voraussetzung für die eigene Reife zu erkennen. Ich reise und reise, um mich dem Zufall auszuliefern. Ich reise und reise, um mich in der Welt immer wieder aufs Neue zu ihr verhalten zu lernen. Ich reise und reise, um in eine andere Dimension der Wahrnehmung von Menschen und Umwelt zu geraten, um die Tiefenschicht eines Wissens anzubohren, das das universal gültige Grundgesetz des Lebens sein könnte. Ich reise und reise als

Lehrling einer Schule der Achtung und des Anstands, denn ich behaupte, dass die reale Begegnung mit dem bloßen Menschsein, wo auch immer, jede Überlegenheitsfantasie heilen kann. Man reist aus Gründen der Moral und Menschlichkeit.

Ich liebe Reisen.

Lehre vom Respekt vor dem Alter

Einmal stand ich am Fuße eines Bergrückens in Guatemala und begrüßte einen alten Mann. Punkt vier Uhr nachts war er da, während wir völlig übermüdet aus unserer Hütte am Fuße des Vulkans San Pedro am Atitlán-See krochen, den unter Führung dieses Seniors zu besteigen wir uns hatten überreden lassen.

»Um vier Uhr in der Nacht?«, hatten wir am Abend zuvor den Fischer am See gefragt.

»Wann denn sonst!«, hatte der Fischer gesagt.

Die Herrlichkeit des Blicks über den Atitlán-See und zwei weitere auch mythologisch aktive Vulkane war nur bei Sonnenaufgang um sieben von unvergleichlicher Schönheit, und wer das nicht verstanden hatte, hatte nichts begriffen, und wer es begriffen hatte, musste um vier Uhr auf die Beine, weil der Aufstieg drei Stunden dauerte.

Der alte Mann war der Onkel des Fischers, damals um die siebzig und von recht kleinem Wuchs. Barfuß schlappte er in kaputten Sandalen, Shorts und T-Shirt. Er sprach kein Wort Englisch, und wir kannten nicht mehr als eine Handvoll Wörter guatemaltekisches Spanisch, wähnten uns aber in der Blüte unserer Athletik, die eine ganz eigene Sprache war. Im Stolz einer gewissen Jugendlichkeit bauten wir uns vor ihm auf. *Der*?, fragten wir einander mit stummen Blicken, *der da* will diesen höchst anspruchsvollen Aufstieg mit uns machen? Der will uns, die wir ein halbes Jahrhundert jünger waren als er und damals, wie ich heute weiß, über ein Höchstmaß an physischen Kräften verfügten, der will uns führen, leiten und nach oben zum Kraterrand bringen? Gewiss, wir hätten über einen Reiseveranstalter einen zertifizierten Bergführer unseres Alters buchen können, der globalverträgliches Englisch sprach. Wir hätten um zehn Uhr morgens in kleiner Gruppe aufsteigen, auf die außerirdische Schönheit des Sonnenaufgangs um sieben verzichten, dafür am späten Vormittag von einem professionellen Fotografen als Beleg hart erarbeiteter Anwesenheit auf dem Gipfel höchst profan in Szene gesetzt werden können. Und wir hätten den Weg allein auf uns nehmen und uns nach intuitiver Navigationsleistung als erhabene Abenteurer feiern können, ja, all das.

Wir aber hatten dem Fischer vertraut, und nun, fast pünktlich, nachts um 4.05 Uhr, begann der Aufstieg unter Führung eines Señors, der in seinen ausgelatschten Sandalen wortlos die ersten Schritte bergauf zu setzen begann. Was dann geschah, war ungeheuerlich. In klösterlicher Schweigsamkeit zog der Onkel des Fischers mit bestechender Eleganz und großem Geschick den durch Abhänge, Baumwurzeln und Schlamm schwer zu bewältigenden Vulkanrücken hinauf. Nach wenigen Sekunden war er uns auf fünfzig, dann auf hundert, dann auf zweihundert Meter enteilt, und seine Art, nach dreihundert Metern auf uns zu warten, war kein Versuch der Demütigung, sondern eine demütige Art der Einfühlung in das Unvermögen zweier schwächelnder Burschen. Das Mienenspiel des Señors war reduziert, geradezu minimalistisch. Er ruhte in sich, als hätte er von Anspannung entweder nie gehört oder als sei sie unnötig. Seine Trittsicherheit und Konzentration waren so erstaunlich wie seine Ausdauer, Geschwindigkeit und Geduld, mit der er sich alle zweihundert Meter nachsichtig nach uns, die wir keuchend, kreuchend und im Schweiß zerfließend um Pausen bettelten, umschaute.

Nach dreieinhalb Stunden Aufstiegsbewältigung offenbarte sich tatsächlich der Kranz der Morgensonne. Wir saßen am Rand des Kraters und gaben uns erschöpft der Schöpfung hin. In Menschenleere die Erhabenheit des Ewigen zu spüren, machte uns für ein paar Minuten zu Jüngern des Unsterblichen: Wenn wir dereinst zu Staub zerfallen sein werden, so wird am Kraterrand des Atitlán-Vulkans noch immer in gnadenloser Treue zu sich selbst die Sonne aufgehen (ich möchte hier bescheiden anmerken, dass ich für alle künftigen Generationen in autonomer, automatisierter und künstlich intelligentisierter Lebensgesamtverwaltung hoffe, sie mögen die natürliche Intelligenz physikalischer Grundgesetze so erfahren, wie sie sich uns offenbart hatte).

Der Onkel des Fischers mit über siebzig Jahren und wahrscheinlich idealem arteriellem Sauerstoffdruck wartete mit mönchischer Langmut an einen Fels gelehnt, bis wir unser Geschäft der Andacht erledigt hatten. Auf unser Zeichen zum Aufbruch hin sprintete er wortlos abwärts, und als wir – dehydriert, mit zitternder Muskulatur und einer Neigung zum Hecheln – nach zweieinhalb Stunden und kurz vorm Delirium wieder am Fuße des Vulkanrückens ankamen, verabschiedete er sich mit einem Nicken, begrüßte ein wartendes Paar aus Frankreich und stieg mit den beiden sofort wieder auf.

Unser Tagesrest verging im Gefühl der Herablassung des Lebens gegenüber Körper und Psyche in einer gewissen Scham. Die Muskelfasern spannten und brannten, es zog an

Leiste und Lendenwirbelmuskulatur, wir brachten keine Kraft mehr auf, uns zu erheben. Am nächsten Morgen saßen wir, noch immer stillgelegt und schwerbeweglich, vor einem Holzhäuschen und warteten auf den Bus. Der Bus würde kommen, sagte der Ticketverkäufer, in zwei Stunden, in vier, später, morgen, irgendwann, egal, aber er würde kommen. Ein Bus kommt ja nicht, weil ein Fahrplan sein Kommen ankündigt. Er kommt, wann er eben kommt. Der Grund seines Kommens liegt in seinem Kommen.

Und er kam. Zwei Tage und Nächte später.

--–

Selten bin ich in meinem damals bisherigen Leben so sehr Opfer meiner Vorurteile geworden wie am Frühmorgen des Aufstiegs auf den Rücken des San Pedro in der guatemaltekischen Hochebene. Bis heute stelle ich mir die Frage, ob grundlose Überheblichkeit gegenüber alten Menschen nicht in doppelter Hinsicht fatal ist. Erstens wird man im besten Falle selbst alt und hat im Alter jedes Recht auf den gleichen Respekt wie in der Jugend. Und zweitens zeigte sich mir beim Aufstieg auf den Vulkanrücken, dass das Alter der Jugend auch physisch überlegen sein kann. Seit dem Moment dieser Erkenntnis hege ich Hochachtung vor der geräuschlosen Überlegenheit alter Menschen, die, jede und jeder für sich, sowohl die Summe ihres Lebens als auch die Summe des Lebens an sich verkörpern. Je früher man das Alter schätzen lernt, desto jünger bleibt man zeitlebens.

Das ist die erste Lehre des Aufstiegs in Hinsicht auf Moral und Menschlichkeit. Die zweite lautet mit einem Satz des spätrömischen Gelehrten Boethius: Si tacuisses, philosophus mansisses – hättest du geschwiegen, wärst du Philosoph geblieben. Jahrzehnte später, ohne dass mir die gesammelten Bilder zufällig erlebter Ereignisse und zufällig erfahrener Begegnungen jemals wieder entschwunden wären, denke ich oft über die Kraft einer nicht notwendig religiösen, aber doch spirituellen Schweigsamkeit nach, und während des Sinnierens darüber, warum wir heute schwadronieren und schwätzen, ohne etwas zu sagen zu haben, sehe ich den kleingewachsenen alten Senior in seinen ausgetretenen Sandalen vor mir. Insgesamt sechs Stunden meines Lebens hatte ich mit ihm zugebracht, wusste weder seinen Namen noch hatte ich zwei grammatikalisch einwandfreie Sätze mit ihm gewechselt, aber er hat sich fest in die Matrix meiner Biografie eingeschrieben. Warum? Weil ich durch ihn die Souveränität des Schweigens erfuhr. Nicht das Schweigen um seiner selbst willen, wie es gestresste Arbeitsbürger bei zweiwöchigen Exerzitien in klösterlicher Abgeschiedenheit gegen Entgelt tun. Es ging damals nicht um ein Ziel. Es ging um Zielfreiheit. Das Schweigen des Seniors hatte keinen anderen Zweck gehabt als es selbst. Schweigsamkeit ist ja nicht das Gegenteil von Redseligkeit. Es ist eine Haltung. Eine souveräne Form der Kommunikation, die sich um das Wesentliche dreht. Wenn es nichts zu sagen gibt, warum sollte man dann reden? Warum sollte man im Übermaß Worte produzieren und im Überfluss Sätze bilden, wenn sie nichts aussagen? Der Suada der Äußerungen und Entäußerungen einen Strom beredter Stille entgegenzusetzen – sollte das nicht die neue Kunst einer Kommunikation werden, die ohne ein Reiz-Reaktions-Schema auskommt, das primitiver zu sein scheint als die philosophische Schweigsamkeit des Fischeronkels am Atitlán-See?

Es trat dort übrigens zutage, was ich immer wieder festgestellt habe: Das scheinbar so fest gefügte Band der eigenen Wert- und Normvorstellungen kann abrupt reißen, wenn es sich in der Unverbindlichkeit neuer Kontexte bewähren muss. Hier weiß man nicht weiter, dort hat man keine Antwort. Hier schmerzt Armut, dort überwältigt Verblüffung. Das eigene Wertegerüst liefert zwar Orientierung, aber auch die fundamentale Einsicht in die Müßigkeit moralischer Selbstherrlichkeit. Als Summe all meiner Reisen würde ich genau an dieser Stelle gern den Prolog eines globalen Grundgesetzes für angewandte Menschlichkeit vorschlagen. Er lautet schlicht: Reisen ist die praktische Schule des Respekts. Es schult Sittlichkeit durch ihre Anwendung.

Lehre vom Verhängnis der ewigen Liebe

Einmal stand ich im türkischen Taurusgebirge, und der Himmel brannte violett. In der Dämmerung kündigten sich Lkws durch Kuppeln und Röhren an, und je dunkler es wurde, mit desto größerer Mühe waren – wie zu eng stehende Augen eines infernalischen Tiers – ihre Scheinwerferchen zu sehen, als musterten sie im Vorfeld eines kommenden Kampfes um Raum ihre Gegner. Allem, was jetzt noch zu erkennen war, wohnte die geheimnisvolle Düsternis eines unbelichteten Negativs inne. Irgendwann kommt in Kappadokien immer ein Canyon, und ich kam zufällig im Dorf Ortahisar an. Einen guten Grund dafür gab es nicht. Ortahisar hatte die Eigenschaft, rechter Hand zwischen Ürgüp und Nevşehir zu liegen. Nacht fiel herab, es wurde schwarz, und am nächsten Morgen traf ich Hatice.

Sie war fünfundzwanzig und die Cousine der Tochter des zufälligen Gastgebers im Haus am Eingang des Dorfs. Keine

Frau außer Hatice trug in Ortahisar die Haare offen. Keine Frau außer ihr ging ins Teehaus Bozaci'nin Yeri mitten auf dem Dorfplatz. Keine Frau außer ihr trug enge Jeans und rauchte und trank Raki im Bozaci'nin Yeri, das seit fünf Jahren dem gutmütigen Hüseyin gehörte, der, so vermutete ich bald, in Hatice verliebt war, dies aber nicht sagen konnte oder seine Gefühle unterdrückte, aber das ging mich nichts an. Sie wollte reden, das spürte ich, und ich hatte keine Ahnung, wann und worüber.

Sie war nicht größer als einen Meter sechzig. Ihr Haar war kastanienbraun und hatte bronzeblonde Strähnen. Manchmal fiel es zu beiden Seiten des Mittelscheitels auf die Schultern und vielleicht noch ein Stückchen weiter. Die Brauen ahmten die Mandelform ihrer Augen nach; ihre Fingernägel waren geduldig gefeilt. Wenn sie lächelte, biss sie mit den oberen Schneidezähnen sanft auf die Unterlippe.

Hatice aus Ortahisar hielt sich für eine schlechte Türkin. Atatürk war ihr egal. Sie dankte ihm nichts. Weder ihr Leben noch ihre Freiheit, denn frei war sie nicht, sie lebte ja in Ortahisar. Wer konnte als Frau frei sein in Ortahisar? Die Jungs gingen nicht in die Schule und arbeiteten auf dem Land; der von Maultieren gezogene Pflug war noch weit verbreitet, die Männer ernteten Kürbisse und Aprikosen und saßen im Teehaus oder waren bei der Armee. Was sollten solche Männer ihr erzählen?

Die Frauen hingegen gingen in die High School und auf die Universität. Hatice kannte zwei, die immer schon Ärztinnen und Anwältinnen werden wollten und es geworden waren. Und nun litt sie darunter, mit den Regeln der Tradition leben und diese Regeln zugleich brechen zu wollen. Wir hatten über das Rauchen gesprochen, über den Raki, über ihre Besuche bei Hüseyin, ihre offenen Haare, die Jeans, das Internet, die Versuchungen der Freiheit. Es konnte nicht sein, dass eine schöne junge Frau von fünfundzwanzig Jahren nicht begehrt werden wollte. Hatice befand sich in einem Zwischenreich, einsamer als dort konnte ein Mensch nicht sein. Ich spürte, wie sie mir zu vertrauen begann. Als wir im verwilderten Garten der Teppichweberei sitzend auf den fast viertausend Meter hohen Berg Erciyes blickten, dessen Schnee im oberen Drittel die Mittagssonne reflektierte, zündete sie sich die zweite Zigarette des Tages an und kratzte etwas Rinde von einem Olivenbaum.

»Ich weiß, dass ich einen Fehler mache, ich weiß, dass ich das Kopftuch tragen sollte.«

Sie nahm einen tiefen Zug und blies den Rauch so hoch wie möglich in den Himmel.

»Aber ich faste im Ramadan, und ich bete wieder, fünfmal am Tag. Und in diesen Momenten bin ich sehr glücklich.«

Sie redete, als müsse sie sich rechtfertigen, in erster Linie vor Allah, aber auch vor sich und dem Mann, den sie liebte. Im Gespräch über das Beten zeigte sich die Kraft ihrer Erziehung. Wer mit sechs zu beten beginnt, kann sich ein Leben ohne Allah nicht mehr vorstellen.

Als sie achtzehn wurde, hatte sie zu beten aufgehört. Es ging nicht mehr. Ihre Mutter bat sie vergeblich, aber Hatices Herz und Verstand wollten nicht. Sie betrog Allah. Sie tat sich mit seinen Geboten schwer. Sie war traurig geworden. Damals hatte sie einen Freund, aber er mochte nicht, dass sie Jeans trug und sich das Haar strähnen ließ und es offen trug und rauchte und zu Hüseyin ins Teehaus ging. Dass Hatice von ihrem damaligen Freund als Freund sprach und eine Beziehung meinte, war unerhört. In Ortahisar hatte kein Mädchen einen Freund, wie man in Lüneburg oder Altötting oder Cottbus einen Freund hat, mit dem man geht. In Ortahisar war man entweder verheiratet oder noch nicht verheiratet. Dazwischen gab es nichts.

Heiraten war für Hatice nie in Frage gekommen, also gab es keine Chance auf eine Beziehung. Es gab nur einen einzigen Mann, der ihr wichtiger war und den sie mehr liebte und verehrte als ihren Vater Ahmet, aber über ihn sprach Hatice nicht. Ahmet kam mittags aus dem Teehaus am Eck zurück und roch nach Rauch und hatte nichts dagegen, dass ein fremder Mann aus Deutschland mit seiner Tochter in sein Haus kam. Er war Zitronenhändler, und Hatice liebte ihn, weil er sie als die respektierte, die sie sein wollte. Ich zog die Schuhe aus, Hatice legte den braunen Mantel ab, setzte ein Kopftuch auf, band eine lange Schürze über die Jeans und verschwand im Schlafzimmer. Während sie betete, rief der Muezzin der alten Moschee am Dorfplatz, und sein Ruf hallte durchs Märchenland der Tuffsteinhöhlen und Feenkamine, das Echo kroch in die Spalten der aufgeworfenen Erde.

Hatice wusste, dass sie die Sittenbrecherin von Ortahisar war, und am Tag, wenn der Schutz der Dunkelheit fiel, war sie dem bösen Blick ausgeliefert. Selten wanderte ihr Blick auf der Suche nach Angriffen männlicher Augen nicht umher. Sie glaubte an den bösen Blick und war nie entspannt. Die Augen der Männer waren überall, und wenn es die Augen waren, war es auch der böse Blick. Es gab Stunden in Ortahisar, da man draußen nicht eine einzige Frau zu Gesicht bekam. Die Männer gingen Hand in Hand, hakten sich unter und streichelten sich sogar über Gesicht und Haar, etwas verschämt, aber öffentlich.

Ob sie mir etwas sagen dürfe?

»Wenn ein Mann und eine Frau zusammensitzen«, hob Hatice neben mir sitzend an, »dann denken sie doch immer an Sex. Deshalb ist es für zwei unverheiratete Menschen verboten, eng zusammen zu sitzen.«

»Und drei Menschen?«

»Drei dürfen ohne weiteres zusammen sein.«

»Und dann denken sie nicht an Sex?«

»Wie soll das denn gehen, zu dritt?«

»Es geht ja um den Gedanken.«

»Nein, das ist nicht gut!«

»Ist denn Glaube wichtiger als die Liebe?«, fragte ich, und Hatice überlegte ein paar Sekunden.

»Natürlich.«

Wir spazierten über den Dorfplatz, lustvoll zwitscherte ein Spatz. Sie wusste, dass sie mir noch eine Antwort schuldig war, obwohl ich sie nie eingefordert hatte. Es dämmerte, die Laternen sprangen an, Katzen stritten sich um eine Maus. Hatice hatte zu lächeln aufgehört, ihr Schweigen hatte einen unerhörten Ernst, als kündigte sich etwas Bedeutsames an. Ihr Körper war unruhig, sie verschluckte sich beim Sprechen. Wir spazierten langsamer, ein Einspänner kam vorbei, der Fahrer hob die Hand. Und dann, endlich, begann die Tochter des Limonenhändlers von Ortahisar von ihrer großen Liebe zu erzählen.

Ja, es gab diesen Mann, den sie mehr liebte als ihren Vater Ahmet, und es war eine ebenso erfüllte wie zugleich unerfüllte Liebe. Es war ausgeschlossen, dass sie diesen Mann jemals würde berühren können. Sie würde nie mit ihm sprechen, ihn niemals küssen können. Seit sie sechs war, dachte sie täglich an ihn. Sie hatte ihn noch nie gesehen, aber er war alles, was sie hatte. Er gab ihr Halt und Schutz, und nur er wusste, wer sie wirklich war. Er würde sie leiten, und später würde er sie ins zweite Leben nach dem Tod führen, ins Paradies, wo es alles gab, was man sich wünschte, wo jeder Mensch fünfunddreißig Jahre jung sein und ewig leben würde.

Niemanden liebte Hatice so sehr wie den Propheten Mohammed.

––

Sorgt die Erleuchtung, im Wimpernschlag eines Augenblicks etwas Wesentliches zu verstehen, nicht für die kostbare Erfahrung, das Leben ein Stück mehr begriffen zu haben? Die Begegnung mit Hatice hatte mich auch deshalb so fasziniert, weil ich durch sie die Ungeheuerlichkeit eines Sittenkonflikts in Echtzeit miterleben konnte, ohne dass es mir im Moment des Miterlebnisses selbst bewusst war. Mir aber klarzumachen, wie viel Mut es bedurft hatte, einem völlig fremden, nichtmuslimischen Europäer nach nur drei Tagen das Geständnis einer großen Liebe zu machen – das Gefühl dieses Schauders hat mich nie wieder verlassen.

Während der Tage im kappadokischen Dorf Ortahisar kam ich mit mir überein, dass in gewisser Weise alle jungen muslimischen Frauen eine Hatice sein könnten. Sie war eine eminent starke Frau, weil sie in ihrer Stärke zugleich verzweifelt schwach war und sich dieser Schwäche nicht auslieferte. Die Tochter des Limonenhändlers Ahmet in Ortahisar war das fleischgewordene Symbol der Zerrissenheit einer jungen Frau im Kontext islamischer Normvorstellungen, die von der Idee der Emanzipation ein gutes Stück weit entfernt waren. Es ist denkbar, dass viele Musliminnen, die im Glauben an Prophetien erzogen wurden, ähnliche, wenn nicht gleiche Seelenkapriolen wie Hatice durchmachen. Ihre Sturheit war ein höchst couragierter Versuch, sich einer eindeutig formatierten Gesellschaftsordnung zu entziehen, eine innere Revolte mit sich anzuzetteln und damit nicht nur Leben, sondern die Ehre ihres Vaters aufs Spiel zu setzen. Hätte Ahmet ihr Begehren nach Aufbegehren nicht mitgetragen, wäre all das nicht möglich gewesen. Ahmet liebte seine Tochter, das ermöglichte ihr Einsamkeit. Hatices Kampf mit ihrem Gewissen war ein Kampf mit den Lehren, die dieses Gewissen programmiert hatten. Die junge Frau mit den langen, schönen offenen Haaren hatte die für mich sensationelle Courage gehabt, in Jeans und mit einem fremden Mann an ihrer Seite abends durch die Straßen ihres Dorfs zu gehen. Aus Sicht der Männer war das verwerflich, respektlos und sittenwidrig. Hatice aber nutzte meine Anwesenheit als Chance für ihre Mission. Sie beharrte auf meiner Begleitung, und während des Gehens beharrte sie auf Augenhöhe durch unser Nebeneinander. Sie wollte es genau so. Sie wollte, dass ihre Cousins sie so sahen, dass die Männer von Ortahisar uns so sahen. Für mich war Hatices Haltung ein zugleich versteckter wie radikaler Feminismus, ein so wortloses wie mutiges Renegatentum gegen eine Bestimmung, die sie nicht hinzunehmen bereit war.

Als Europäer hatte man in diesen Momenten kein Recht, auch nur irgendetwas zu sagen. Nichts wäre freilich leichter als vom hohen Ross des Dünkels herab den Stab über andere Kulturen und Menschen zu brechen, ohne die Macht ihrer Normen je verstanden oder gespürt zu haben. Auf erschütternde Weise wird dieser Tage allzu oft nicht mehr gewusst, sondern sofort gemeint. Und das, was man am wenigsten kennt, wird am meisten verurteilt.

Andere Länder, andere Sitten: so plump und phraseologisch

der Satz klingt, so berechtigt ist er. Je mehr unterschiedliche Sittenkontexte man selbst erlebt, je mehr man ihnen leibhaftig ausgesetzt ist, desto weniger urteilt man leichtfertig über sie. Im besten Fall leistet jeder Reisende (und im Idealfall jeder Mensch) auf seine Art interkulturelle Übersetzungsarbeit. Das heißt keinesfalls, die eigene Position bezüglich Menschenrechten und Gleichberechtigung zu verschweigen, wohl aber heißt es, erst einmal vor der eigenen Haustüre zu kehren. Was für den einen die beste aller Welten ist, muss es für die anderen nicht ebenso sein. Ginge es wirklich um die Prinzipien der Aufklärung, gälte in diesen Tagen der Dauererregung im Glashaus westlicher Nationen ohnehin der biblische Rat, nicht mit Steinen zu werfen, und schon gleich gar nicht als Erster. Die Bereitschaft zu verachten und vernichten, zu beleidigen und verdammen, bringt auf dem vorläufigen Höhepunkt der Zivilisation – da die Ingenieure bereits intelligente Roboter und Automatenmenschen entwerfen – eine denkwürdige Art von Barbarei hervor.

Ja, es gibt einen Nukleus moralischer Lebenslehren, der alle Menschen zu Gleichen unter Gleichen macht, so ungleich sie sein mögen. Es ist bis heute meine tiefe, aus vielen Reisen gewonnene Überzeugung, dass diese Schulung in Geist- wie Herzensbildung auf hervorragende Weise in der Schule des Reisens gelernt werden kann. Durch den unvorhersehbaren Moment einer zufälligen Begegnung lernt man Variationen des Weltgeists kennen, mehr noch, man lernt die Verletzlichkeit eines Menschen zu sehen und ist in diesem Moment selbst verletzlich, weil kein anderer ethischer Vorrat als die bloße Intuition zur Verfügung steht.

Das lässt zumindest einen verlässlichen Schluss zu: Durch Reisen rettet man die Welt vor ihrer unbegründeten Verdammung. Vielmehr liefert das Reisen gute Gründe, die Welt in ihrer ganzen Ambivalenz und Absurdität zu lieben. Und auch wenn man – warum auch immer – andere Kulturen abwerten zu müssen glaubt, so geschähe dies wenigstens in Kenntnis der wirklichen Verhältnisse und der Komplexität, die selbst dem Einfachsten innewohnt.

Lehre von der Ohnmacht der Moral

Einmal stand ich im äthiopischen Omo-Delta vor einem Kreis alter Männer und geriet an meine Grenzen. Die Ältesten eines Stamms hatten sich zur Beratung im Kreis versammelt, und keiner von ihnen konnte nachvollziehen, warum die aufgeschnittene Kehle einer langsam zu Tode blutenden Ziege für den Europäer kein erfreulicher Anblick ist. Im Vertrauen auf die Präzision des Dolmetschers knüpfte ich erste Bande der Verständigung über Aspekte des animistischen Glaubens und der Macht der Regengötter sowie der vollbrachten Sühne für den Tod einer Tochter, der am Tag zuvor, wie man mir sagte, mit drei übereigneten Rindern der gegnerischen Partei in einem außergerichtlichen Vergleich vergolten wurde. Bei mir löste die Aufrechnung von Rind und Tochter inneren Widerstand aus, auch wenn die humanistisch getönte Frage nach dem Wert eines Mädchens im Omo-Delta von vornherein falsch war, weil ein Rind bei bestimmten Volksstämmen in dieser Region einen höheren Wert besitzt als ein Mensch.

Während also in hundert Metern Entfernung die ausgeblutete Ziege hörbar gehäutet wurde, drückte sich die Verstimmung der Ältesten über die Verstimmung des Europäers hinsichtlich der Abwertung des Weiblichen in Schweigen aus. Schnell wurde klar, dass an diesem Tag und vermutlich an allen folgenden Tagen hinsichtlich dessen, was der Deutsche Geschlechtergerechtigkeit nennt, mit den Bewohnern im Omo-Delta keine Übereinkunft zu erzielen sein würde. Die universelle Moral der Menschenrechte, die ich gegen alles zu verteidigen bereit war und bin, zerschellte an einem Freitagmorgen im heißen Sand der südäthiopischen Steppe, als das Gespräch im Kreise der Stammesältesten eine dramatische Intensität erfuhr und immer tiefer in die moralische Malaise führte. Stunden nachdem Rind gegen Tochter aufgerechnet worden war, ging es um die Beschneidung der Frau. Für den Oberältesten war das nicht im Entferntesten ein Anlass zur Auseinandersetzung über Wert und Würde des Menschen. Vom Begriff »Genitalverstümmelung« hatte er noch nie gehört, was sicher nicht an den Finessen einer inadäquaten Übersetzung lag, da sich der Dolmetscher in Ermangelung eines treffenden Synonyms mit etwas umständlichen Beschreibungen aushelfen musste, die direkt im Schambereich der Frau angesiedelt waren. Die Bitte um Präzision und mehrmaliges Nachfragen bei Dolmetscher und Ältesten brachte die immergleichen Antworten hervor. Ich nahm sie hin. Angesichts freimütiger Gastfreundschaft ist es ratsam, die Grenze der eigenen Beharrlichkeit zu kennen. In moralischen Fragen zu insistieren, führt selten direkt weiter, immerhin war ich Gast auf dem Gebiet eines mir bislang freundlich gesinnten Stammes, deren Vertreter mir ohne große Verhandlung Audienz gewährt hatten, was keineswegs selbstverständlich ist. Man stelle sich das Prozedere andersherum vor: ein halb bekleideter Angehöriger des Bena-Stammes, der in der Amtsstube einer deutschen Verwaltungsbehörde (und nicht einmal im Zimmer der Gleichstellungsbeauftragten) das Recht des Mannes auf pharaonische Beschneidung der Frau einfordert. Durfte ich afrikanische Gastfreundschaft an Bedingungen einer universellen Moral nach europäischer, gar deutscher Lesart knüpfen? Warum stoppte ich, Eindringling in einen geschlossenen Kulturkreis, hier nicht, fügte mich dem Unvereinbaren und akzeptierte den Dissens um des Friedens willen?

Ich fuhr fort. Als Interesse an heimischen Gepflogenheiten getarnt, begann ich vorsichtig und unterschwellig Kritik zu üben, die als solche erst gar nicht aufgefasst wurde, weil der Wunsch nach Erörterung des moralphilosophischen Problems einer beschnittenen Frau offenbar bei niemandem auf Resonanz traf. Ich vergewisserte mich mehrmals beim Dolmetscher und bat um erneute Präzisierung meines Anliegens. Die Annahme, Beschneidung würde hier als Verstümmelung aufgefasst werden, war nur dann nicht naiv, wenn man nichts über die Stammestraditionen weiß. Auf den Einwand, nach Ansicht eines in moralischer Lauterkeit geschulten Europäers liege mit der Genitalverstümmelung zweifelsohne eine veritable Menschenrechtsverletzung, wenn nicht ein völlig indiskutabler Gewaltakt gegen die Frau vor, antwortete der Älteste der Ältesten mit der Frage, was ein Menschenrecht sei.

Um die durch die Tücken der Übersetzung sich hinziehende folgende Debatte hier zusammenzufassen: Beschneidung sei im Omo-Delta seit Jahrtausenden Kulturgut und Tradition; es sei das Recht des Mannes, der, um die Familie zu ernähren, als Jäger für viele Monate in die Prärie gehe, die Frau vor neuer Befruchtung und unreiner Vermehrung seiner Sippe zu schützen; mit der beschnittenen und sodann zugenähten Vulva dokumentiere die Frau ihre Pflicht zur Keuschheit und Treue, während der Mann, über die Steppen ziehend, sicher sein müsse, dass die Frau ihm gehöre.

Nicht nur flimmernde Hitze trieb mich in die Resignation, sondern auch die Anmaßung, für die ich mich noch Tage später schämte, obwohl ich auf das Verbot der Genitalverstümmelung überall auf der Welt unverdrossen große Teile meiner moralischen Energie investieren würde.

Was war die Lehre eines langen Tages im Kreise der Weisen? Wer fremde Völker und Sitten respektiert, lautete sie, müsste auch als Ritus, Sitte und ethische Tradition die Beschneidung der Frau respektieren, zumal sie häufig von den Frauen selbst, von Müttern und Großmüttern, vorgenommen wird. Aber das Dilemma blieb. Entweder gilt der Universalismus des Respekts gegenüber Tradition und ihren kulturellen Codes überall gleichermaßen – oder es ist kein Universalismus mehr möglich. Ein klassischer Wertekonflikt, bei dessen Lösung es kein bisschen weiterhilft, auf die Segnungen der Aufklärung oder die Überzeugungskraft des deutschen Feminismus zu pochen.

Erleichtert, keinen finalen Peitschenhieb mit dem Verweis auf Hitler kassiert zu haben, fragte ich mich nach meinen Möglichkeiten. Was hätte ich tun können? Das Omo-Delta empört verlassen, um ein Zeichen zu setzen, das die Ältesten zur Revision ihrer Zeremonien veranlasst? Die alten Männer verwünschen, obwohl die Frauen einander beschneiden? Die Auflösung repressiver Machtstrukturen mittels angewandter Gendertheorie vorschlagen? Jedes noch unbeschnittene Mädchen im Omo-Delta durch Drohung mit der UN-Charta für Menschenrechte retten zu wollen, weil man glaubt, in ihrem Sinne zu denken und zu handeln? Den äthiopischen Mann umerziehen zu wollen, auf dass er europäischen und im speziellen deutschen Normen entspreche?

Am besten schien mir, sich dem Zwang des Normativen in dieser Situation zu fügen und im weißen Landcruiser Richtung Omo-Fluss zu fahren, um allerdings kurze Zeit später vor zahlreichen Kriegern auf dem Weg der Höhenstraße in die Berge von Gedba zu stehen. Vorsichtig ausgedrückt war die Situation unübersichtlich. Die Menge an ausgelassenen Menschen schien mir beträchtlich. Die zahlreichen Volksstämme in der Gegend zu differenzieren, war nur nach langer Zeit möglich. Hobbyethnologie half nicht weiter, und kurzfristig angelesenes Wissen kam ebenso an seine Grenze wie das Klischee. Man hätte den jeweiligen Schmuck zu erkennen, die jeweiligen Tänze zu lesen und die Dialekte verstehen zu lernen, ohne gleich akademische Forschung zu betreiben. Die Kultur der Stämme basierte auf Riten, jeder Stamm hatte seine eigenen Rituale, und jedes Ritual war in sich schlüssig.

Die, die den Weg versperrten, waren geschätzt zwischen sechzehn und zwanzig. Sie sangen, schellten, tuteten und stampften. In großer Feierlichkeit schminkten junge Frauen die Gesichter junger Männer: rote Punkte auf weißem Lehm. Bis auf weiteres blieb mir deren Sinn ein Rätsel. Die Männer hielten gebündelte Gerten in den Händen, da tanzte eine der Clanfrauen einen der Geschminkten, der sie lässig ignorierte, von hinten an. Er drehte sich, sie lachte ihn aus und streckte ihm ihre Brüste entgegen. Genervt drehte er sich weg. Sie neckte ihn weiter, tutete, sang und stampfte. Da tippte er die Gerte zweimal auf den Boden, während sie auf der Stelle steppte, und dann zog er durch, dass es schnalzte. Blut lief über die Rückenhaut der Tänzerin, auf dem Oberarm klaffte ein Riss. Sie aber lachte höhnisch über den Schwächling, auf ihrem Rücken sah ich mehrere wulstige Narben. Je wulstiger die Narbe war, als desto schöner wurde sie empfunden und desto höher war, wie ich später erfuhr, der soziale Status der entsprechenden Frau. Die Wunde wurde mit Butter und Lehm eingerieben, und nach dem Schlag, während immer wieder Blut austrat, tanzte sie einen anderen geschminkten Jungmann an. Vier weitere Frauen folgten den beiden tanzend. Es schnalzte hier und dort und über Stunden hinweg, die Frauen lachten, tuteten und bluteten, und während sie Ehrengesänge anstimmten, schepperten die Schellen an ihren Knien und Armen unentwegt.

Die Sache war nicht ganz einfach und stellte sich übersetzt wie folgt dar: Für die unverheirateten Frauen des Clans ist es die höchste Ehre, ausgepeitscht zu werden. Je mehr Schläge sie einstecken, desto mehr zeigen sie dem Einpeitscher, wie viel Schmerzen sie für ihn zu ertragen bereit sind. Und es schnalzte und schnalzte weiter, und die Frauen rissen von den Sträuchern und Bäumen neue Gerten ab in einem Stolz, der mich lange verstörte.

--

Der Anspruch an universelle Moral zerbirst meist schnell an der Relativität universaler Wertvorstellungen. Entweder sind sie relativ universal oder sie sind universell relativ. Man muss sich entscheiden, ob man in einem äthiopischen Bergdorf oder im Kreise der Stammesältesten seine Auffassung von Menschenrechten ohne Kompromiss als höchsten, nicht verhandelbaren Standard ansetzt, auch wenn sie in anderen Kulturkreisen, in denen die Tradition den höchsten Standard bildet, offensichtlich keinerlei Wert besitzen. Im gesellschaftlichen Geborgenheitsraum der eigenen vier Wände zuhause sind moralische Urteile wohlfeil und leicht zu formulieren. Sie stehen fest, gebildet durch soziale Normen, vermittelt durch Erziehung, bestätigt durch Einsicht in ihre Richtigkeit und sozial angewandt im alltäglichen Verhalten. Als handlungsleitenden Rahmen des Alltags sind sie in sich plausibel, und nichts ist leichter zu haben als das erhabene Gefühl, im heimischen Wohnzimmer auf der richtigen Seite zu stehen. Theoretisch mag das überzeugen, aber praktisch, im realen Leben, wenn es darauf ankommt, dem Abgrund Paroli zu bieten?

Die Stämme im Omo-Delta nun haben ihrerseits soziale Normen, die durch Erziehung vermittelt und in konkretem Verhalten angewandt werden. Ausgepeitschte Frauen als hochgeehrt anzusehen, fällt selbst dem Mann schwer, der nicht in jedem sozialen Verhältnis zwischen Mann und Frau per se sexistische Hierarchie erkennen kann. Niemand muss Augenhöhe vortäuschen, aber wer ein moralisches Dilemma gar nicht erst erlebt, vergibt eine große Dimension Wahrhaftigkeit.

Der Konflikt zwischen universeller Moral und relativer Menschlichkeit ist ein Zwiespalt, dem niemand, der reist, entgehen kann. Manchmal geschieht es ja, dass der Reisende fremdes Terrain noch mit einer ganz anderen Absicht entert: im Hochgefühl der Verklärung. Dann ist die Gefahr des Exotismus gegeben. Die Verherrlichung dessen, was als exotisch empfunden wird, ist nicht fahrlässig. Sie ist nahezu unvermeidbar. Es lässt sich meiner Erfahrung nach nur unter hohem Aufwand an Selbstverleugnung verhindern, den fremdkulturellen Menschen in dessen Lebensraum wie ein faszinierendes Objekt unters Mikroskop des weltgewandten Feldforschers zu legen und – vielleicht aus der Idee der Gleichwertigkeit oder aus Dankbarkeit für die gewinnbringende Begutachtung – fast immer zu einer positiven Bewertung zu kommen. Was ist das vermeintlich Exotische aber anderes als eine bislang unbekannte Variation vom gleichen Leben in derselben Menschenwelt?

Ist die Klinge scharfsinniger Betrachtung einmal gewetzt, wird die Begierde nach dem Exotischen zum zweischneidigen Schwert. Mögliches Elend und den Kampf ums Dasein der Einheimischen zu beobachten, kann die arrogante Anmaßung einer Sozialstudie fürs heimische Werkverzeichnis haben, zugegeben. Dennoch erfordert es die selten gewordene Fähigkeit zur Tuchfühlung (von Empathie soll hier nicht gesprochen werden, da Empathie allzu schnell aufgerufen wird, wenn der Zivilisationsbürger angesichts von Hass, Häme, Elend und Leid so ratlos wie geschockt kein anderes Mittel zur Verfügung hat). Tuchfühlung hingegen täuscht gar nicht erst vor, dem Leid der Menschen – so sie überhaupt leiden, was ja keine ausgemachte Sache ist – anteilig nachspüren zu können. Tuchfühlung ist die mühsam zu lernende Selbstbefähigung, sich in die Umstände vermeintlichen Leids einzudenken, sich dabei selbst zurückzunehmen und höchstens vorläufige Schlüsse zu ziehen. Ist es zynisch, die scheinbare Primitivität südäthiopischer Stämme aufregend zu finden? Und ist es – später zurückgekehrt in die von Recht und Rationalität durchwirkte heimische Republik – kokett, von der Faszination des edlen Wilden zu schwärmen?

In der Epoche des Globalismus, da sich die Welt im Zuge ihrer Vergrößerung immer weiter verkleinert, ist der geneigte Blick in die Fremde von ebenso unschätzbarem Wert wie die erlebte Erfahrung des eigenen Fremdseins. Verständnis zu haben – auch wenn man nicht alles versteht – heißt ja nicht,

Sitten bedingungslos gutzuheißen, Normen nachahmens-
wert zu finden oder sich Verhaltensweisen anverwandeln
zu wollen. Die einen sind vom Anderen grundsätzlich fasziniert, die anderen ängstigen sich vor ihm ebenso grundsätzlich, den meisten mag das Andere weitgehend egal sein. Für
mich war und ist das Andere in seinen vielfältigen Facetten
die Bedingung für Horizonterweiterung, auch wenn sie be-
rechnendem Egoismus entspringen mag wie die weiße Lüge
aus akuter Not.

Lehre von der List der Lüge

Einmal stand ich mitten in der russischen Provinz, und der
Zufall brachte eine Abzweigung mit sich. Die Straße wurde
zum Weg, der Weg flankierte einen See, verjüngte sich zu
einem Pfad in Schlamm und Matsch, führte zu einem Dorf,
wo er sich um eine Kirche krümmte, folgte Stromleitungs-
pfählen, und auf einmal stand da ein Mann mit Bart und
hinter ihm ging kein Weg weiter. In dem Moment, da einer
der grundlos empörten Hähne krähte und ein leerlaufender
Hyundai die Stille zerriss, trat rein zufällig Fjodor Abitow in
verdreckter, gelöcherter, schlabbernder Hose aus einem von
Wellblechen gerahmten Vorgarten hervor und wollte wissen,
wie es sein kann, dass es einen Fremden mit solch schönen
Schuhen in sein Dorf verschlägt, das wie alle anderen russischen Dörfer zum Sterben verurteilt sei, wie auch die Familien
der Dörfer zum Sterben verurteilt seien, weil so ein Leben,
wie die Familien es in den zum Sterben verurteilten Dörfern
führten, keinen Sinn mehr hatte. Im Brackwasser am Eingang
des Dorfs machten Schwäne Männchen. Schnatternde Gänse

standen Spalier. Die Häuschen hatten feines Schnitzwerk aus tiefdunklem Holz, die Dächer waren geschuppt, geschindelt mit Wellblech, selbst gebaute TV-Antennen waren an- und aufgesteckt oder hingen schräg an Dachrinnen.

»Letzte Woche ist wieder einer im See ertrunken«, sagte Fjodor ohne jedes Misstrauen gegenüber dem, der vor ihm stand, »stell dir mal vor, die Taucher wollten 2000 Rubel, damit sie ihn rausholen!«

Und was passierte dann? Alle im Dorf warteten, bis die Leiche auftreiben würde, denn 2000 Rubel entsprachen umgerechnet 50 Euro und waren ein Vermögen. Wer kein Geld und keine Beziehungen habe, sagte Fjodor, komme im heutigen Russland zu nichts. »Wir nennen Demokratie nur noch Scheißokratie.«

Seit zehn Jahren hatte Fjodor kein Geld vom Staat bekommen, das war scheißokratisch. In den Büros der Stadt, die zig Kilometer entfernt lag, wurde notiert, was er kriegen sollte, bezahlt wurde er mit Brot oder auch nicht, denn meistens gab es kein Brot, nur guten Willen, aber was hieß schon gut, wenn jeder gegen jeden kämpft in dieser Scheißokratie?

»Wir leben, um zu überleben«, sagte Fjodor.

»Leben ist das nicht«, warf Fjodors Frau Ljudmila ein.

Fjodor sagte nichts mehr. Ljudmila erst nicht, dann schon. 80 Rubel Kindergeld erhielten die Abitows vom Staat, sagte sie, 400 Rubel für fünf Kinder. Also 10 Euro im Monat. Neue Sandalen kosteten 320 Rubel. Das hieß ja: entweder Essen für alle oder Sandalen für eins der Kinder. »Ich kenne Nachbarn, die essen dasselbe wie ihre Hühner«, sagte Ljudmila. Kürzlich war Fjodor über Wochen hinweg ganz ohne Arbeit gewesen, und die Abitows dachten an den Tod. »Um heute in Russland überleben zu können, braucht man Beziehungen oder muss kriminell sein.« Beziehungen hatten sie keine, doch als Ljudmila in der Zeitung einen Fragebogen der Partei Einiges Russland entdeckte, keimte auf einmal Hoffnung. Politiker wollen ja schließlich den Menschen helfen, nicht wahr, und da hatten die Abitows die Partei um mehr Tiere gebeten. Dann hatte die Partei angerufen und gefragt: Wozu denn mehr Tiere?, und Ljudmila hatte gesagt, ohne neue Tiere verhungern wir vielleicht, und dann hatten die Leute von der Partei gesagt, wir melden uns, aber dann hatten sie vergessen, sich zu melden.

Eine Ziege meckerte, Wolken flogen im Westwind, und beladen mit Kohl und einer bekopftuchten Babuschka holperte ein Karren vorbei, ihr zahnloser Mann saß seitwärts auf dem ziehenden Esel. Bald würde es Abend, denn der Hahn krähte. Neben dem Herd im Haus der Abitows standen drei große Messingeimer mit Zwiebeln und Kohlblättern und auf dem Tisch sah ich eine Hartplastikkanne mit abgestandenem Tee und einen Samowar. Die Abitows schliefen auf ausgezogenen, durchgelegenen Couches, auf abgewetzten geblümten Polstern. Bettlaken gab es nicht, nur Bruce, der nach dem Kampfkünstler Bruce Lee benannte Sohn, hatte ein Mickey-Mouse-Kopfkissen. Alle Uhren im Haus gingen falsch, aber sie gingen.

Kürzlich wurden die Abitows beraubt: die Gaspistole, die der älteste Sohn für 2800 Rubel gekauft hatte, weiß Gott, wer sie gestohlen hat, es muss nachts gewesen sein. Eine Gaspistole? Ja, eine Gaspistole. Wozu eine Gaspistole? »Es ist gefährlich geworden«, sagte Ljudmila. Hier, auf dem Dorf? Natürlich auf dem Dorf. Es war Scheißokratie. Die Diebe, habe man gehört, tauschten Pistolen gegen 100 Rubel und Wodka ein, und vielleicht war die Gaspistole der Abitows

schon längst für tausend Rubel über irgendeinen Tisch gegangen. »Seit dem Ende des Kommunismus gibt es kein Vertrauen mehr«, sagte Fjodor, seit die neue Freiheit gekommen sei, habe jeder Angst, aus dem Haus zu gehen, weil auf
den Dörfern das Naturrecht zurückgekehrt war, das Recht
der stärkeren Natur, auch in den Städten und vielleicht in
ganz Russland. Das Recht des Stärkeren war das Schicksal
des Süchtigeren. Die Leute tranken tags und nachts, sie tranken, was in der Kehle brennt: reinen Alkohol, Eau de Co-
logne, Gesichtsreiniger, Nagellackentferner, fünfzig/fünfzig
mit Wasser verdünnt, das war billiger als Wodka und immer
zu haben und brannte heftig in der Kehle.

Das Dorf hatte keinen Namen. Es hieß »Dorf«. Unbekanntes Dorf. Totgesoffenes Dorf. Scheißokratisches Dorf. Die Jugend, sagte Fjodor, habe keine Arbeit. Das ganze Dorf habe
keine Arbeit. Im ganzen Land gebe es keine Arbeit. Früher hatte es im Nachbardorf einen beliebten Club gegeben.
Irgendwann war der Club abgebrannt, und die Jugend begann
zu saufen. War das die neue Freiheit, von der man im Westen
immer geschwärmt hat?

»Ist das Freiheit?«

Eine Scheißfreiheit sei das, meinte Fjodor. Und die Freiheit der Dorfjugend, wählen zu können zwischen Militär und
Kloster – sollte dies das gute neue Leben sein, fragte er. Seit
zehn Jahren hatten sich die Priesterseminare verzehnfacht,
regelmäßig füllten sich auf dem Land die Kirchen, alle kamen
sie: Arbeiter, Professoren, Ärzte, Lehrer, junge, alte, und meist
waren es mehr Frauen als Männer. Die Zahl der Gemeinden
und Priester hatte sich verdreifacht. Der Glaube fängt auf, was
die Freiheit zerstört.

Rauch zog übers Land. In der Provinz brennt es immer

irgendwo. Der Kühlschrank der Abitows hoppelte auf der Stelle. Strom gab es. Dann kam der Moment, da Ljudmila einen Truthahn schlachten wollte. Heute sei zwar Samstag, sagte sie, aber zu Ehren des Fremden wollten die Abitows ihren einzigen Truthahn schlachten. Einmal im Jahr leisten sie sich einen Truthahn. Der Truthahn war ein Ereignis, er war das große Ereignis zu Weihnachten, und das nächste Weihnachten war noch acht Monate entfernt.

Ljudmila griff ins flatternde Gefieder, aus dem Truthahn-körper fleuchten gutturale Laute. Es war ja eine Ehre, den Gast mit den schönen Schuhen zu bewirten, nein, nicht nur eine Ehre, sondern die höchste. Wäre der Truthahn verspeist, hätten die Arbitows keinen weiteren mehr, und es würde ein trauriges Weihnachten werden. Sie würden Kartoffeln essen und Nagellackentferner trinken, und die Kinder würden das nicht verstehen.

Was tun? Wie sich verhalten im Dorf ohne Namen? Sollte ich mich freuen über den für Weihnachten aufgesparten, un-ermesslich wertvollen, einzigen Truthahn aus dem Hinter-hof der Abitows, den Ljudmila jetzt bereit war zu holen, zu schlachten und zuzubereiten? Oder sollte ich beide Hände heben und dankend ablehnen und sagen, all das sei der Ehre zu viel, womit man Ljudmila und die Abitows ganz sicher kränken würde? Wann kam schon einmal ein Fremder mit so schönen Schuhen ins Dorf ohne Namen und wäre ihr Gast, ja, wann hatten die Abitows überhaupt jemals einen Gast gehabt? Jahrelang hätten sie von diesem Tag im April erzählt, vielleicht über Generationen hinweg, und im Dorf hätte man erzählt, dass die Abitows einem Fremden mit schönen Schuhen einen Truthahn zubereitet und Gastfreundschaft erwiesen hatten, acht Monate vor Weihnachten in der Scheißokratie.

Gleich würde Ljudmila den Truthahn geschlachtet haben, und dann wäre es zu spät. Sollte ich ein Gegengeschäft anbieten? Die Einladung geehrt annehmen und dann, hätte ich angenommen, sie noch vor der Schlachtung sofort an die Bedingung knüpfen, für das Tier zu bezahlen und mehr als üblich zu zahlen, damit sich die Abitows zwei neue Truthähne kaufen könnten? Wäre das herablassend? Einen Menschen nicht bloßzustellen, ist ein edler Wert, vielleicht der edelste, weil er alle anderen Werte, auf die es im Leben ankommt, in sich fasst. Wäre die Welt nicht ein besserer Ort, würden alle Menschen sich darauf einigen, einander nicht bloßzustellen?

Für einen kurzen Moment erschien es möglich, ein Bündel Scheine auf den Tisch zu legen, dann aber, aus einer Intuition heraus, die vor allem mit dem Gefühl der Ehrerbietung zu tun hat, kam das Gegengeschäft auf keinen Fall in Frage. Sobald die eigene Hand nach Geldscheinen kramte, wäre ein Machtverhältnis etabliert. Es wäre beschämend und würdelos. Den Abitows kam es ja gerade nicht auf eine Gegenleistung an. Das Denken in Kosten-Nutzen-Kalkülen mag eine westliche, durch marktwirtschaftliche Erziehung gewonnene Form ausgleichender Gerechtigkeit sein. Im Dorf ohne Namen in der Scheißokratie aber, wo es weder Straßen noch fließendes Wasser gab und sie Rüben und Kartoffeln aßen und Nagellackentferner tranken, weil der Wodka zu teuer war – hier war es für die Abitows ein Triumph, den höchsten aller Werte zelebrieren zu können: die Freundschaft gegenüber dem Gast mit den schönen Schuhen, den sie ein paar Stunden kannten, von dem sie nichts wussten, der ein Gauner oder Dieb oder Spion oder Agent oder Missionar hätte sein können. Für den höchsten Wert im April wäre es nicht einmal der Rede wert, an Weihnachten keinen Truthahn mehr essen zu können.

Oh nein, sagte ich schließlich, ein Truthahn gehe leider nicht, ich hätte diese ehrenvolle Einladung mit größtem Bedauern abzulehnen, wobei »ablehnen« das falsche Wort sei, wie ich ungefähr sagte, denn es liege hier ein seltener und vielleicht merkwürdiger Fall vor.

»Ein Fall?«, fragte Ljudmila und war bereit, sich zu empören.

Der Fremde, sagte ich, sei in gewisser Weise anders.

»Anders?«, fragte Ljudmila.

»Krank?«, fragte Fjodor.

Nein, nicht direkt. Er, der Fremde, esse kein Fleisch. Er esse keine Tiere. Er ernähre sich von Pflanzen und Gemüse. Ein bisschen triumphierend, als habe sie gegen diese merkwürdige Krankheit des Fremden eine gute Arznei, ging Ljudmila in die Speisekammer, schob eine Schranktür unten rechts zur Seite und holte ein bisher ungeöffnetes Fass hervor. Dieses Fass, sagte sie, sei der größte Schatz der Familie. Sie öffnete es, griff hinein und angelte aus dem Essig eine der drei Riesengurken, die die Abitows vor Monaten gegen den vorletzten Truthahn eingetauscht hatten. Ljudmila überreichte mir den Teller. »Fjodor«, sagte sie, »liebt nichts so sehr wie diese Gurken.«

Der Pfad wurde wieder Weg, der Weg Straße, da lag ein überfahrener Falke, dann begann die Steppe, das Land der schlanken Birken, der Seen und der Einsamkeit, nordostwärts weiter, links wie rechts leblose Backsteinschornsteine, doppelreihige Überlandrohre, Fabrikruinen, oxidierte Kesselanlagen, Feuerstellen vor Toreinfahrten, Dealer in Tarnanzügen, Schaschlikbuden, honiggelbe Weizenfelder, sinnlose Polizeikontrollen, am Straßenrand kauernde Babuschkas und hastig pickende Krähen am Saum der Felder. So sah sie aus, die Traurigkeit des vom Weltgeist verlassenen Landes, dessen Bewohner es liebten, weil sie sich in ihm geborgen fühlten.

––

Kurzum: Ist eine Lüge, die das Beste im Sinn hat, obwohl sie gleichzeitig das Schlechte vollzieht, wirklich verwerflich? Aus der zufälligen Begegnung mit einem Gurkenliebhaber und seiner Frau in einem russischen Dorf ohne Namen war doch zu lernen, was jenseits von Herkunft und Status Menschsein bedeuten könnte: wenn der eine dem anderen begegnet, ohne dass mehr als nur die Begegnung eine Rolle spielt. Geht es bei der Entfaltung von Zwischenmenschlichkeit nicht allein darum, das Ideal gegenseitiger Fürsorge zu entdecken, wo auch immer in der realen Welt man sich aufhält?

Lehre von der Rebellion durch Handschlag

Einmal stand ich in der Grotte des Herkules und sah zwei Meere auf einmal. Der mythische Weltenschmied hatte antiken Dichtern zufolge genau an dieser Stelle etwas außerhalb der marokkanischen Hafenstadt Tanger mit der schieren Kraft seiner Muskeln Europa und Afrika auseinandergestemmt, aus Gründen, die uns heute leider verborgen sind. Die nach ihm benannte Grotte war über Jahrmillionen in den Fels am Kap Spartel gespült worden, wo sich Mittelmeer und Atlantik vereinigen, ohne dass man einen Übergang erkennen kann. Aufgrund des unterschiedlichen Salzgehalts der beiden Meere gestattet sich – je nach Sonnenstrahlung – das Licht eine opulente Choreografie: hier Silberschimmer, dort Tiefblaugrün. Die

Öffnung der Herkulesgrotte zum Horizont hin hat die Form des afrikanischen Kontinents, und wer abends lange genug wartet, sieht, im Innenraum stehend, die Sonne versinken, als wäre der atlantische Himmel eine Kinoleinwand.

Als wir am späten Vormittag auf dem Rückweg vom Kap Spartel über die Hügel der Stadt ins Zentrum von Tanger fuhren, fragte mich Nawphel, mit dem ich seit Tagen unterwegs war, scheinbar aus dem Nichts heraus, ob ich mit zu ihm nach Hause käme, er wolle mich zum Mittagessen einladen. Welch große Ehre, dachte ich und sagte zu. Er rief seine Frau an, sie solle dies und jenes einkaufen. Aber wir könnten das doch auch besorgen, sagte ich, wir seien ja ohnehin unterwegs und hätten gerade Zeit. Ich meinte, zaghaftes Kopfschütteln identifiziert zu haben.

Nawphel war ein konservativer Muslim und damals Mitte dreißig. Eine halbe Stunde später rief er seine Frau abermals an, ob sie mittlerweile dieses und jenes besorgt habe. Abermals regte sich in mir geradezu feministischer Widerstand, da Nawphel und ich bis zum Mittag nichts mehr zu tun hatten. Wir wollten abhängen und würden vielleicht zum Leuchtturm fahren, dort über die Vergeblichkeit der Liebe sinnieren und dem Meer bei seiner Aufwallungsarbeit zusehen. Ohne größere Umstände hätten wir zum Schlachter fahren, in die Fischhalle gehen oder Gemüse kaufen und es mitbringen können.

Nawphels Stolz auf die eigene Wohnung etwas außerhalb des Zentrums war unüberhörbar. Es gehörte seiner Ansicht nach zum Selbstverständnis eines Mannes, sich durch eigener Hände Arbeit eine Wohnung für Frau und womöglich Kinder leisten zu können. Eine eigene Wohnung erfüllte vieles dessen, was im Leben eines jungen Marokkaners von großer

Wichtigkeit war (was sich übrigens mit dem Selbstverständnis junger Chinesen deckte, wo ich Jahre zuvor am Tempel des Weißen Pferdes von Herrn Li Gleiches gehört hatte): ohne eigene Wohnung keine Frau, ohne Frau kein Stolz, ohne Stolz ein armes Leben.

Mit jedem Hinweis auf seine Wohnung schürte Nawphel nicht nur hohe Erwartungen, sondern einerseits eine gewisse Aufgeregtheit, womöglich eine prächtige Stadtvilla zu Gesicht zu bekommen, und andererseits die Ahnung einer Enttäuschung dieser Erwartung. Wir fuhren in ein Vorortviertel, Nawphel hatte eine CD der von der islamischen Jugend verehrten Sängerin Elissa eingelegt und sang, als rezitierte er ihr lyrisches Liebesleiden, so leise wie ergriffen mit. Ich mag arabische Kultur, Kulinarik und Musik seit jeher und stimmte nach kurzer Zeit in den Refrain ein; fast immer dreht es sich in den Popsongs der arabischsprachigen Welt um »Habibi«, um den Geliebten oder die Geliebte oder zumindest den Liebling. Wir saßen in Nawphels Renault, hatten beide Seitenfenster herabgelassen und sangen im durchziehenden Fahrtwind von »Habibi« und der aufgehenden Sonne und dem Licht der Liebe. Nawphel erklärte mir wichtige in Elissas Texten vorkommende Wörter, die sich nicht übersetzen, sondern nur erfühlen ließen. Also erfühlten wir Wörter, und es war, als seien wir Jugendfreunde aus der wiedergekehrten Kindheit, mehr noch: als verströmten wir in zarter Unbeschwertheit mediterrane Heiterkeit und es wäre nicht vorstellbar, dass irgendetwas die in diesem Moment fest legierte Brüderlichkeit aufkündigen könnte.

Von der Stadtautobahn ging es rechts ab, in einer Schleife linker Hand durch mehrere Gassen, Habi-bi, Habiiii-bi, rechts, abwärts, eine Krümmung, Ha-biiii-bi, plötzlich nahm

Nawphel das Handy, rief seine Frau an, wurde kurz laut und bestimmend. Dann fuhr er rechts heran und stieg aus. In der fahlen Gasse reihten sich gesichtslose, vier- bis sechsstöckige Bauten mit kleinen Fenstern. Stromleitungen hingen durch, ein Kind schrie. Nawphel und ich kannten uns jetzt fünf Tage und hatten über höchst intime Dinge gesprochen, beispielsweise über den marokkanischen König Mohammed VI., kurz »M6«, den Nawphel sehr verehrte. Der König sei für alles verantwortlich, was gut sei im Land, sagte Nawphel, denn er, der König persönlich, kümmere sich um die Belange der Menschen, M6 sei ein Freund des Volks, der Vater aller Marokkaner, klug, bescheiden und weise. Wir hatten über Geschwister und Eltern geredet, über Frauen und deren Rolle im Allgemeinen und über das Gebet, zu dem Nawphel sich, wie es sich für einen gläubigen Muslim gehörte, fünfmal am Tag zurückzog. Immer wieder war ich erstaunt, wie pragmatisch ein Muslim sein Gebet verrichten konnte, nahezu überall, ohne ein Dach über dem Kopf zu brauchen, manchmal hinter einer Tankstelle, immer mit dem Blick nach Mekka. Ich habe seit jeher großen Respekt vor der Innerlichkeit und inneren Festigkeit eines gläubigen Menschen, obwohl oder gerade weil mir – einem getauften Protestanten – die Gabe zur Gottgläubigkeit nicht gegeben ist. Nawphel äußerte darüber sein Bedauern, was Züge von Mitleid hatte. Ich bedankte mich und dachte wieder einmal darüber nach, wer letztlich der glücksbegabtere Mensch sei: der Gläubige oder der Nichtgläubige. Ging es nicht allein um das Glück, und zwar einerlei, durch welche Religion auch immer? Und war das Glück des Gläubigen nicht gleich viel wert wie jenes des Nichtgläubigen, weil das eine wie andere dem jeweiligen Menschen wichtig ist?

Wir traten in eine dunkle Wohnung ein. Natürlich zog ich

sofort meine Schuhe aus. Nawphels Frau kam auf mich zu. Ich begrüßte sie mit einem Nicken und wartete, ob sie mir ihre Hand entgegenstreckte. Sie nickte zurück und senkte ihren Blick. Ihre Hände blieben vor dem Bauch gefaltet. Ich dankte ihr für die Einladung. Nawphel nahm meinen Dank an und platzierte mich auf der Couch. Sofort sank ich in deren Polster ein. Die Wohnung bestand aus zwei Zimmern. Teppiche, Bilder oder andere Ornamentik gab es nicht. An der Wand hing, schief und provisorisch befestigt, ein sehr analoger Fernseher. Nawphel stellte den Kanal National Geographic ein und zog sich zum Beten zurück. Aus der Küche, die die Größe einer Abstellkammer hatte, roch es verführerisch. Ich hörte den arabischen Kommentator und sah auf dem Bildschirm engagierte Jäger und wilde Tiere in irgendeiner Wüste und grobkörniger Auflösung.

Zehn Minuten später kam er zurück, wusch sich die Hände und setzte sich zu meiner Linken auf die Couch. Seine Frau brachte Teller und Besteck, Schälchen mit Cremes, Brot und Buttermilch. Nawphels lautstark vorgebrachte Frage an seine Frau interpretierte ich als Kritik am zeitlichen Verzug, schließlich habe er ihr heute Morgen rechtzeitig aufgetragen, alles einzukaufen, das Essen war auf 13 Uhr angesetzt, und jetzt war es einiges nach eins. Ich wusste, dass Nawphel die deutsche Neigung zur Pünktlichkeit kannte, spürte, dass es in diesem Fall um etwas Prinzipielles ging, und mischte mich mit dem Satz ein, für mich seien Verzögerungen durchaus in Ordnung, der Geruch steigere ja, je länger er in der Luft liege, nur die Spannung auf das zweifelsohne hervorragend zubereitete Essen, wann auch immer es komme.

Es gibt Momente, da ist ein in seiner Ehre gekränkter Mann durch nichts zu besänftigen.

Nein, sagte Nawphel, eine Frau habe Pflichten. Er sagte *eine*, nicht *seine* Frau. Weder nickte noch intervenierte ich, sondern besann mich auf das jetzt im Fernseher ausgestrahlte Comedyformat aus den USA, das auf die Tierdokumentation folgte. Aus mir unbekannten Gründen lenkte ich das Gespräch auf Mekka und die Hadsch. Ob er nicht bald einmal zur Ka'aba wolle, fragte ich, immerhin sei die Pilgerfahrt nach Mekka eine der fünf Pflichten eines Muslim.

Erst mit sechzig, sagte Nawphel.

Mit sechzig? Warum so spät?

Weil er mit seiner Frau nach Mekka wolle. Um alle Sünden abzuwaschen. Habe sie diese am Grab des Propheten einmal abgewaschen, dürfe eine Frau nicht mehr aus dem Haus, um sich nicht aufs Neue zu verunreinigen. Für Nawphel war das Warten bis zum sechzigsten Lebensjahr ein Akt der Fürsorge, ehe seine kleine, dunkle Wohnung, die er bald kaufen wollte, die von ihm bevorzugte Lebenswelt seiner Frau sein würde.

Es klingelte, Nawphels Schwägerin und deren Tochter kamen hinzu, seine Frau brachte einen überdimensionalen Tontopf herein und stellte ihn in die Mitte des Flachtischs. Es war Viertel nach eins, die Frauen griffen nach den Tellern, schöpften, taten auf, holten dies und brachten jenes, und Nawphel und ich aßen, bis sich der Magen nicht mehr dehnen mochte. Gesprochen wurde nicht. Dieses traditionelle Couscous war nicht nur das umfangreichste, sondern das beste, das ich je verzehrt hatte, gespickt mit Lammfleisch und Gemüse in perfekter Komposition. Das Mahl hatte eine gewisse Heiligkeit, und zumindest in diesem Fall verlangte die Heiligung des Essens auch anschließende Schweigsamkeit. Während des kulinarischen Gelübdes ergab sich ein einziges Mal Blickkontakt und die Gelegenheit, Nawphels Frau anerkennend zuzunicken.

Nachdem die Frauen abgeräumt hatten und ich dabei immerhin einen Unterteller auf das Tablett stellen konnte, packte Nawphel ein paar Sachen und ging zum Auto hinaus. Als wir uns verabschiedeten, sah mir seine Frau in die Augen und gab mir die Hand. Ihre Nichte kam angerannt und küsste mich auf die Wange, so wie die beiden Schwestern es dem Mädchen gesagt hatten.

Auf der Fahrt zurück in die Stadt wurde mir klar, welch doppelte Ehre, ja welch kostbare Rarität mir an diesem Mittag zuteil geworden war. Der Handschlag von Nawphels Frau war erstaunlich fest gewesen.

Wir hörten Habibi-Musik und fuhren summend die Avenue Mohammed VI. an der Uferpromenade entlang zur Sonne, und Tanger zog an mir vorüber, als bestünde es aus miteinander verschmolzenen Sequenzen des großen Mythos vom Aufstieg und Fall eines liebenswerten Helden.

–‒

Welches Recht hätte ich gehabt, Nawphel für seine Haltung zur Sündenreinheit zu verurteilen? Welche Anmaßung wäre es gewesen, seine aus meiner Sicht mit fragwürdigen Normen ausstaffierte Welt durch den Hinweis zu kritisieren, das von ihm geplante Schicksal seiner Frau hielte ich für fürchterlich und sein Konzept familiärer Moral für fatal?

Der Handschlag zwischen seiner Frau und mir war ihm entgangen, da er gerade die Fahrertür geöffnet und seine Tasche ins Auto gestellt hatte. Man könnte sich fragen, ob seine Frau mir auch dann die Hand gereicht hätte, wenn Nawphel direkt neben uns gestanden hätte. Wie auch immer, sie hatte geschickt die einzige Gelegenheit abgepasst. Ich übertreibe nicht: Der Handschlag war ein Akt der Subversion. In diesem Moment, da nichts Besonderes geschah und alles passierte, entfaltete sich auf kleinstem Raum große Menschlichkeit. Für mich sind derartige Momente der Menschlichkeitsentfaltung unschätzbar wertvoll. Sie sind vornehmlich auf Reisen zu erleben, weil sie ein moralisches Gefälle voraussetzen, das dennoch Übergänge signalisiert. Die Subversion des Handschlags (und es gäbe zahllose andere Beispiele symbolischer Gesten aus verschiedenen Kulturkreisen) stellt für den Augenblick, in dem sie sich vollzieht, alles infrage und belässt zugleich alles, wie es ist. Der Handschlag war die unverabredete Verabredung, eine Konvention geistig aufzubrechen, ohne sie tatsächlich zu brechen. Er war der Transfer in einen anderen Raum. Er machte Möglichkeiten denkbar. Er formulierte eine Alternative und vereinte für einen scheinbar unbedeutenden Augenblick nicht nur zwei Menschen, sondern zwei Welten und somit die ganze Welt.

Für mich war und ist das Reisen die Schule solcherart Moral der Menschlichkeit, weil sie Verstand wie Gemüt zur Überwindung von Grenzen animiert. Wer reist, schult sich in der Sensibilität für Momente der Subversion, für Momente menschlicher Zuneigung, Momente mithin, die der Gewalt den Geist entgegensetzen. Der ethische Konflikt einer Reise in die Gefilde einer anderen Sittlichkeit besteht zwischen dem Respekt vor dem, was Menschen sind, und dem Respekt vor einer universellen Moral, die in allen Menschen die Träger gleicher Rechte erkennt.

Die direkte Konfrontation mit fremden Sitten, Normen und Riten kann (und wird) immer erst einmal einen Konflikt befördern, der einem zuhause erspart bleibt. Es ist jener Moment, an dem klar wird, dass Moral kein Gerücht ist, weil ihre theoretische Anwesenheit auch leiblich spürbar wird und eine konkrete ethische Forderung stellt: Wie soll ich mich angesichts einer Situation verhalten, die zu einem Verhalten nötigt, das ich selbst falsch finde? Sollte ich zum Beispiel den einzigen Truthahn der Abitows im russischen Dorf verspeisen, weil für die Gastgeber Gastfreundschaft ein weit höherer Wert ist als der Luxus eines einmaligen Festmahls in der alltäglichen Armut? Und sollte ich die Einladung zum Handschlag einer muslimischen Frau in einem Vorort von Tanger zurückweisen, weil ich ihren Mann, meinen Gastgeber, sonst brüskieren und gegen tradierte Wertvorstellungen in seinem Land verstoßen würde? Und wie geht man mit der Erkenntnis um, dass eigene Werturteile wie ein unbedingtes Beschneidungsverbot der Wirklichkeit beglaubigter Stammestraditionen nicht standhalten?

Echte Toleranz hieße ja, Haltungen und Ansichten, die man selbst nicht teilt, grundsätzlich zu akzeptieren, anzuerkennen und wertzuschätzen – gerade *weil* man sie nicht teilt. Toleranzbefähigung ist eine immense Leistung und in den vergangenen Jahren ausgerechnet im Sittenvorrat westlich-aufgeklärter Gesellschaften erstaunliche Mangelware. Im idealen Falle lehrt gerade das Reisen die Fähigkeit zur echten Toleranz, weil sich in der Fremde lernen lässt, dass der Mensch überall auf der Welt das Gleiche will: Liebe, Glaube, Hoffnung. Für diese Einsicht bin ich den Abitows, Nawphels Frau und den Ältesten im Omo-Delta bis heute dankbar. Wer im anderen sich selbst erkennen kann, hat für die Universalität der Menschenrechte eine ganze Menge getan.

Lehre vom Wert der Werte

Einmal stand ich in Sodom und suchte Gomorrha. Oder saß ich, und zwar einem Irrtum auf? Es war von vornherein wenig aussichtsreich, die beiden legendären Orte am Toten Meer eindeutig zu lokalisieren. Man reist ja nicht einfach nach Sodom, stellt sein Auto auf dem Parkplatz ab, schaut nach oben und liest auf einem Ortsschild: Sodom, große Kreisstadt, Landkreis Totes Meer. Man tut es deswegen nicht, weil keineswegs abschließend geklärt ist, ob Sodom und Gomorrha jemals existiert haben. Die populär gewordene Vermutung, dass die Fundamente des einstigen Sodom vom Salzwasser des Toten Meers begraben sein könnten, ist nicht zu widerlegen. Des Weiteren ist auch keineswegs sicher, ob der heute begehbare Grabungshügel, unter dem die Ruinen der Stadt vermutet werden, tatsächlich dem Sodom des Alten Testaments entspricht. Fakt ist: Nur in der Bibel – der hebräischen, also dem Alten Testament – ist von Sodom und Gomorrha die Rede, und nur im Falle Sodom und Gomorrhas gibt es die sprachlich unerhört drastische Schilderung eines apokalyptischen Höllenfeuers auf Erden. Faszinierenderweise ist die biblische Geschichte von Sodom und Gomorrha im Verhältnis zur kurzen Länge ihrer Schilderung die vielleicht wirkmächtigste. Beide Städte, die meist in einem Atemzug genannt werden, gelten bis heute als Chiffre für Verfehlung, Verdorbenheit, Verwerfung und den Zorn Gottes über das Böse im Menschen.

Bevor ich in Sodom stand und Gomorrha suchte, fuhr ich, im weißen Licht eines milden Septembermorgens, mit meinem gemieteten Landrover die jordanische Ostküste des Toten Meers südwärts Richtung Aqaba, weit unter normal Null, 400

Meter unterm Meeresspiegel. An den Rändern der Straßen und Wege standen Kamele, Schafe und Esel zufällig ansässiger Beduinen. Auf den Straßen gab es kaum Autos, und wenn eines kam, fuhr es langsam, weil die Naturschönheit ums Tote Meer herum jeden empfänglichen Menschen sinnlich derart überwältigt, dass man nicht nur kein Interesse verspürt, möglichst schnell durch die Gegend zu rauschen, sondern viel Zeit zur Verarbeitung der Eindrücke braucht – von der leicht verzögerten Wirkung der Mythen auf das eigene Gemüt ganz zu schweigen.

Alle zwanzig Kilometer fragten drei bis vier hinreichend entspannte jordanische Soldaten an Checkpoints nach meinem Reiseziel und winkten mich lächelnd weiter: Sodom? Na dann mal geradeaus weiter!

Die überzeugendsten archäologischen Hinweise platzierten Sodom am südlichen Ende des Toten Meers im heutigen Jordanien, wo früher, recht vermutlich, die Pentapolis war: die fünf Städte Sodom, Gomorrha, Admah, Zebojim und Bela, jede mit imposantem Mauerwerk und zum Teil gigantischen Grabkammerhöfen, ihrerzeit antike Metropolen, deren Größe kleinen Kreisstädten der Bundesrepublik von heute entsprechen dürfte. Linker Hand eröffnete sich eine fantastische Welt aus zerklüftetem Sandsteinfels, Täler und Furten wechselten sich mit terrassenartig abfallenden Erhebungen und steil aufragenden Zinnen ab. Der Versuch einer Palme, im Gestein zu Wuchs zu kommen, schlug fehl. Spuren menschlicher Besiedlung gab es nicht. Der Landstrich wirkte so tot, wie das Meer heißt. Beduinen mit Schafen und störrischen Ziegen tauchten auf, Frauen saßen vor Zelten in Geröllwüstenhalden, hinter ihnen erhoben sich die schützenden Felsen der Sandsteinfelsen des moabitischen Berglands. Bananen und

Tomaten wuchsen prächtig, das einst mit Dürre gestrafte Land war durch ein Kanalsystem fruchtbar gemacht worden. Schilder warnten vor kreuzenden Rindern, ein Esel malmte seinen Kiefer, und irgendwann rief ein Muezzin zum Gebet. War hier, in diesem mit feierlicher Stille erfüllten Landstrich, der Zorn Gottes, der bekanntlich fürchterlich war, überhaupt vorstellbar?

Je näher ich dem vermeintlichen Sodom kam, desto stärker spürte ich die Wucht seines Mythos: Schauplatz des Lasters, Spielort der Sünde und Opfer des göttlichen Gerichts zu sein. Und merkwürdig: Hier und da wehten unterirdisch heiße Böen heran, und es stank nach Schwefelwasserstoff, muffig, vergoren, verfault, als stoße das Innere der Erde sündenvolle Gase aus. Nichts vermochte mir letztgültig zu versichern, dass die jüdisch-christliche Moral der Bestrafung des Bösen hier ihren Ursprung hatte, und das tödliche Tote Meer, in dessen salzhaltigem Wasser so gut wie kein Exemplar organischen Lebens gedeihen kann, reflektierte aufs Lebendigste die Sonne, als spräche jemand zu mir. Das Licht war grell und aggressiv und diesseitig, ohne Sonnenbrille fiel das Sehen schwer.

Ich fuhr weiter und entdeckte eine Figur auf dem Felsplateau, schlank, dreigeteilt, mit einer taillenähnlichen Buchtung zur Hälfte, von unten geschätzt vier Meter hoch, nach Art hingetropfter Sandburgen am Badestrand und ähnlich schwer zu identifizieren wie eine Kleinskulptur nach dem Bleigießen. Den Wagen parkend, entdeckte ich ein Schild. Die Figur, hieß es im Text einer Tafel, sei die sagenhafte Salzsäule, die erstarrte Idit, Frau des Lot. Hier also, im Umkreis von ein paar Kilometern, glaubte ich, sei das Fundament der Jahrtausende überdauernden Idee von der Vernichtung des Bösen durch die Macht des Guten grundgelegt. In der Bronzezeit vor etwa dreitausend Jahren galt die moralische Grundlage der antiken Weisheitslehre: der sogenannte »Tun-und-Ergehens-Zusammenhang«. Kurz gesagt: Wer Schlechtes tut, dem ergeht es auch schlecht. Aber was ist schlecht? Und wer bestimmt, wann etwas schlecht ist? Nach altorientalischem Gesetz geht ein Volk, das eine Unrechtstat begeht, an sich selbst zugrunde. Fiel eine Stadt wie Sodom, so schloss man damals, musste in ihr etwas außergewöhnlich Schlimmes geschehen sein. Eine immense Schuld. Und laut Bibel geschah genau das.

Etwa 2100 vor Christus, wandern Lot, der Neffe Abrahams, und ein paar Hebräer von der Stadt Harran in der heutigen Südosttürkei über Hebron südwärts das Tote Meer entlang, ehe sie am südlichen Becken ihr Lager aufschlagen. Sie suchen nach Weideplätzen für ihre Schafe und Ziegen und nach Nahrung für sich. Sodom und Gomorrha, wie alle anderen Städte der Ebene, liegen jeweils an einem Wadi, einem Flussbett, das ins Becken des Toten Meers einläuft. Szenenwechsel: Abraham, Onkel des Lot, sitzt bei den Eichen von Mamre in der Mittagshitze, da erscheinen ihm drei Männer. Obwohl Abraham keinen der Wanderer kennt, holt er Wasser, lädt sie ein und lässt seine Frau Sara aus drei Maßeinheiten des besten Mehls Brotfladen backen. Er selbst schlachtet ein Kalb und erweist den Fremden somit höchste Wertschätzung. Dann erheben sich die drei Männer von ihrem Platz und gehen weiter in Richtung Sodom. Abraham verhandelt mit Gott, das als Sündenpfuhl berüchtigte Sodom nicht zu zerstören, wenn sich – nein, nicht vierzig, nicht dreißig, nicht zwanzig, wie der Herr will, wenn sich nur *zehn* Gerechte in dieser für ihre Ruchlosigkeit berühmten Stadt finden lassen, gerechte Männer, die Menschlichkeit walten lassen (die Autoren der Bibel kannten noch keine Gleichstellung).

Szenenwechsel.

Abrahams Neffe Lot nimmt das Angebot der Königin von Sodom an und lässt sich mit seinem Stamm innerhalb der Stadtmauern nieder. Doch er ist kein anerkannter Bürger der Stadt, sondern nur geduldet. Zwei – offenbar von Gott geschickte – Engel kommen an Sodoms Stadttor, und Lot, tadelloser Gastgeber, wie es Nomaden waren, lädt sie zu sich ein. »Meine Herren, kehrt doch im Haus eures Knechtes ein, bleibt über Nacht und wascht euch die Füße.« Lot bereitet ein Mahl aus ungesäuertem Brot, und dann passiert es. Die Bürger Sodoms umstellen das Haus und fordern die Preisgabe der Fremden: »Heraus mit ihnen, wir wollen mit ihnen verkehren.« Ein Verbrechen bahnt sich an. Die angekündigte homosexuelle Vergewaltigung wäre die schlimmste Demütigung der männlichen Gäste, eine Art und Weise der Demütigung übrigens, die zur Bronzezeit im Vorderen Orient keineswegs ungewöhnlich war. Da unternimmt Lot etwas dem westlichen Wertesystem völlig Unverständliches und bietet den Männern von Sodom einen Tausch an: »Seht, ich habe zwei Töchter, die noch keinen Mann gekannt haben. Ich will sie euch herausbringen. Dann macht mit ihnen, was euch gefällt.«

Man muss sich das klarmachen: Um seine Gäste vor der Demütigung einer Vergewaltigung zu schützen, opfert Lot seine Töchter. Diese Szene unter dem Gesichtspunkt zeitgenössischer Geschlechtergerechtigkeit zu lesen, wäre heute völlig normal, damals aber sinnlos gewesen. In der semitischen Wertelehre des Vorderen Orients war Gastfreundschaft eine der höchsten Normen innerhalb der moralischen Ordnung; der Schutz des Fremden galt als oberstes Gut, und auch wenn der Gast der schlimmste Feind gewesen wäre – ausgeliefert hätte man ihn nicht.

Wie geht es weiter? Sodoms Männer geben nichts auf Lots Angebot. Im Gegenteil: Sie beschimpfen ihn, den Zugereisten, den urban gewordenen Nomaden, der keine Bürgerrechte besitzt. Sie bedrohen und bedrängen ihn, treten an die Tür und geben vor, die Laster der Vergewaltigung mit ihm, Lot, noch viel schlimmer zu treiben, als mit seinen beiden Gästen vorgesehen. Nicht zwanzig Gerechte, nicht zehn, nicht einmal ein einziger Gerechter ist unter den Ruchlosen dieser Stadt zu finden, und als die Sonne aufgeht, kommt das Feuer über Sodom und Gomorrha, und es stinkt nach Schwefel, und Asche fällt nieder, und der Rauch quillt meterdick.

Ich parkte den Landrover vor einem löchrigen Zaun, der Unbefugten den Zutritt verbot, und war dennoch entschlossen, nicht den Zorn Gottes, sondern die Einsatzbereitschaft der Ortspolizei herauszufordern. So stand ich wenig später auf dem Hügel namens Bab edh-Dhra, auf dem von 1973 bis 1981 die beiden amerikanischen Archäologen Walter E. Rast und R. Thomas Schaub ein einflussreiches Ausgrabungsprojekt geleitet hatten. Wenn Sodom keine Erfindung biblischer Legendenerzähler ist, dann – und ich erschauderte, als mir das klar wurde – lag nach wissenschaftlicher Erkenntnis die Stadt Sodom mit großer Wahrscheinlichkeit hier, in Bab edh-Dhra, der verlassenen Grabungsstätte, an einem der tiefstgelegenen Orte der Erde (was geografisch, nicht moralisch zu verstehen ist).

Ich sah Geröll aus größeren und kleineren Quadern Stein, von denen mir manche auf den zweiten Blick durch Menschenhand behandelt schienen. Jeder Schritt wollte bedacht sein, die Brocken ließen keinen sicheren Tritt zu. Ich sah das klaffende Maul eines Canyons, 40 Grad Celsius trieben den Schweiß, die Hitze stand und drückte. Selbst in diesen klimatischen Bedingungen setzten sich begabte Fliegen auf Lid, Lippe und Nasenspitze, ihre Schamlosigkeit war eindrucksvoll. Ich stellte meinen Fuß auf einen Mauerrest, der vielleicht einmal Teil des Tempels der lasziven Königin von Sodom gewesen sein könnte. Die Grabungsstätte selbst war verfallen, die Grabungsschnitte waren verschüttet. Ausgegrabene Städte, heißt es unter Ausgräbern, sterben immer ein zweites Mal. Und so war es: Das halb ausgegrabene Bab edh-Dhra war verwahrlost, seit die Forscher Rast und Schaub den Ort verlassen hatten. Wenig liebevoll zurückgelassen lagen hier vermutlich die Reste einer einst durch Feuer und Wut gedemütigten Stadt, die in der Glut versengte und unterm Ascheregen versank, in der Gluthitze jenes Tages, da ich den Anruf der Vergangenheit ebenso deutlich spürte wie die Macht der Legendenbildung. Wenn der Grabungshügel Bab edh-Dhra also wirklich das bronzezeitliche Sodom war – wo lag dann Gomorrha? Sodom taucht 39 Mal in Alten Testament auf, Gomorrha nur 19 Mal und stets an der Seite von Sodom. Die Paarung von Orten ist typisch für altorientalische Poesie, und dennoch ist die Verzahnung mysteriös, weil von Gomorrha nichts weiter bekannt ist als die Übersetzung seines Namens: »Kluft«.

Ich stieg den Hügel von Bab edh-Dhra wieder hinab und fuhr auf der Küstenstraße weiter südwärts. Nach fünfzehn Kilometern wurde ein weiterer Grabungshügel angekündigt: Tell Numeira. Ein Bach mäanderte aus den Bergen, an den Ufern des verlandeten Südbeckens sah man die verrosteten Förderbänder der Salzfabriken am Toten Meer. In der Sonne leuchteten geschätzt 20 Meter hohe Magnesiumberge, von dunkelgelben Baggern abgetragen. Von hier, vom Tell Numeira aus, war Bab edh-Dhra nicht zu sehen, obwohl man es hätte sehen müssen. Zwischen beiden Orten lag in der Tat eine Kluft, und ich vermutete folgendes: Wenn Bab edh-Dhra tatsächlich Sodom wäre, könnte Tell Numeira Gomorrha sein. Mauersegler umkreisten mich, und unten, in der Ebene, wo Gomorrhas Stadttor gewesen sein könnte, trotteten Beduinen mit Schafen und Ziegen in Zeitlupe.

Reste hochgetürmter Mauern waren zu erkennen, im Schutt steckten Keramikscherben, mitten im Geröll tauchten schwarze Steine auf. Schwarze Steine? Hier? »Schwefel und Asche!«, fuhr es mir unwillkürlich ein, und ich kam später dahinter, dass in meiner entzündeten Fantasie die Mythen des Alten Testaments bereits nachklangen, mehr noch, dass mit diesen Geschichten eine jüdisch-christliche Bilderwelt aufgerufen wurde, deren Wirkmacht ich mich als Kind und Jugendlicher mit gutbürgerlichem Religions- und Konfirmationsunterricht hatte nicht entziehen können. Was war der moralische Kern der Geschichte von der Vernichtung Sodom und Gomorrhas? Im Kleinen: die Missachtung eines der höchsten Werte der damaligen Zeit, der Gastfreundschaft. Und im Großen: die Verletzung der Menschenwürde. Das Leben in der bronzezeitlichen Epoche war weitgehend nomadisch, die Beherbergung eines Fremden auch deshalb wichtig, weil die Menschen durch den Reisenden erfuhren, wo es Wasser und Weideland gab, was in fernen Städten vor sich ging, wer Krieg gegen wen führte und so fort. Gastfreundschaft stellte die Basis einer überlebenswichtigen Kommunikationskultur. Das Verhängnis der verdammten Stadt Sodom bestand darin, dass die Demütigung der Gäste einer Demütigung von Lot und einer Demütigung, wenn man so sagen kann, des hohen moralischen Prinzips der Gastfreundschaft gleichkam. Die Legende vom Fall Sodoms und Gomorrhas ist bis heute das Hohelied auf die individuelle ethische Verantwortung für das Wohl des Ganzen: Es bekommt einer Gesellschaft nicht, wenn seine Mitglieder unmenschlich sind.

Mir war und ist bewusst, dass Erklärungen für ein unerhörtes Ereignis oft denkbar simpel sind, so auch im Falle Sodoms und Gomorrhas. Vermutlich waren alle fünf Städte der Pentapolis am südlichen Becken des Toten Meers zur selben Zeit verlassen worden, nach einer der radikalsten Zerstörungen in der Geschichte des antiken Jordanlandes. Geophysiker aller Schulen sind sich einig, dass vor dreitausend Jahren mit großer Sicherheit nicht Gott am Werk gewesen ist, sondern die katastrophischen Kräfte eines heftigen Erdbebens im seismisch hochaktiven Jordangraben, der die Nahtstelle zwischen arabischer und mediterraner Platte bildet. Und wenn dem also so war, woran es wissenschaftlich kaum Zweifel gibt, wurde diese Katastrophe über Generationen und Jahrhunderte hinweg erzählt und wiedererzählt, jedes Mal aufs Neue weiter ausgeschmückt und durch Moralisierung schließlich so groß gemacht, dass, um sich ein damals unerklärliches Desaster zu erklären, nur der Zorn Gottes übrig blieb, da es die akademische Geophysik noch nicht gab.

Wissenschaftlich erklärbar, versank alles in Dunkelheit, und zwar in dem Moment, da ich, zwei Stunden von Bab edh-Dhra entfernt, im Dorf Namatah ankam. Die Venus stand am Himmel, und über den Gebirgszügen vis à vis inszenierte sich ein letzter Streif blutrotes Licht. Nichts wäre jetzt profaner und dümmer gewesen als ein Selfie. Da spürte ich etwas rufen, so ist das manchmal und vermutlich im Besonderen auf dem heiligen Boden um das Tote Meer herum, irgendeine Stimme, die sich in meinem Kopf erhob – und was mehr

kann ein reisender Mensch tun, als einem solchen Ruf zu folgen? Ich stellte den Landrover ab und stieg aus. Hirten trieben ihre Ziegen vom Berg, wie es Hirten seit Jahrtausenden
tun, sie rannten und winkten und kamen herüber und fragten
den Fremden in lokalem Dialekt und mit universeller Ges-
tik, woher er käme, wer er sei, wohin er wollte. Über ein paar
Brocken Englisch verfügt jeder Hirte auf der Welt, und auf
faszinierende Weise ist die stille Verständigung der Zeichen
und Mimiken tatsächlich eine Art Weltsprache. Keine zehn
Minuten vergingen, und die halbe Dorfbevölkerung war um
mich versammelt. Man lobte eine Einladung aus, und was
immer die Mitglieder dieses Stammes der Ziegenhirten im
moabitischen Bergland in ihren Vorratskammern verwahrt
hatten: Brot, Hummus, eingelagertes Fleisch – zu Ehren des
Fremden tischten sie alles auf, was möglich war. Um Gott ging
es nicht, aber unwillkürlich wurde ich in diesem Moment
nicht nur zum Zeugen, sondern auch zum Adressaten einer
vor Jahrtausenden in der unmittelbaren Nachbarschaft für
alle Zeiten formulierten Sittlichkeit.

— –

Auf einer Reise wächst man an dem, was man vorfindet, ohne
es gesucht zu haben. Die Sprache schweigender Steine zum
Beispiel. Die Lyrik eines Geröllfelds. Die Poesie einer Ruine.
Das Poetisch-Lyrische ist ja meist der rationalen Erkenntnis
vorgelagert, und ehe man sich einen Reim auf die Sache macht
(und über ein Erlebnis bewusst sprechen kann), ist man bereits in der Schule des Reisens. Ohne Zweifel lässt sich dem
Existenziellen auch auf den Straßen des eigenen Heimatorts
nachspüren, auf Reisen aber widerfährt es einem unverblümt

und unverhofft, als entfalte sich in einem Moment all das, was in genau diesem Moment an Welt möglich ist.

Immer wieder habe ich mir die Frage gestellt, ob das Reisen nicht auch eine Unverschämtheit ist. Unverschämt insofern, als ein Reisender nicht nur meist schamlos in ihm fremde Habitate eindringt (meist wird er ja nicht aktiv hereingeholt), sondern immer in der Beobachterrolle bleibt, selbst wenn er Teilnehmer ist. Spielt man anderen also etwas vor? Moralisch gesprochen hat kein Reisender je das Recht, die Tragödien von irgendwo einheimischen Menschen zu bewerten oder gar zu verurteilen. Schon die Feldstudie eines in Armut gefangenen Lebens könnte man als Anmaßung begreifen: Der Reisende nimmt sich das Recht zur Invasion in den Raum eines anderen heraus. Ohne zu fragen, maßt er sich Aufdringlichkeit an, während der von ihm sezierte Einheimische wehrlos dagegen ist, seziert zu werden. Er kann sich Blicken nicht entziehen, selbst wenn er wollte. Er ist seinem eigenen Beobachtetwerden ausgeliefert. Ein anderes Leben als das, das er in *diesem* verletzlichen Moment hat, gibt es nicht. Insofern ermöglicht Reisen den Luxus eines Doppellebens.

Ich selbst habe meine eigenen Beobachtungen oft genug als übergriffig empfunden und war überrascht, dass sie keinesfalls so aufgefasst wurden. Im Gegenteil. Oft waren die, die ich aufsuchte, mindestens so neugierig auf mich wie ich auf sie. Allein das Gefühl der Scham beim schamlosen Eindringen ist schon eine hochmoralische Angelegenheit: Das Gewissen prüft nach, was der Mensch gerade tut, und es ist von eigentümlicher Entlastung, wenn sich Ziegenhirten im moabitischen Bergland über die Maßen freuen, dass man ihren Alltag mit der eigenen Anwesenheit offenbar bereichert.

Und doch habe ich mich oft genug für mein Verhalten geschämt, am allermeisten für jenen anmaßenden Stolz, einer afrikanischen Frau mit traditioneller Tellerlippe im äthiopischen Omo-Delta das nach einem Schnappschuss von ihr erbetene »Fotogeld« zu verweigern, weil ich fand, Käuflichkeit ginge gegen ihre Würde. Immer wieder – so auch jetzt – fühle ich mich ertappt, weil es natürlich nicht die paar Münzen »Honorar« gewesen wären, die gegen die Würde verstoßen hätten. Der Verstoß bestand darin, dass ich glaubte, über ihre Würde bestimmen zu können, indem ich festlegte, was gegen ihre Würde verstieß.

Weil Intimitätsverletzung so gut wie immer der Preis für Weltkenntnis durch eigene Anschauung ist und der Gewissenskonflikt das moralische Lehrgeld des Reisens, gibt es nur zwei Möglichkeiten, sich zu verhalten: Entweder gar nicht erst auf Reisen zu gehen, was ich für falsch, unangemessen, ignorant und der Welt gegenüber für geradezu arrogant hielte. Oder so zu reisen, dass alle Be- und Aufgesuchten das Gefühl haben können, ihnen werde jederzeit mit Respekt begegnet. Müsste ich den Sinn des Reisens in einem Satz zusammenfassen, so würde er wie folgt lauten: Die Schulung des Respekts ist die größte Rendite, die das Reisen schenkt, ohne dafür je mehr einzufordern als Neugier und Anstand. Deshalb brauchen wir es dringender denn je.

Lehre vom Geschenk der Geste

Einmal stand ich vor einem Teehaus in Siverek und wurde für einen Geheimdienstagenten gehalten. Murat und ich waren ins Zentrum der kurdischen Stadt Siverek im Osten der Türkei gefahren, und ich erinnerte mich auf der Fahrt an den warnenden Satz meines Bekannten Ibrahim, man könne in kurdischer Umgebung noch immer grundsätzlich niemandem trauen. Es war bekannt, dass die Spitzel des türkischen Geheimdienstes sich mit dem rot-weiß-karierten Kopftuch der Kurden kleideten und unters Volk mischten und beim Gang zur Toilette die Kollegen der türkischen Sonderpolizei per Handy zu benachrichtigen, um dann bei der Verhaftung des telefonisch Denunzierten als Terroristen scheinheilig empört zu sein. Wie in vielen Region der Welt war auch in der Türkei eine Verschiebung der Verachtung ostwärts festzustellen: Jeder, der etwas auf sich hielt, zählte sich zum westlichen, aufgeklärten, fortschrittlichen Teil des Landes. Osten hieß für die meisten Türken so viel wie unterentwickelt, verschlagen, barbarisch, hinterm Halbmond gelegen.

Der Kurde Sidik war Baumwollpflücker und ein voluminöser Mann. Er saß mit vier Kollegen auf Plastikschemeln in einem hellgrün gestrichenen Teehaus im Zentrum von Siverek. Die fünf tranken und schwiegen, wie es teetrinkende Männer gerne machen. Ich weiß nicht, warum, aber ich hatte in jenem Moment, da wir das Teehaus betraten, eine Verbindung zu Sidik. Vielleicht lag es an der Tiefe seines Blicks, den ich keineswegs als erotische Avance empfand. Vielleicht lag es an der Traurigkeit dieses Blicks, da ich mich seit jeher von Variationen der Melancholie angesprochen fühle. Vielleicht war es seine Bereitschaft, mir zu vertrauen, da alle anderen misstrauisch waren. Vielleicht war es seine seltene Gabe, mit einem einzigen Blick Gefahr zu wittern oder Harmlosigkeit zu erkennen.

Murat und ich setzten uns zu Sidik und seinen Leuten und kommunizierten mit dem »Tamam«-Prinzip. Das Wort Tamam heißt, je nach Intonation: In Ordnung. Okay. Gut. Ich verstehe. Kein Problem. Es gibt kein Problem. Oder als Frage: Alles in Ordnung? Alles okay? Gut? Gibt's ein Problem? Das Tamam-Prinzip ist klug und weise: Es verhindert zum Beispiel die eindeutige Zuschreibung von Schuld, selbst wenn alle Beteiligten um diese Schuld wissen. Und wenn die Lösung eines Problems scheitert, liegt es weder am Problem noch an der Lösung, sondern an den Umständen. Tamam. Selbst die Unordnung ist in Ordnung, solange es die Versöhnlichkeit des Tamam gibt: Tee trinken, schweigen und auf Allah vertrauen. Tamam. Wir blieben zwei Stunden, tranken Tee und schwiegen und blieben noch eine Stunde. Mit der Tiefe des Schweigens wächst auch die Tiefe einer Verbindung, und je länger teetrinkende Männer schweigen, desto verbundener ist man sich, ohne es je auszusprechen. Wer miteinander schweigen kann, ohne nervös zu werden, hat bereits die Basis für Vertrauen und vielleicht für eine kommende Freundschaft gelegt.

Murat und die anderen vier Baumwollpflücker rauchten selbst gedrehte Zigaretten, Sidik und ich, beide Nichtraucher, rührten mit dem Löffel im Teeglas. Es hätte auch alles anders kommen können und er und die anderen Baumwollpflücker hätten mich mit Argwohn betrachten und ohne großes Tamtam aus ihrem Teehaus zu drängen versuchen können. Sie hätten mir mit ihren Blicken zu verstehen geben können, dass ich nicht genehm sei, unwillkommen, ein Unbekannter, Nichtkurde, Eindringling, unsicherer Kantonist, ein Spitzel oder Imperialist.

Die ganze Zeit über hatte ich an Sidiks kleinem Finger einen Silberring gesehen und blickte aus dem Augenwinkel darauf. Keiner außer ihm hatte das wahrgenommen, und ich hatte nicht bemerkt, dass er es gemerkt hatte. Auch wenn drei Würfel Zucker schon längst im Tee aufgelöst sind, rühren manche noch immer mit dem Löffel im Glas. Sidik war so einer. Ich sah auf Hand und Ring, und aus unerfindlichen Gründen ritt mich etwas, also unterbrach ich die Stille.

»Schöner Ring«, sagte ich nach einer Weile. Murat übersetzte. »Dein Hochzeitsring?«

Ohne ein Wort zu erwidern, nahm Sidik den Ring ab und legte ihn auf den Tisch. Ich berührte ihn nicht. Wo der Ring am Finger gesessen hatte, war die Haut heller. Wir schwiegen und tranken Tee, dann gab ich eine Runde Nescafé aus. Zahlen durfte ich nicht. Zweimal ging meine Hand zum Herzen, einmal jeweils die jedes Baumwollpflückers im Teehaus zu Siverek. Man dankte mir, nicht gezahlt zu haben. Dann standen alle auf, und jeder gab mir, als wäre er ein Konfirmationsknabe, mit verblüffender Artigkeit die Hand.

Sidik schob den Ring zu mir herüber, ich steckte ihn an meinen Zeigefinger. Sein Blick schloss aus, ihn jemals wieder zurückzunehmen. Dieser unspektakuläre Ring aus billigem Material repräsentierte Ehre. Sein Wert war unbezahlbar. Noch heute liegt er auf meinem Schreibtisch, und an manchen Tagen streife ich ihn kurz über den Finger, wenn ich mich erinnern will, was Vertrauen ist.

—–

Wie oft bin ich als Reisender auf der Suche nach Wissen, Weisheit und dem Luxus des Zeitverlusts zufällig in Städte, Dörfer und Gemeinschaften eingedrungen und sofort wie ein Freund aufgenommen worden, ohne schon einer sein zu können. Wie oft habe ich Vorbehaltlosigkeit auf Vertrauensbasis erfahren, statt mit Skepsis abgelehnt zu werden. Ich musste zu der Erkenntnis kommen, dass Reisen milieuübergreifende

Zwischenmenschlichkeit herstellt. Die nationale Herkunft spielt nur beim Entrée eine Rolle, wenn man sich als Fremder zu erkennen gibt beziehungsweise als Fremder sofort erkennbar ist. Gönnt man sich Hingabe an Ort und Menschen, ist die soziale und berufliche Herkunft einerlei.

Ich war dem Baumwollpflücker Sidik als Akademiker begegnet und hatte zu keiner Sekunde das Gefühl, über ihm zu stehen, und zu keiner nächsten Sekunde das Gefühl, er habe das Gefühl, unter mir zu stehen. Klassenunterschiede – die dann existieren, wenn man in Klassen denkt – spielen auf Reisen keine Rolle; es sei denn, man legt es darauf an, unbedingt welche feststellen oder konstruieren zu wollen.

War Nähe hergestellt, fragte ich oft nach, wie meine Anwesenheit empfunden wurde. Ich kann mich nicht erinnern, je gehört zu haben, durch meine Person – ausgestattet mit einem vergleichsweise soliden Bankkonto, das mir überhaupt zu reisen ermöglicht – fühle sich irgendjemand in seinem sozialen Status gekränkt. Der Glaube an Kränkbarkeit ist die Krankheit ungläubiger Wohlstandskulturen. Das heißt keinesfalls, jeder Mensch, wo auch immer, solle sich mit seinem Schicksal klaglos abfinden und nahezu dankbar sein, dass Fremde sein Land im Glauben bereisen, er, der Einheimische, habe leider Pech im irdischen Leben gehabt, hier und dort geboren zu sein, und könne selbst bedauernswerterweise nun einmal nicht reisen. Vom moralischen Gefälle hatte ich schon gesprochen, und meines Erachtens lässt es sich nicht vermeiden. Vermeiden aber lässt sich jede Art von Arroganz und Selbstgerechtigkeit, die tatsächlichen Statusunterschiede zu negieren, indem man, übertragen gesprochen, kein Geld vor den Armen zählt.

Niemand muss sich dem Unbekannten aussetzen, um als guter Mensch durchzugehen. Wer in unseren Tagen eines radikalen Moralismus aber als schlechter Mensch gilt, nur weil er auf Reisen geht, wird zum Opfer einer gnadenlos asketischen Moral. Nicht zu reisen hieße doch, sich selbst als den mit allerlei Netzwerk-Gadgets ausgestatteten Homo digitalis noch stärker als bisher in die Isolierung zu treiben: in eine weltferne und weltfremde, sich in sich selbst einwebende Selbstgenügsamkeit hinein. Nein, der Luxus der Passivität macht es sich allzu leicht. Die Einkapselung des Individuums in einer Zeit, da alle vom Teilen und Verbinden sprechen, da der Weltverkehr weltumspannend ist und Grenzen mit einem Klick überwunden werden können, ist in meinen Augen ein abschreckendes Beispiel für den Biedersinn einer neuen Sofa-Innerlichkeit. Peu à peu wird der Digitalkonsument seiner Leibhaftigkeit enthoben. Nicht er ist autonom, sondern die Vehikel, die ihn steuern, sind es – während er glaubt, die Vehikel zu steuern. Völkerverständigung allein über Bekenntnis-Banderolen und Community-Gezwitscher herzustellen, ist ein Widerspruch in sich. Es wird in erster Linie gesendet.

Hören wir nicht allenthalben von allen Seiten, der Mensch solle lebenslang lernen? Wer die Welt mit eigenen Augen angeschaut hat, kann die Weltanschauung von sich weisen. Auf Reisen gibt es keine Hauptsache. Auf Reisen besteht die Hauptsache im Exerzieren der Nebensächlichkeiten. Das heißt doch praktisch gesprochen: die eigenen Sinne fürs kleinste Detail zu schulen, der Verklärung die Verständigung vorzuschalten und ein Feingefühl für die Grammatik des Anderen auszuprägen, ohne sie vorbehaltlos zu verklären. An dieser Stelle würde ich gern den etwas pathetischen Vorschlag lancieren, Reisen als freiwillige Selbstverpflichtung zu betrachten, die Welt durch angewandte Menschlichkeit zu retten und nicht nur für Weltverbesserung zu demonstrieren.

Lehre von der Lüge aus Liebe

Einmal stand ich am Gepäckband des Flughafens von Odessa und sah einen nervösen Mann im Trenchcoat. Kennengelernt hatten wir uns vier Stunden zuvor am Schalter der ungarischen Fluggesellschaft Malév in einer anderen Stadt, als er sich, mit Schwiegersohnlächeln und fast ein bisschen devot, wie ich fand, um den durch Verspätung gefährdeten Anschlussflug von Budapest nach Odessa mühte, den auch ich unbedingt bekommen wollte. Der Mann – ich nenne ihn hier zu seinem Schutz Schneider – war, mit Verlaub, unzeitgemäß gekleidet, das heißt: äußerst korrekt, ein wenig spießbürgerlich – blauweiß gestreiftes Hemd, gepunktete Krawatte, rote Wollweste und cremefarbener Trenchcoat. Schneider war großgewachsen, schlank und hatte eine Art Eleganz, wie sie aus der Mode gekommen war. Auf glatt rasierter Haut lagen akkurat gestutzte Koteletten, und sofort war klar, dass er einer war, der viel Zeit für einen korrekten Seitenscheitel aufwandte. Manschetten hatte Schneider in jeder Hinsicht keine, seine Offenheit war verblüffend, ein tieferes Geheimnis schien er auch auf den zweiten Blick nicht zu haben, und auf unerklärliche Weise gehörte er zu jenen Menschen, die man (genau gesagt: ich) sofort mag.
   Wir standen am sich leerenden Gepäckband des Flughafens Odessa, und unser beider Gepäck hatte es, im Gegensatz zu uns selbst, nicht zum Anschlussflug in Budapest geschafft. Er, so sagte Schneider auf seine Art recht aufgeregt, würde draußen in der Empfangshalle auf mich warten, er müsse jetzt unbedingt seine Partnerin begrüßen, was ich gut verstand, die Dame, von der Schneider schon beim Einsteigen in die Maschine erzählt hatte, wartete sicher so ungeduldig wie sehnsüchtig auf ihn.

Minuten später trafen wir uns tatsächlich in der Halle. Schneider stand hinter einer Frau, die ebenso groß gewachsen war wie er, geschätzt Mitte dreißig, kurzes, rot gefärbtes Haar, randlose Sonnenbrille mit blau getöntem Glas, in sehr figurbetonten, sehr blauen, merkwürdig modischen Jeans und schwarzen Stiefeln mit spitzem Absatz. Es war nicht zu übersehen, dass sie, mit Verlaub, nicht nur Wert auf eine gewisse Sexyness legte, sondern auch darauf, dass dieselbe auch bemerkt werde. Schneider, mit offenem Mantel, hatte seinen linken Arm um sie gelegt, küsste ihr von hinten das Haar, drehte sich um, lachte und sagte so verzückt wie triumphal: »Mascha.« Wir nickten uns zu, dann verhandelte Mascha in schnell gesprochenem Russisch mit der Dame am Lost&Found-Schalter das weitere Prozedere, was Schneider – »Sorry to waste your time, Mascha, so sorry« – immer wieder in großer Zuneigung kommentierte. Ich hatte den Eindruck, Zeuge einer unverbrauchten, transnationalen Liebe zu sein, die vor Jahren bei einem Candlelight-Dinner begonnen haben könnte, und tatsächlich freute ich mich für Schneider, der in seiner Mischung aus Unterwürfigkeit und Kleinjungencharme etwas erstaunlich Liebenswertes hatte. Zur nächsten Runde der Gepäckermittlung wurden wir ins Büro der ukrainischen Fluggesellschaft Aerosvit gebracht und mussten weitere sechs Formulare ausfüllen. Schneider entschuldigte sich mehrfach bei Mascha für die Umstände, für die verloren gehende Zeit, für sein verloren gegangenes Gepäck, für die ukrainische Bürokratie (welche ja die Bürokratie ihres Heimatlandes war). Als Entschädigung wollte er sie küssen, aber sie drehte ihm das Ohr zu. Etwas grob schlug er mehrmals auf ihren Rücken und verlangte in weitgehend grammatikfreiem Englisch ein, wie er sagte, »Emergency kit« mit Rasierer, Zahnbürste und Frischetuch im Wert von 50 Dollar, welches, wie er aus seiner langjährigen Reisebürotätigkeit wisse, in Fällen höherer Gewalt international üblich sei. Zu mir sagte Schneider gut vernehmbar, er sei ja nicht so einer wie ich, der mit Fünftagebart rumlaufe, worüber er länger zu lachen gedachte, als mir recht war, was mich aber, um ihn vor Mascha nicht zu brüskieren, in gleichem Maße mitlachen ließ, als sei ihm gerade ein humoriges Aperçu geglückt.

Er zog aus seiner ledernen Handtasche eine Schachtel Pralinen, stellte sie vor der Aerosvit-Agentin auf die ausgefüllten Formulare und eröffnete Mascha, dies sei eines seiner Geschenke für ihre 15-jährige Tochter, das kleinste seiner *drei* Geschenke, die anderen, nun ja, er verwies achselzuckend auf die sechs ausgefüllten Lost-Luggage-Formulare, tätschelte Mascha den Rücken, fuhr mit einer für diesen Zeitpunkt nicht angebrachten Leidenschaft durch ihr rotes, kurzes Haar und wirkte wie ein seit Langem Verliebter. Da ich meinen neuen Reisefreund nun ein wenig kannte, war ich über Maschas Zurückhaltung erstaunt.

Das Gepäck, hieß es, würde nachgeliefert, und wir teilten uns ein Taxi in die Innenstadt: vorn der Fahrer und Mascha, hinten Schneider und ich. Mascha sei eine tolle Frau, sagte Schneider, sehr schön und sehr gebildet, nicht wie die anderen Ukrainerinnen, die er offenbar weder schön noch gebildet fand, was ich nicht beurteilen konnte. Mascha arbeite als Buchhalterin in einer Modefirma in Odessa, sei schon in Paris gewesen und spreche sehr gutes Englisch. Ich nickte und lächelte, weil Schneider mich partout von seinem Glück überzeugen wollte, der Mann an der Seite dieser sehr beeindruckenden Frau zu sein, die für mein Empfinden etwas müde aus dem Autofenster starrte. Normalerweise, sagte Schneider, kleide sich diese Frau ganz großartig, nicht wie heute, und normalerweise seien alle Männer hinter ihr her, wollten aber nur mit ihr ins Bett, und in diesem Moment war klar, dass Schneider sich nicht in die Kategorie »alle« einreihen mochte und dass sein eher romantisch veranlagtes Verkaufsleiterherz dieses »normalerweise« in seinem Fall um jeden Preis vermeiden wollte, denn was ihn und Mascha betraf, das hatte ich mittlerweile verstanden, lag die Verbindung außerhalb einer gewissen Normalität.

Wie lange sie sich denn schon kennten, fragte ich in größtmöglicher Dezenz. Oh, sagte Schneider, noch nicht so lange. Er schmunzelte ein verschworenes *Nicht wahr?* in Maschas Rücken, die zwar Englisch und Französisch, Russisch und womöglich manch andere Sprache beherrschte, aber definitiv kein Deutsch verstand. Ob er schon einmal in Odessa gewesen sei, wollte ich wissen. Nein, so Schneider, es sei das erste Mal. Ach, dachte ich und sagte: Verzeih meine Neugier, wo habt Ihr Euch denn kennengelernt? Er lachte, tätschelte Mascha den Hinterkopf, den sie ihm nicht wirklich entziehen wollte (ehrlich gesagt wollte sie sich aber auch nicht durchringen, seine Berührungen zu genießen). Einmal konnte ich von schräg hinten ihr Gesicht sehen und bildete mir ein, eine große Traurigkeit zu entdecken.

Wenn er ganz offen sein dürfe, so Schneider, er sehe Mascha gerade zum ersten Mal. Ach! Ja, er habe sie übers Internet kennengelernt. Eine tolle Frau. Eine attraktive Frau. Eine gebildete Frau, nicht wahr? Ohne Zweifel, sagte ich und dachte: Nein, das gibt es doch gar nicht, so was gibt es wirklich! Er habe viele Fotos von ihr gesehen, sagte Schneider. Tolle Fotos, sagte er. Sicher, sagte ich. Sie hätten oft telefoniert, sagte Schneider, meist stundenlang. Wie erfüllend, sagte ich. Ja, Mascha sei eine außergewöhnliche Frau, nicht so wie die anderen Frauen (welche Frauen auch immer er meinte), jedenfalls schlug er ihr von hinten auf die Schulter, während sie mit dem Taxifahrer scherzte und wir über den kopfstein-gepflasterten und pappelgesäumten Puschkin-Boulevard in Richtung unserer Hotels am Hafen ratterten.

Die Sonne schien. Odessa hatte uns warm und heiter aufge-nommen. Während ich auf seine Nachfrage hin Schneider ge-genüber kurz erläutern konnte, in dieser Stadt dem verbliche-nen Glanz literarisch-musikalischer Salongesellschaften der russischen Kultureliten in der Sommerfrische des 19. Jahrhun-derts nachspüren zu wollen – Puschkin, später Tschechow, Tolstoi, Gorki, Babel, die Philharmonie und der Welt präch-tigste Oper und dergleichen –, hielten wir vor dem 19-stöcki-gen Hochhaus des Hotel Odessa mitten im Hafen, und Ma-scha stellte auf Schneiders mehrmaliges Nachfragen klar, dass wir beide, sowohl er als auch ich, hier eingebucht waren. »Wir beide, was für eine Überraschung!«, sagte Schneider, zwin-kerte mir zu, übernahm die Taxikosten und monierte an der Rezeption freundlich, aber mit der Bestimmtheit des welt-erfahrenen Reiseleiters, dass das ihm gegebene Zimmer ja nicht, wie er bei der Buchung gewünscht hatte, zur Sonnen-seite liege, was man rasch zu ändern habe, er linste zu Mascha, er denke an den nächsten Morgen, »thank you so very much«.

Der Blick auf Odessas Hafen war auf surreale Art gran-dios. Im Anthrazit der herankriechenden Nacht erschienen die Krantakel auf den Werften wie okkulte Gottesanbete-rinnen. Drei Stunden nach unserer Ankunft fuhr ich in die Panorama-Lounge hinauf, stieg aus dem Aufzug und sah, wie im großen Saal des Restaurants, glatt rasiert und im Smoking, Schneider mit Mascha tanzte. Er führte behend. Er lachte und erzählte. Er drehte und hielt fest. Ich konnte Maschas Gesicht nicht sehen. Ich vermute, sie wahrte Haltung und lächelte. Ein hoher Preis, dachte ich, den diese junge Frau für das bessere Leben ihrer Tochter zu zahlen bereit ist. Ich habe Schneider nie mehr gesehen.

--

Versucht nicht jeder, an etwas zu glauben, und wenn es nur an so etwas Profanes wie das Glück ist? Und belügt man sich selbst nicht gern darin, das gesuchte Glück ein für allemal gefunden zu haben? Schneider beispielsweise belog ja nicht mich, sondern sich selbst um eines höheren Gutes willen. Ob er Mascha belogen hatte oder immer noch belügt, kann nur er wissen. Abgesehen davon hat niemand das Recht, die vermeintlichen Lügen eines anderen zu verdammen, solange er selbst sich in russischen Dörfern als Vegetarier ausgibt, aber Fleisch liebt.

Zwischen Glück, Moral und der Bildung des Herzens gibt es ja mehrere Zusammenhänge. Einen wesentlichen davon hat Heinrich Heine in seiner *Harzreise* 1824 mustergültig reflektiert: den Zusammenhang des Unterschieds zwischen Reisen und Nichtreisen. Das Leben in der Kindheit, schreibt Heine, sei deshalb unendlich bedeutend, weil uns in jener Zeit alles gleich wichtig sei. Wir hörten alles, wir sähen alles, bei allen Eindrücken herrsche Gleichmäßigkeit. Später dann würden wir »immer absichtlicher« und wechselten das klare Gold der Anschauung fürs Papiergeld der Bücherdefinitionen. »Wir gewinnen an Lebensbreite, was wir an Lebenstiefe verlieren.«

Wenn Heine Recht hat und *Anschauung* die eigentliche Bildung des Menschen wäre, dann bildet Reisen, weil es auf fremden Bühnen durch den Transfer der Träume die Vielfalt der Möglichkeiten auslotet. Auf übertragene Weise war genau das in Odessa geschehen. Es war eine innere wie äußere Reise, die mir nicht nur einen ganz eigenen Kommentar zu Ethik und Moral des Lebens lieferte, sondern in ihrer unplanbaren Authentizität eine erstaunliche menschliche Tiefe erreichte.

Zieht man, wie Heine vorschlug, die Lebenstiefe der Lebensbreite vor – brauchen wir dann nicht gerade heute die gesammelten Lehren durch das Reisen nötiger denn je, da womöglich immer mehr Weltbürger glauben, dass der Aufbruch in die Welt erstens nicht mehr nötig sei und sie zweitens ohnehin schon alles verstanden zu haben glauben? In einer Epoche bislang unvorstellbarer Manipulierbarkeit der Realität durch Virtual, Scripted und Constructed Reality, in einer Ära des drohenden Verlusts von Objektivität durch Propaganda-Algorithmen, Verschwörungs-Phantasmen und Deepfakes, zerstäubt immer schneller der Unterschied zwischen Wahrheit und Lüge. Gerade dieser Unterschied aber macht doch aus, was Bildung anstrebt: die Fähigkeit zur Differenz, die Sensibilität für Ambivalenz und das Vermögen, in Kenntnis der Unterschiede unterscheiden zu lernen.

Der Sinn des Reisens kann meines Erachtens nicht darin bestehen, im Kreise naher Bekannter mit einem Quäntchen Wikipedia-Wissen im Kurzzeitgedächtnis den entscheidenden Hinweis auf den eigenen Kosmopolitismus zu geben: »Ihr wisst vielleicht, der Velavaru-Beach ist mit Abstand der schönste Strand der Welt!«

Ich behaupte, dass der Mensch auf Reisen offener wird statt kleingeistiger. Dass er, statt befangen zu bleiben, unbefangen werden kann. Unbefangen zu sein, heißt ja nicht, naiv, fahrlässig oder gefahrentoll sein zu müssen. Es heißt, sich der eigenen Vorurteile bewusst zu werden, bevor man urteilt. Es heißt, Stereotype, die jede und jeder in sich trägt, als Stereotype zu entlarven. Es heißt, der Wirklichkeit eine Chance einzuräumen, die Überzeugung zu widerlegen. Es heißt, in eine Welt zu gehen, die Weltläufigkeit erwartet. Stellt das Wort *Globalisierung* nicht genau diese Anforderung?

Nun bringt die weltgeschichtliche Lage der Dinge es mit sich, dass die Wirklichkeit in zahlreichen Ländern der Erde höchst unerfreulich ist. Gesellschaften stecken in autoritären Strukturen fest, sind totalitär regiert oder fundamentalistisch geprägt. Sollte man für die relative Kenntnis der Welt in Kauf nehmen, Länder zu bereisen, in denen gegen zahlreiche jener Wertvorstellungen verstoßen wird, die einem selbst heilig oder wichtig sind? Und sollte man nicht ganz gezielt auch Länder mit autoritären Herrschaftsstrukturen in Augenschein nehmen, um den sozialen Frieden des eigenen Landes wieder oder Freiheit endgültig schätzen zu lernen?

Ja. Und zwar aus Dankbarkeit über jede noch so kleine Verständigung, an der man beteiligt ist. Aus Wertschätzung jeder noch so kleinen Zwischenmenschlichkeit, an der man teilhaben darf. Aus Überzeugung, dass selbst die größte Nutzlosigkeit, geschieht sie im Verständnis füreinander, ein Stück mehr Weltfrieden bringt. Was macht denn der Mensch, egal, wer, wo und wann? Er wird, wer er ist. Er geht und steht. Er liegt und lacht. Er hofft und bangt. Aufstehen und gehen, kommen und bleiben. Sich entkommen. Zu sich kommen. Sitzen und sehen, was passiert. So aufregend unaufregend ist das Leben. Ohne das Pathos der Belanglosigkeiten wäre die Welt eine armselige Angelegenheit. Bei jeder Reise sitzt man irgendwann auf der Hinterbank eines röhrenden Zweitakters, steht man im Gang eines um sein Leben schnaubenden Busses mit verschlissenen Kunstledersitzen und träumt davon, sich von der Vielfalt des Vorfindbaren überwältigen zu lassen irgendwo in irgendeinem in die Kraft seiner Geschichtlichkeit eingewobenen Kaff. Nichts ist großartiger als die Wirklichkeit, die zu jedem Moment das immense Wissen über die gesamte Welt hervorbringt, und wenn es nur ein Seufzer Zeitläufte ist. Reisen ist die Schule des Staunens darüber, was bei aller Relativität noch »Wahrheit« genannt werden kann.

Am Ende einer Reise, erschüttert über ihr Ende und doch beseelt von der Heimkehr ins Vertraute, bin ich vielleicht der geworden, der ich vorher nicht war. Oder der, der ich noch nie war. Oder der, der ich nie sein sollte. Oder ich bin zu dem geworden, der ich immer schon war, ohne es je gewusst zu haben. Könnte man nicht sagen, auf Reisen hätte man sich erreist?

Wer keinen Grund sieht, sich selbst in Frage zu stellen, wähnt sich immer im Recht und hat fast immer Unrecht. Die Erkenntnis von der Andersartigkeit der Menschen ist die notwendige Voraussetzung für die Einsicht in ihre Gleichwertigkeit.

Vielleicht erkennt der Reisende ja, dass jeder Einzelne durch sich selbst die Idee der Freiheit und Würde verkörpert, auch wenn Potentaten, Priester und Prediger das Gegenteil behaupten. Wo immer sich der Mensch aufhält – allerorten hat er zehn Finger, zwei Augen und ein Organ zur Fortpflanzung. Mehr Staunen über die Welt ist nicht möglich, größeres Glück nicht zu haben.

EPILOG
Kurze Philosophie der Versöhnung

Einmal stand ich mitten in Sierra Leone und sah tennisball-
große Tumore am Hals einer Frau. Und ich sah faustgroße
Zysten im Gesicht eines Kindes und zertrümmerte Schädel
von jungen Männern und verrutschte Augen bei den alten.
Ich sah Ausgestoßene torkeln, Unberührbare umherwandern
und Amputierte humpeln. Zwischen den Wellblechhütten gab
es keinen Platz für Latrinen, weshalb sich alle in Erdlöcher
oder denselben Bach entleerten, aus dem das Trinkwasser
geschöpft wurde. Und dann, mitten im Chaos des endenden
Tages im kriegsvernarbten Freetown, der Hauptstadt jenes
Landes, in dem vor wenigen Jahren halluzinierende Kinder-
soldaten schwangeren Frauen die Bäuche aufgeschlitzt und
Embryos gegen Bäume geschleudert hatten, balancierte mit
vollendeter Grazie ein junges Mädchen mit einer Messing-
schale voller Riesenmakrelen auf dem Kopf durch eine unbeleuchtete Gasse, während, ihr entgegenkommend, in zwei rad-
schiefe Holzkarren gestauchte Ochsen zum Händler gebracht
wurden. Ein paar Minuten später, unterm schüchtern aufgehenden Vollmond, schüttelten, wackelten und drehten sich
erst sechs, dann zehn, dann zwanzig Kinder zum stampfen-
den Beat des westafrikanischen Pop und brachten mit ihren
kleinen Körpern ein rhythmisches Wunderwerk hervor. Was

251

aus dem Nichts begonnen hatte, wuchs sich Strophe für Strophe, Song für Song weiter aus. Teenager kamen hinzu, unter ihnen ehemalige Soldaten der Rebellenarmee, die vor Kurzem ihren Feinden Unterarme und Schienbeine abgeschlagen hatten. Mittelalte kamen hinzu, die ihre Brüder und Frauen durch Äxte und Macheten der Marodeure verloren hatten, und zuletzt kamen wippende Greise, die die Hölle jener Gemetzel überlebt hatten, die entstehen, wenn der Mensch den Menschen vernichten will, wofür es keinen einzigen Grund gibt. Und dann tanzten die ehemaligen Kontrahenten und Feinde, die Täter und Opfer des brutalsten Bürgerkriegs moderner Zeiten, einträchtig vereint in einer vom Mondschein erhellten Gasse mitten in Freetown, sie schüttelten sich und zuckten und sangen und tanzten über die Abgründe ihrer Geschichte hinweg, versöhnt in der Magie des Moments.

Wer jetzt nicht weinte, hatte kein Herz.

Gehen, ohne je den
Gipfel zu besteigen

Aus dem Italienischen
von Christiane Burkhardt

Auf der Suche nach Ruhe und Kraft: Eine Reise zum Himalaja

Schon als Junge träumte Paolo Cognetti von den kargen Bergen Nepals, nun endlich macht er sich mit seinen zwei engsten Freunden auf den Weg. Ihre Reise führt sie an Herden von Blauschafen und an buddhistischen Klöstern vorbei – dabei erhebt sich der unbändige Gipfel des Kristallbergs vor ihnen. Doch Cognetti geht es eigentlich nicht um das Ankommen, es geht ihm allein um den Weg. Mit jedem Schritt, mit jedem Atemzug schärft sich die Wahrnehmung für das Hier und Jetzt, für das, was wirklich wichtig ist im Leben: Verbundenheit, Mitgefühl und Verantwortung.